Die Philosophie Martin Heideggers

Karl-Heinz Volkmann-Schluck

Die Philosophie Martin Heideggers

Eine Einführung in sein Denken

herausgegeben von
Bernd Heimbüchel

Königshausen & Neumann

Die Deutsche Bibliothek — CIP-Einheitsaufnahme

Volkmann-Schluck, Karl-Heinz:
Die Philosophie Martin Heideggers : eine Einführung in sein Denken / Karl-Heinz Volkmann-Schluck. Hrsg. von Bernd Heimbüchel. – Würzburg : Königshausen und Neumann, 1996
ISBN 3-8260-1098-1

Gedruckt auf säurefreiem, alterungsbeständigem Papier
Bindung: Rimparer Industriebuchbinderei GmbH

Printed in Germany
ISBN 3-8260-1098-1

INHALT

EINLEITUNG
METAPHYSISCHES UND POSTMETAPHYSISCHES DENKEN

Das Zeitalter, in dem wir leben, ist mit mancherlei Namen benannt worden: So sprechen wir beispielsweise vom wissenschaftlichen, vom technischen, vom atomaren Zeitalter. Den vielfältigen Benennungen sei hier, und zwar aus der Sicht des philosophischen Denkens, eine weitere Benennung hinzugefügt: die des *postmetaphysischen* Zeitalters. Diese Benennung erfolgt deshalb, weil die Metaphysik, die seit ihrem griechischen Beginn dem menschlichen Dasein die Wege und Ziele anwies, nach ihrer geschichtlichen Vollendung in der Philosophie des Deutschen Idealismus und ihrer Umdrehung durch Marx und Nietzsche endgültig ihr Ende erreicht hat. Denn nach Marx und Nietzsche werden keine Zukunft eröffnenden Möglichkeiten des metaphysischen Denkens mehr sichtbar. Dem entspricht die gegenwärtige Philosophie unter anderem dadurch, daß sie sich weitestgehend auf die Auf- und Abarbeitung der Überlieferung beschränkt und zusätzlich noch Stücke aus der Überlieferung durch Akkommodation an die Gegenwart zu aktualisieren versucht.

Solche gegenwartskonformistische Aktualisierung der Überlieferung gibt diese aber nicht auf das hin frei, was sie uns als das ihrige zu sagen hätte, sondern läßt sie immer nur das sagen, was wir schon besser wissen, nämlich aus Wissenschaftstheorie, Sprachanalytik, Logistik, Sozialwissenschaften, Psychologie und in jüngster Zeit auch durch die Erziehungswissenschaften. Die Metaphysik war aber, solange sie das geschichtliche Dasein des Menschen wirklich bestimmte, primär keine Lehre, sondern sie war eine aus einer einzigartigen, immer aufs neue auszutragenden Frage entsprungene Denkweise. Und da die Wesensauszeichung des Menschen im Denken besteht, bestimmte sie das Grundverhalten des Menschen.

Der Name „postmetaphysisches“ Zeitalter weist darauf hin, daß das Denken nicht mehr metaphysisch bestimmt, sondern von anderer Wesensart ist. Aber wenn die Metaphysik in ihr Ende eingegangen ist, dann besagt das noch keineswegs, daß wir auch schon das andere, das notwendig gewordene postmetaphysische Denken, übernommen haben und vollbringen. Das Ende der Metaphysik ist im Gegenteil kein Aufhören, sondern es hat die Vollzugsform eines Sich-Einrichtens in die Dauer. Dieses Ende dauert an - und niemand vermag zu sagen, wie lange. Alle Zeichen der Zeit deuten darauf hin, daß der Mensch kaum bereit ist, die metaphysische Denkweise zugunsten einer anderen zu verlassen. Vielmehr richtet er sich in das Ende der Metaphysik ein, so daß dieses Ende nun die Gestalt des Andauernden erhält. Das Ende der Metaphysik aber bekundet sich in der Weise, daß die Metaphysik sich in ihre Ersatzformen zersetzt, als da sind Psychologie, Soziologie, Logistik, in jüngster Zeit auch die in die szientistisch-technische Erziehungswissenschaft transformierte ehemalige Pädagogik, also durch die zur unbeschränkten Herrschaft kommende Anthropologie. Hinzu treten dann noch Hauptformen, in die sich die Metaphysik zersetzt: Sprachanalytik, Strukturalismus und Wissenschaftstheorie. All diese anthropologischen Wissenschaften leben aus der Metaphysik, die sich in sie zersetzt.

Daraus folgt aber: Daß das geschichtliche Dasein des Menschen heute und in Zukunft nicht mehr in der Metaphysik seinen Bestimmungsgrund hat, besagt bei weitem noch nicht, daß der Mensch auch schon das diesem Wandel entsprechende Denken übernommen hat und vollzieht. Das postmetaphysische Denken ist vielmehr eine weithin noch unergriffene Aufgabe, die auf uns zukommt und die in ihrer geschichtlichen Notwendigkeit zu übernehmen eine Sache unserer Freiheit ist. Das schließt ein, daß der Mensch sich dieser Aufgabe versagen kann. Wenn das geschehen sollte, dann würde der Mensch im Endzustand der Metaphysik verharren und mit diesem Ende selbst enden, wie immer dieses Ende auch aussehen mag.

Das postmetaphysische Denken ist also eine erst zu übernehmende Aufgabe, die auf uns zukommt. Martin Heidegger hat diese Aufgabe, und zwar in fortschreitenden Stadien der Klärung, als erster entschieden erblickt und entfaltet. Das heißt nicht, Heideggers Denken sei in Gegenwart und Zukunft das ein und alles. Einer solchen Fehlannahme widerspricht am entschiedensten Heidegger selbst, der seine Arbeiten immer nur als Denkversuche und als etwas Vorläufiges benannt hat, und dies nicht aus Bescheidenheit, sondern aus sachlichen Gründen.

Die nachfolgenden Interpretationen zur Philosophie Heideggers gehen von folgender These aus: Wir werden erst dann, wenn wir in der Seinsfrage Fuß fassen, einen wirklichen Einblick in das Zeitalter gewinnen, in dem wir leben. Das gegenwärtige Zeitalter ist niemals mit dem gegenwärtig Aktuellen identisch, sondern durch eine lange geschichtliche Herkunft mitbestimmt. Deshalb gilt es zuerst zu erläutern, was eigentlich mit der Seinsfrage gemeint ist.

Dabei folgen wir im Gang unserer Erörterungen einer Selbstauslegung Heideggers, wie er sie im Jahre 1969 in einem Seminar im provençalischen Le Thor gegeben hat.[1]

Was will das besagen, die „Frage nach dem Sein"? Schon ein erster Erläuterungsversuch der Frage als solcher zeigt, daß diese Seinsfrage rein als Frage bereits vor Möglichkeiten eines großen Mißverständnisses stellt - einer der Gründe, weshalb die Intention von Heideggers Denken immer wieder mißverstanden wird. Dieses Mißverständnis hat seinen Grund darin, daß das Denken in der metaphysischen Denkweise verharrt, und zwar auch dann, wenn es die Metaphysik verneint, und zur Vergangenheit erklärt, nämlich im Positivismus. Was ist nun der Grund dieses Mißverständnisses? Wenn wir „Sein" sagen, dann ist unvermeidlich, daß wir uns bei dem Wort etwas denken, wie unbestimmt auch immer es sei. Und zwar verstehen wir dieses Wort im voraus bereits metaphysisch. Wie ist aber Sein in der Metaphysik und in ihrer Tradition immer schon verstanden? Die Antwort lautet: In der gesamten Überlieferung besagt Sein das, was das Seiende bestimmt, insofern es ist. Die Metaphysik erwächst aus der Frage: „Was ist das Seiende, insofern es ist? Was ist das Seiende als Seiendes?"

---

[1] Seminar in Le Thor 1969, in: Martin Heidegger, Vier Seminare, Frankfurt am Main 1977, S. 64ff.; GA 15, S. 326ff.

So lautet die Seinsfrage im Zeitalter der Metaphysik, also seit Plato und Aristoteles bis Schelling und Hegel sowie bis zur Umdrehung der Metaphysik im Denken von Marx und Nietzsche. Es liegt alles daran, sich diese Frage in ihrer Eigenart klarzumachen, denn ihre sachliche und geschichtliche Entfaltung macht eben das aus, was Metaphysik ist. Die sachliche Entfaltung dieser Grundfrage, die alle Metaphysik leitet, ist zugleich ihre geschichtliche Entfaltung. Sachliche und geschichtliche Entfaltung der Metaphysik sind ein und dasselbe. Eine Erläuterung der metaphysisch geprägten Seinsfrage erweist sich aber auch schon deshalb als notwendig, weil ihre postmetaphysische Gestalt allein durch die Abhebung gegen ihre metaphysische Gestalt ihre Bestimmtheit gewinnen kann.

Bei der Frage „Was ist das Seiende als Seiendes?“ steht das Seiende in Frage. Unter dem Seienden ist das Ganze dessen zu verstehen, was in irgendeiner Weise ist. Das „als“ - griechisch: *he*, lateinisch: *qua*, französisch: *comme*, englisch: *as* - gibt die leitende Fragehinsicht an. Sie ist das Entscheidende, denn erstens bestimmt die Fragehinsicht die Art, gemäß der die Sache überhaupt erst in die Sicht kommt, und zweitens zeichnet sie den Umkreis möglicher Antworten vor. Deshalb kommt alles darauf an, bei einer Frage die Fragehinsicht zu klären. Was gibt uns nun dieses „als“ zu bedeuten? Das „als“ drückt immer eine Herausstellung von etwas in dem ihm Eigenen aus, eine Herausstellung von etwas in das Offene des Sich-Zeigens seiner selbst, so wie wir von jemandem sagen, er hat sich als ein Könner oder als ein Versager herausgestellt. In dem „als“ geben wir zu bedeuten, daß etwas, ein Mensch, ein Sachverhalt, ein Vorgang in die Bestimmtheit dessen heraustritt, was es selbst ist. Der Mensch *als* Mensch z.B. besagt, daß der Mensch in der Bestimmtheit dessen vor Augen gelangt, was er selbst im Unterschied zu allen anderen Wesen ist: der Mensch *als* Mensch. Entsprechend bedeutet dann das Seiende *als* seiend, daß das Seiende, d.h. das Ganze dessen, was überhaupt ist, in der ihm eigenen Bestimmtheit heraustritt, nämlich in der Bestimmtheit zu sein. Die Bestimmtheit zu sein, die wir darum einfach das Sein nennen und mit diesem Hilfsverb wiedergeben, grenzt das, dessen Bestimmtheit es ist, auf es selbst ein und scheidet es gegen das ab, dem kein Sein zukommt, also gegen das Nichtseiende oder gegen das Nichts.

In der Seinsfrage ereignet sich also etwas mit dem Seienden im Ganzen. Es tritt in der ihm eigenen Bestimmtheit, zu sein, allererst ans Licht, und zwar in der Gegenwendung gegen das, dem alles Sein abgeht, gegen das Nichts. Diese dem Seienden eigene, es gegen das Nichts unterscheidende Bestimmtheit, zu sein, ist das, wodurch das Seiende ist, was es ist, nämlich seiend und nicht vielmehr nichtseiend. In der Seinsfrage stellt sich also das Ganze dessen, was ist, als seiend in der Abscheidung gegen das Nichts heraus, so daß auch das Nichts mit zum Vorschein kommt. Deshalb lautet die Seinsfrage: Was ist diese dem Seienden eigene Bestimmtheit? Was ist dieses Sein, dem alles, was ist, es zu verdanken hat, seiend zu sein und nicht vielmehr nichtseiend und nichts?

Ein erster Blick auf die metaphysisch geprägte Seinsfrage als solche zeigt, daß sie sich in zwei Fragerichtungen gabelt, die aber ebensosehr wesenhaft zusammengehören:

1. Wessen Wesens ist die Bestimmtheit, die jedem Seienden eigen ist, insofern es ist, und durch die es von Nichtseienden unterschieden ist?
2. Was ist das, wodurch das Seiende seiend ist und nicht vielmehr nichtseiend?

Einmal wird nach dem Sein als der dem Seienden eigensten Bestimmtheit gefragt, zum andern nach ihm als dem Grund, durch den das Seiende überhaupt ist. In der späteren Terminologie erhält die erste Frage den Namen *Ontologie*, die zweite den Namen *Metaphysik*. Aber es ist leicht zu sehen, daß Ontologie und Metaphysik im Wesen dasselbe sind; denn eben die Bestimmtheit, durch die das Seiende sich von Nichtseiendem überhaupt unterscheidet, die ist ja gerade das, wodurch das Seiende seiend ist, also der Grund des Seienden. Da nun ferner seit Plato und Aristoteles dieses Sein als der Grund des Seienden im Ganzen mit dem Göttlichen gleichgesetzt wurde, ist die Metaphysik zugleich theologisch. So ist es zu verstehen, daß Kant schließlich behaupten kann, alle Metaphysik laufe zuletzt auf die Frage hinaus: Ist ein Gott? In Gott wird das Sein gesucht, das Grund ist für das Ganze des Seienden, sofern dieses ist und nicht vielmehr nicht ist. Diese letzte Aufgipfelung der metaphysischen Seinsfrage „Ist ein Gott?“ trägt aber als Frage auch bereits die Möglichkeit ihrer Verneinung in sich, also die Möglichkeit einer atheistischen Metaphysik, die dann in Marx' Philosophie vom „nichtseienden Gott“ - Gott als bloßes *ens rationis* - und in Nietzsches Botschaft vom „Tode Gottes“ Wirklichkeit geworden ist.

In der Geschichte der Metaphysik ist nun eine Reihe von Antworten auf diese Frage gegeben worden. In Absicht auf eine vorläufige Orientierung nehmen wir zunächst Station bei dem griechischen Beginn der Metaphysik, bei Plato und Aristoteles, sodann bei ihrer neuzeitlichen Vollendungsgestalt im Denken Hegels, das zwar, von außen betrachtet, sich griechisch ausnimmt, sich in Wirklichkeit jedoch am weitesten von den Griechen entfernt hat. Es gilt also, in der Verschiedenheit von Beginn und Vollendung der Metaphysik die Einheit und Identität der metaphysisch geprägten Seinsfrage zu erkennen und so allererst den Boden zu gewinnen für einen Unterschied bezüglich der postmetaphysischen Prägung der Seinsfrage.

Aristoteles bestimmt das Sein des Seienden, also das, was Seiendes ist, insofern es ist, als *energeia*, Wirklichkeit. Hier ist eine Entscheidung gefallen, denn Wirklichkeit bleibt eine bis Hegel, Marx und Nietzsche maßgebliche Bestimmung des Seins, in der ein jegliches steht, sofern es ist. Nun muß aber das Seiende, damit es hinsichtlich seines Seins bestimmt werden kann, bereits zugänglich und offenkundig sein, damit es in seinem Sein erfaßt werden kann. Nach Aristoteles ist das Seiende primär zugänglich als *hypokeimenon*, ins Lateinische übersetzt mit *subiectum*. Was besagt *hypokeimenon* in griechischer Erfahrung? *Hypokeimenon* ist Anwesenheit, z.B. des Meeres, wenn es vor uns liegt, die Anwesenheit einer Insel, eines Gebirges, also immer von solchem, dessen Anwesenheit gleichsam von sich her ins Auge springt. *Hypokeimenon* meint das Seiende, wie es von sich her da ist, dergestalt, daß es sich von ihm selbst her uns zu sehen gibt. Es ist das sich von sich her in seiner Anwesenheit Sich-Zeigende. Und diese Erfahrung birgt das griechische Wort für „das Seiende“ in sich. Es heißt: *ta onta*, das Ganze dessen, was ist. Wir müssen aber zugeben: Für uns ist das Seiende beinahe eine bloßes Wort geworden, das grammatisch klassifiziert und sprachanalytisch verrechnet und so erledigt werden kann. Es gibt für uns nicht mehr die griechische Erfahrung des Seienden. So ist nach Wittgenstein wirklich, was der Fall ist, d.h. was unter eine Bestimmung fällt. Für die Griechen wäre das eine völlig phantastische These gewesen. Bei ihnen war im Gegenteil die Erfahrung des Seienden das Reichste und Konkreteste. Wie sie es erfuhren, bezeugen die Synonyme für *ta onta*, die für sich selbst sprechen: *ta phainomena*, die Phänomene, das heißt: das in seiner Anwesenheit Sich-Zeigende. Sie nannten das Seiende aber auch in einem anderen Synonym: *ta aletheia*, d.h. das Unverborgene.

Die bloße, obzwar richtige Übersetzung von *ta onta* mit „das Seiende" bleibt unverstanden, wenn man nicht bedenkt, wie die Griechen das Seiende erfuhren: als *aletheia*, das Unverborgene, das in seiner Anwesenheit offen zutage Liegende, das, was es nicht zuläßt, sich in eine Verborgenheit zu entziehen; als *ta phainomena*, als die Phänomene, das, was sich von sich her in seiner Anwesenheit immer schon und deshalb beständig zeigt. Für uns ist es außerordentlich schwierig, diese Erfahrung nachzuvollziehen, aber sie ist nicht unmöglich, wenn wir die griechischen Grundworte entsprechend hören.

Wollen wir den Beginn der Metaphysik und die metaphysische Fragestellung noch schärfer umreißen, dann müssen wir das „Phänomen" im griechischen Sinne genauer bestimmen: Das griechisch verstandene Phänomen ist nämlich gerade das Nicht-Phänomen im modernen Sinne. Das griechische Phänomen ist nämlich das Ding selbst, das Ding an sich. Hier sieht man die große Kluft zwischen Aristoteles und Kant und erkennt zugleich, daß man sich vor einer retrospektiven Interpretation der griechischen Philosophie hüten muß. Um die Metaphysik in ihrem Anfang zureichend zu begreifen, müssen wir die entscheidende Frage stellen: Inwiefern besagt „das Seiende" und „die Phänomene" für die Griechen dasselbe? Anders gesprochen: Inwiefern ist für die Griechen das Seiende und das Erscheinende ein und dasselbe? Für Kant ist eine solche Einheit schlechthin unmöglich; denn nach ihm ist das Seiende selbst das „Ding an sich", dasjenige, was niemals erscheint. Für die griechische Philosophie aber ist das Erscheinende, *ta phainomena*, das

Seiende selbst, das wahrhaft Seiende, das Wirkliche. Der Unterschied zwischen Aristoteles und Kant kann auf die einfache Formel gebracht werden: Für die Griechen erscheinen die Dinge und sind in solchem Erscheinen. Für Kant erscheinen die Dinge mir als dem sie vorstellenden Subjekt, dergestalt, daß der Bezug auf das vorstellende Subjekt die Art und Weise mitbestimmt, wie die Dinge als Dinge sind. Zwischen Aristoteles und Kant hat sich also etwas Entscheidendes ereignet: Das Seiende ist zum Gegenstand des vorstellenden Subjekts geworden. Das anwesende Sich-Zeigen des Seienden besteht nun in der Vorgestelltheit seiner vor dem und für das vorstellende Subjekt. Dieses Subjekt kann nun seinerseits wiederum verschieden bestimmt werden: als der Einzelne oder, wie bei Marx, als das „Wir" der Gesellschaft. Die Position von Marx besagt dann: Das Seiende ist nur seiend als Gegenstand der kollektiven Praxis der Arbeit. Das ist eine metaphysische Endstellung der Metaphysik selbst.

Grundsätzlich ist in der Neuzeit das anwesende Erscheinen des Seienden durch das vorstellende Subjekt vermittelt. Von dieser Grundstellung her interpretiert nun Hegel die griechische Philosophie, wie Heidegger sagt, als „bloß objektiv"[2]. Hegels These lautet: Die Griechen haben noch nicht den Gedanken der Vermittlung von Subjekt und Objekt gedacht, wodurch sich allererst die Objektivität der Objekte konstituiert. Indem die Griechen nur den Gedanken der Objektivität ohne Rückbezug auf das Subjekt dachten, ist ihr Denken durch ein Noch-Nicht gekennzeichnet. Es ist eben bei den Griechen noch nicht zur dialektischen Vermittlung gekommen. Das griechische Denken hat das Bewußtsein noch nicht als Schlüssel für das Erscheinen des Erscheinenden gedacht. Indem Hegel die griechische Philosophie so interpretiert, schließt er sich endgültig gegen die griechische Erfahrung des Seienden als Phänomen ab. Die Griechen, so sagt er, haben die Erfahrung des Unmittelbaren. Aber diese Kennzeichnung besagt für Hegel etwas Negatives: ein Noch-Nicht, ein Fehlen der dialektischen Vermittlung von Subjekt und Objekt, denn die erscheinende Anwesenheit der Dinge ist im neuzeitlichen

---

[2] ebd., S. 67; GA 15, S. 329.

Denken überall vermittelt durch das vorstellende Subjekt. Und diese Vermittlung ist der zentrale Begriff der Hegelschen Philosophie, also im Vollendungsstadium der Metaphysik. Sie ist nur zu verstehen, wenn wir auf die Struktur des Bewußtseins zurückgehen. Das sei hier angedeutet, damit wir den Unterschied zwischen griechischer und neuzeitlicher Metaphysik sehen.

Das Bewußtsein ist für Hegel immer Selbstbewußtsein und das gemäß dem Satz des Descartes, wonach das *cogitare*, das Denken, immer ein *ego cogito* ist, ein seiner selbst bewußtes Denken. Das Selbst gehört also wesentlich zum Denken, es macht sogar die Grundbestimmtheit des Denkens aus. Ist aber das Bewußtsein immer ein Selbstbewußtsein, dann ist der Gegenstand des Bewußtseins, also das präsente Seiende, immer durch das Selbstbewußtsein vermittelt und kann nur aufgrund dieser Vermittlung mit dem Selbstbewußtsein erscheinen. Aber umgekehrt gilt auch: Das Selbstbewußtsein ist immer ein Bewußtsein von etwas, ist immer Bewußtsein eines von ihm verschiedenen Gegenstandes. Also ist das Subjekt immer durch den Gegenstand, durch das Objekt, vermittelt. Diese Vermittlung von Subjekt und Objekt ist das Wesen der Dialektik: das Setzen des Einen durch sein entgegengesetztes Anderes und die Aufhebung der Entgegengesetzten in eine beide in sich befassende Synthesis.

Kehren wir nun zu den Phänomenen im griechischen Sinne zurück, dann stellt sich uns die Frage: Wodurch wurde das Seiende, das, was ist, als Phänomen möglich, wenn es nicht wie in der Neuzeit die Subjektivität des Subjekts ist, also nicht das sich selbst vorstellende Vorstellen, was das Erscheinen des Erscheinenden ausmacht? Wenn es das nicht ist, was ermöglichte dann im griechischen Umkreis dem Seienden, als Phänomen das Seiende zu sein, d.h. zu sein im anwesenden Sich-Zeigen?

Die neuzeitliche Deutung scheidet also aus, denn sie setzt den Gedanken der Vermittlung voraus, den die Griechen nicht kannten. Diese neuzeitliche Deutung, die Hegel in großartiger Weise vollzogen hat in seiner Geschichte der Philosophie, impliziert die Wandlung des Seienden zum Gegenstand des vorstellenden Subjekts. Dieser Begriff des „Gegenstandes“ hat im Griechischen keinerlei Äquivalent und kann auch kein Äquivalent haben. Also noch einmal gefragt: Was ermöglichte dem Seienden, als Seiendes Phänomen zu sein?

Die Antwort lautet: Nur dann, wenn das, was Seiendes zu einem Seienden bestimmt, das Sein selbst, in seinem Wesen durch Offenbarkeit bestimmt ist, dann ist alles Seiende ein Phänomen, ein Sich-von-sich-her-Zeigendes. Nur wenn Sein in seinem Wesen durch das bestimmt ist, was die Griechen *aletheia* nannten, Unverborgenheit, wird das Seiende als Phänomen möglich. Dann ist das Seiende seiend als das Offenbare, als das Von-sich-her-Sichzeigende. *Aletheia* aber ist das griechische Wort für Wahrheit. Die Griechen erfuhren das Wesen der Wahrheit als Unverborgenheit des Seins. Das Seiende, das in der Unverborgenheit Stehende, nannten sie das Wahre, d.h. das im Unverborgenen Anwesende. Es wird schon auf eine erste Weise verständlich, weshalb die Griechen die Worte „das Seiende", *ta onta*, „das Wahre", *ta aletheia* und „die Phänomene", *ta phainomena*, synonym gebrauchen konnten. An dieser Stelle tut sich uns ein Einblick in den Weltaufenthalt der Griechen auf, der Begründer unserer Geschichte: Die Griechen gehörten der Offenbarkeit des Seins in der Weise ursprünglich und elementar zu, daß sich ihnen alles Seiende in seiner Phänomenalität enthüllte, als das Sich-von-sich-her-Zeigende, das von sich her in seinem Sein Offenkundige, das es daher zu fassen galt, um sich in der Welt zu halten. Die Griechen sind das Menschentum, das in elementarer Unmittelbarkeit in der Eröffnung des Seienden als Phänomen lebt, und zwar so unmittelbar, daß das Griechentum für das Sein des Menschen in der *aletheia* nicht einmal ein Wort hat. Sie lebten in der Offenbarkeit des Seins zufolge der ihnen eigenen ekstatischen Fähigkeit, nämlich in völliger Hingegebenheit an die Phänomene, sich von diesen her ansprechen und bestimmen zu lassen. Dafür spricht auch die griechische Kunst. Daß es in der griechischen Sprache für eine solche Art des Menschseins kein Wort gibt, ist nicht das Zeichen eines Mangels, sondern bekundet gerade die elementare Unmittelbarkeit des Wohnens der Griechen in dieser Offenbarkeit des Seins, derzufolge dann jedes Seiende als ein Sich-von-sich-her-Zeigendes sich darbietet. So gehören die Griechen durch ihr Sein selbst in die Eröffnung des Seienden in seiner Phänomenalität hinein.

In diese Richtung denkend kann die Frage angegangen werden, wie die Philosophie aufgrund dieses Weltaufenthalts der Griechen inmitten der Phänomene entstehen konnte. Woher entstand der Anstoß, der die Philosophie auf ihren Weg brachte?

Heidegger stellt diese Frage in seinem Seminar von 1969 so: „Gibt es im Bezug des griechischen Menschenwesens zum Seienden im Sinne des Unverborgenen etwas, das die Philosophie (als Forschung nach dem Sein des Seienden) notwendig macht?"[3] Eine Antwort gibt die griechische Philosophie selbst. Danach entspringt die Philosophie aus dem Staunen, dem *thaumazein*. So hat es Plato in dem Dialog *Theätet* selber bezeugt[4]. Was ist aber das Erstaunliche, das in das Staunen versetzt, aus welchem dann die Philosophie entspringt?

Nach seiner formalen Bestimmung ist das Erstaunliche immer etwas, das aus dem Umkreis des Gewohnten und Vertrauten heraussteht und so als das Ungewöhnliche und Unvertraute den Menschen befremdet, so daß er fragt, was das denn sei. Für das griechische Dasein ist das Vertraute das ins seiner Anwesenheit Sich-Zeigende, die Phänomene. Und diese Phänomene, dies Erscheinende und im Erscheinen Anwesende, halten sich immer in einem unablässigen Kommen und Gehen: Sie erscheinen, währen und entschwinden. Der Bereich des Erscheinenden, eine Weile Währenden und dann wieder Verschwindenden ist der Bereich der Natur, der *physis*. Diese *physis* ist der nächste und ständige Aufenthaltsort des Menschen, denn in ihm gründet der Mensch alles, was er leistet und vollbringt, sein gesamtes Wohnen auf dieser Erde. Das in diesem Bereich Anwesende, die Phänomene, sind also nicht nur durch Anwesenheit bestimmt, sondern immer auch durch Abwesenheit mitbestimmt, denn sie sind übergängig anwesend. Ein jegliches, sofern es, aus der Nicht-Anwesenheit kommend, eine Weile dauert, währt mehr oder minder lange und geht dann in die Nicht-Anwesenheit

---

[3] ebd., S. 68 f.; GA 15, S. 330 f.

[4] 155d 2

zurück. Das jeweilige Phänomen ist zuerst ankommend, dann ist es gegenwärtig, und dann ist es gewesen. Dazu gehört auch der Mensch: Auch er kommt, bleibt eine Weile und ist dann gewesen. Wenn nun das Denken sich diesem im „ist“ gemeinten Sein selbst zuwendet, was erblickt es dann? Offenkundig etwas, das nicht kommt und geht, sondern das sich immer gleichbleibt: ein bleibend Anwesendes, das Sein, das allem Kommen und Gehen entnommen ist. Das, was ist, das ist ein kommendes und gehendes Jeweiliges. Aber das Sein selbst, das, was einem jeglichen zukommt, sofern es ist, das kommt und geht nicht. Und von diesem sich gleichbleibenden Sein her kann überhaupt erst dieses und jenes ankommend sein, gegenwärtig sein, gewesen sein. Das Sein hat alles Erscheinen und Verschwinden schon überholt. Gemessen an dem Bereich, in dem wir uns immer schon aufhalten, zeichnet sich das im „Ist“-Sagen gemeinte Sein selbst durch ein Übermaß an Anwesenheit aus, nämlich durch eine Anwesenheit, die von keiner Abwesenheit affiziert ist, die Anwesenheit ist und nur Anwesenheit.

Das Sein also stellt sich - aus dem Bereich des Gewohnten und Vertrauten gedacht - als etwas Erstaunliches heraus, das eben darum in die Frage nötigt, was es denn sei. Durch diese Frage wird das Erstaunen nicht etwa ausgelöscht, sondern das Fragen ist selbst der Vollzug des Erstaunens. Je fragender dies Fragen, um so mehr wächst das Sein in seine Erstaunlichkeit und Befremdlichkeit empor als das durch ein Übermaß an Anwesenheit, ein Übermaß an Phänomenalität Ausgezeichnete. So läßt sich begreiflich machen, wie Philosophie, das Denken auf das Sein des Seienden, innerhalb des Bezugs der Griechen zum Seienden als dem Phänomen entspringen konnte. Es ist nicht von ungefähr, daß die Griechen diese Offenbarkeit des Seins mit einem Ausdruck von privativer Bedeutung gekennzeichnet haben: *a-letheia*, Unverborgenheit, das zeigt darauf hin, daß dem Übermaß an Anwesenheit eine Verborgenheit entspricht. Sein, Anwesenheit, erfuhren die Griechen als Auf- und Hervorgegangensein ins Unverborgene, ins Sich-Zeigen, in das Erscheinen. Hervorgegangen aus einem anfänglich zugrundeliegenden Verborgenen, aus einer Quelle, der alles aufgehende Erscheinen entspringt. Anwesenheit, Phänomenonalität und Verborgenheit als

Quelle alles anwesend Sich-Zeigens stehen demnach in dem Verhältnis, daß, je anwesender das Anwesende, je erscheinender das Erscheinende, um so lebendiger die Quelle, aus der es erscheint, aus der es hervorgeht.

Dabei darf jedoch etwas ganz Wesentliches nicht übersehen werden: Die Griechen haben die Verborgenheit als Quelle alles Aufgehens in die Phänomenalität selbst nicht gedacht. Sie konnte auch gar nicht Thema ihres Denkens sein, da die Griechen ja ganz und gar eingenommen waren von der Phänomenalität, vom Sein als Erscheinen. Die Verborgenheit in aller Unverborgenheit, auf welche das Wort *aletheia* weist, ohne daß die Griechen diesem Zeichen zu folgen vermochten, die Quelle also bekundete sich den Griechen nur mittelbar, in dem Übermaß an Phänomenalität, in diesem Sein, denn die Quelle ist als Quelle immer das Sich-selbst-Übertreffende. Dies bekundet sich mittelbar in dem Übermaß an anwesendem Sich-Zeigen, in diesem Sich-selbst-Übertreffen der Phänomenalität, dem Meta-physischen.

Auch andere Phänomene des griechischen Daseins werden uns nur dann verständlich, wenn wir sehen, daß die Griechen das Verborgene nur durch ein Übermaß an Offenbarkeit darzustellen vermochten. Die Philosophie, die Frage nach dem Seienden als Seiendem, hat also zur Stätte ihrer Geburt die Dimension einer exzessiven Anwesenheit, einer exzessiven Phänomenalität, welche das Sein ist. Die Antwort auf diese Erfahrung muß folglich selber exzessiv sein, muß selber ein Übermaß sein, etwas, das über den uns vertrauten und gewohnten Bereich der Natur hinausgeht: Sie muß metaphysisch exzessiv sein.

Wenn aber die Griechen das Seiende als das im Unverborgenen Anwesende, als das Erscheinende, als Phänomen erfuhren, dann muß ihnen doch die Offenbarkeit als solche, die *aletheia* in einer bestimmten Gestalt erschienen sein. So ist es auch. Die *aletheia* ist ihnen in zwei - freilich beschränkten - Gestalten erschienen: einmal als *noein*, Denken, und ferner als *logos*, Darlegung einer vorliegenden Sache in dem, was und wie sie ist. Das bezeugt einmal der bekannte Satz des Parmenides: „Denn dasselbe ist Denken und Sein." Ein Satz, der das Wesen des Denkens bestimmt, demgemäß das

Denken ist als das sich öffnende Erblicken des in der Offenbarkeit erscheinenden Seins. Desgleichen legt der *logos* die von ihm dargelegte Sache in dem, was und wie sie ist, offen. Das heißt also: Die *aletheia*, die Unverborgenheit des Seins, kommt im griechischen Denken immer nur bezughaft zur Sprache und zum Vorschein: im Bezug zum *noein*, zum Denken, und im Bezug zum *logos*, zur Aussage, nicht aber als sie selbst, als Unverborgenheit. So kommt es denn, daß wir bis heute dem Denken und der Aussage primär die Wahrheit zuweisen.

Dies soll nun an der ersten und entschiedenen Antwort auf die metaphysische Frage nach dem Sein, nämlich an der Antwort Platos erprobt werden. Sie lautet, das Sein sei *eidos* oder *idea*. Die Worte *eidos* und *idea* gebraucht Plato synonym. *Idea* kommt von dem griechischen Verbum *idein*, das sichten, erblicken bedeutet. *Idea* heißt daher zunächst ganz einfach: die Sicht. Aber bei Plato nennt nun das Wort *idea* eine Sicht von ausgezeichneter Art. Nicht jede Sicht ist nach Plato eine *idea*, sondern nur diejenige Sicht, die das sehen läßt, das offenbar macht, die also das zum Vorschein gelangen läßt, was das vielerlei vorliegende Einzelne einheitlich ist. Beispielsweise die Sicht auf das, was die vielfältigen und so verschieden ausgefallenen Bücher einheitlich sind, nämlich Bücher, also das Buchwesen als solches. Und von der Sicht, welche das Buchwesen als solches sehen läßt, können wir überhaupt erst die einzelnen Bücher als Bücher erkennen. Diese Sicht, welche das einheitliche Wesen einer Mannigfaltigkeit von Einzelnem zeigt, nennt Plato auch *eidos*. Wir können *eidos* mit „Wesensanblick" übersetzen. In welchem Sinne kann nun Plato sagen, diese Idee, das *eidos*, sei das Eigentlich-Anwesende, nicht dagegen dieses einzelne Buch hier oder jenes dort? Worin besteht das Übermaß an Anwesenheit im Falle des *eidos* des Buches gegenüber den einzelnen Büchern? Inwiefern entspricht allein die Idee dem, was die Griechen als Anwesenheit im eigentlichen Sinne erfuhren?

Dieses Buch hier ist im Wandel begriffen, es verändert sich, es löst sich schließlich irgendwann einmal auf. „Sich-Verändern" heißt aber: nicht mehr so sein, und „Sich-Auflösen", „Vergehen" heißt: überhaupt nicht mehr sein. „Sich-Verändern", „Sich-Wandeln",

„Vergehen“ sind Weisen von Abwesenheit, von Sich-nicht-mehr-Zeigen, von Unphänomenalität. Allein die Idee ist die Anwesenheit selbst, in der Weise, daß sie durch keine Abwesenheit bestimmt ist. Sie ist also reine Anwesenheit, reine Phänomenalität, ungetrübtes Sich-Zeigen. Die Idee zeigt, gemessen an dem Einzelnen hier und dort, eben jenes Übermaß an Anwesenheit, sofern sie anwesende Anwesenheit ist, während das Einzelne hier und dort auch dann, wenn es anwesend ist, bereits durch eine Weise von Abwesenheit mitbestimmt bleibt, sofern es sich nämlich unaufhörlich wandelt und verändert. Dieses durch ein Übermaß an Anwesenheit bestimmte Anwesende, die Idee, das reine Phänomen als solches, ist das Erstaunliche, das wir in unserem Umkreis, in dem wir uns sonst aufhalten, nicht finden. Es ist das Erstaunliche, das den Blick des Denkens auf sich zieht und in die Frage nötigt: Was ist dieses bleibend Anwesende? Was ist die Idee?

Platos Philosophie besteht nicht einfachhin im Ansatz von Ideen, in der Behauptung, das eigentlich und wirklich Seiende sei die Idee. Sie besteht vielmehr im Austrag der Frage nach dem Wesen der Idee, weil sie das Erstaunliche ist, das phänomenalste Phänomen. Und diese Idee macht das Sein des Seienden aus, denn das Einzelne ist nur so lange, als es im Anblick dessen steht, was es ist, also im Anblick der Idee. Oder, von der Idee her gesagt, nur solange die Idee in ihm anwesend ist, ist es. Wenn die Idee aus ihm entweicht, hört es auf zu sein.

Es ist wichtig, die Platonische Idee nicht modernistisch mißzuverstehen, als sei sie eine von der Vernunft gebildete Vorstellung, also ein bloßer Vernunftbegriff, der dann merkwürdigerweise von Plato zu einem übersinnlichen Ding hypostasiert wird. Mit solchen groben Mißdeutungen verbauen wir uns jeglichen Zugang zum Wesen dessen, was Plato Idee nennt: das Anwesende, das durch ein Übermaß an Anwesenheit ausgezeichnet ist. Darum nennt Plato die Idee auch das *ontos on*. Hier kommt das Wort *on*, Sein also, zweimal vor: *ontos* und *on*. Das bedeutet das in bleibender Anwesenheit Anwesende, welches darum die reine Anwesenheit selbst ist, das ausgezeichnete, erstaunliche Phänomen inmitten aller anderen Phänomene.

Die Idee ist nicht das Produkt unseres Auffassens von den Sachen, sondern dasjenige Aussehen, das die Sache von sich her schon bietet, das reine Phänomen, das in bleibender Anwesenheit von ihm selbst her ständig Sich-Zeigende. Plato drückt den Unterschied von Ideen und dem Einzelnen hier und dort, das durch Abwesenheit mitbestimmt bleibt, sprachlich mitunter auch durch die Worte *eidos* und *eidolon* aus. *Eidos*, das ist die Idee selbst, das Einzelne kann er dann *eidolon* nennen. Aber *eidolon* bedeutet nicht das *eidos* selbst, sondern eine Art von *eidos*, denn auch das einzelne Haus bietet ja den Anblick des Hausseins, aber nur einseitig und durch Abwesenheit mitbestimmt. Der Anblick, das *eidos* des jeweils einzelnen Hauses hier und dort, ist nicht das *eidos* des Hauses selbst, nicht die reine Anwesenheit, nicht das reine Phänomen, nicht das Hauswesen als solches, sondern nur eine Art von *eidos*, ein getrübtes, ein gemindertes *eidos*, ein *eidolon*. Um es noch genauer zu sagen: Plato unterscheidet zwischen dem *eidos* des Hauses, welches das reine Hauswesen als solches zeigt, und dem jeweils einzelnen Haus hier und dort, das auch den Anblick des Hausseins zeigt, auch ein Phänomen ist, also ein Seiendes.

Nehmen wir nun an, ein Haus steht unmittelbar am Seeufer und spiegelt sich im See. Dann zeigen sich drei Hausanblicke; es zeigt sich, wenn Sein Phänomen bedeutet, eine dreifache Anwesenheit von Haus:

1. das *eidos* selbst, die Idee,
2. der einzelne Hausanblick, das Haus als einzelnes, und
3. dessen Spiegelung im Wasser.

Plato stellt nun die folgende Entsprechung auf: Wie sich das Spiegelbild zum Anblick des einzelnen Hauses verhält, so verhält sich das einzelne Haus zur Idee des Hauses. Diese Entsprechung dient einzig und allein einer Klärung des Verhältnisses, in welchem die Idee zum Einzelnen steht. Auch die Spiegelung des Hauses im Wasser gibt den Anblick von Haus, in welchem das Haus auf eine eigene Weise anwesend ist. Aber dieser Hausanblick ist noch weiter vom *eidos* des Hauses entfernt als das Einzelhaus, und das auf zweifache Weise: Der Anblick des Einzelhauses hat seinerseits eine Mannigfaltigkeit von Erscheinungsweisen, indem dieses einzelne

Haus sich je nach unserem Wahrnehmungsstandort anders zeigt. Der Spiegelanblick im Wasser gibt aber nur eine der vielen Erscheinungsweisen zu sehen. Zweitens erscheint dieser Hausanblick im stofflichen Element des Wassers, welches leicht in Bewegung gerät. Bewegt sich das Wasser, dann beginnt auch der Anblick zu schwanken und bei stärkerer Wellenbewegung sogar vollständig zu zerfließen.

Worauf es dabei ankommt, ist dieses: Der Stoff, in welchem das *eidos* sich zeigt, hier das Wasser, ist nicht Träger des *eidos*, sondern gerade dessen Brechung, dessen Minderung. Und wie sich der einzelne Hausanblick zu seinen Spiegelungen im Wasser verhält, so verhält sich das *eidos* des Hauses selbst zu den jeweilig einzelnen Häusern, nämlich so, daß der Stoff, aus dem ein Haus besteht, gerade eine Brechung und Trübung des *eidos* darstellt. Der Stoff ist nach Plato ein Weniger an Sich-Zeigen, ein Weniger an Phänomenalität. Das Resultat dieser Brechung der Idee durch den Stoff, das einzelne Haus hier und dort, kann er darum ein bloßes *eidolon* nennen, so wie der Spiegelanblick im Wasser seinerseits ein *eidolon* des Einzelhauses ist. Allein das *eidos* ist in der Weise der reinen, durch keine Abwesenheit getrübten Anwesenheit. Nur die Idee ist reines Phänomen und als solches eben aus dem Umkreis des uns Gewohnten, Vertrauten und Bekannten herausstehend, daher erstaunlich. Sie erweckt daher die Frage, was das denn ist, dieses Anwesende, das reine Anwesenheit ist. Da die Idee aber das Sein des Seienden ausmacht, so ist die Frage nach diesem Erstaunlichen eben die: Was macht am Seienden dessen Sein aus? Was ist das Sein des Seienden?

Nachdem so die metaphysische Seinsfrage nach ihrer Eigenart und auch ihrem Ursprung im Umriß geklärt ist, soll nun die Seinsfrage in ihrer postmetaphysischen Gestalt ebenfalls auf eine erste Weise erläutert werden, und dies gerade in Abhebung gegen die metaphysische Frageweise. Die postmetaphysische Seinsfrage ist in Heideggers *Sein und Zeit* zum ersten Mal entschieden gestellt und auf den Weg gebracht worden. Was besagt nun die postmetaphysische Seinsfrage in *Sein und Zeit* im Unterschied zur metaphysischen Seinsfrage?

Sie fragt nicht: Was ist das Seiende, insofern es seiend ist?, sondern sie fragt: „Was ist das ‘ist’?“[5] Natürlich fragt sie nicht nach dem Wort „Ist“, nach dem Lautgebilde, sondern nach dem mit diesem Ist Gemeinten. Freilich, so fragend, gerät das Denken alsbald in größte Schwierigkeiten. Wenn wir fragen: Was ist denn das Ist?, so machen wir das Ist zu einem Seienden, dessen Sein wir feststellen wollen. Nun soll aber das Sein selbst gedacht werden. Also dürfen wir das Ist nicht zu einem Seienden machen, sonst haben wir das Sein nicht im Blick, sondern ein Seiendes, das wir auf Sein hin befragen. Wenn aber das Ist kein Seiendes ist, wird es dann nicht zur leeren Kopula des Urteils, also zu dem lediglich formalen Subjekt und Prädikat verbindenden Band, als welches es Sache der Logik und Grammatik ist?

Vor diesen Schwierigkeiten darf das postmetaphysische Denken des Seins nicht ausweichen, sondern muß gerade von ihnen ausgehen, denn vom rein grammatischen Standpunkt aus ist das Sein nicht einmal ein Verb, sondern ein bloßes Hilfsverb. Die Frage lautet daher grundsätzlich: Ist das Sein lediglich eine von dem Infinitiv „sein“ abgeleitete Abstraktion? Oder können wir überhaupt nur „ist“ sagen, d.h. etwas auf Sein hin ansprechen, weil Sein im vorhinein schon offen und offenkundig ist? Weil dies zur Frage steht, nimmt *Sein und Zeit* die Seinsfrage im Geschichtskreis des Sinns von Sein in den Angriff. Es wird hier also gar nicht mehr nach dem Sein des Seienden gefragt, sondern nach dem Sinn von Sein. Aber die Seinsfrage, so gestellt: als Frage nach dem Sinn von Sein, ist nicht eindeutig. „Sinn“, das kann Wortbedeutung meinen. So kann ein und dasselbe Wort mehrere Bedeutungen haben. Würde in der Frage nach dem Sinn von Sein „Sinn“ Wortbedeutung meinen, dann würde es sich um die Zuerteilung einer Bedeutung an ein Wort handeln, so, wie Husserl von „bedeutungsverleihenden Akten“ spricht. So ist aber „Sinn“ in *Sein und Zeit* von vornherein nicht gemeint. Heidegger unternimmt nicht den Versuch, dem Wort „Sein“ lediglich eine neue Bedeutung zu geben.

---

[5] Seminar in Le Thor 1969, S. 72; GA 15, S. 334.

Was „Sinn" in der Frage nach dem Sinn von Sein, in der postmetaphysischen Fragestellung also, besagen möchte, dem kommen wir schon etwas näher, wenn wir unsere Alltagssprache betrachten. So sagen wir beispielsweise: Was hat denn dies ganze Vorhaben überhaupt für einen Sinn? Hier wird nicht verlangt, dem Wort „Vorhaben" einen Sinn zu geben. Es wird nicht nach der Bedeutung des Wortes „Vorhaben" gefragt. Sondern wir wollen das Vorhaben selbst verstehen. Und wonach wir fragen, wenn wir nach seinem Sinn fragen, ist das, wovon her das Vorhaben überhaupt verstehbar ist. „Sinn" meint das, woher das Verstehen von etwas entspringt, worin sich die Verstehbarkeit von etwas hält. „Sinn" ist der Ursprung der Verstehbarkeit und des Verstehens von etwas. Im Falle eines Vorhabens ist das Woher seiner Verstehbarkeit das Wozu, der Zweck des Unternehmens. Was also möchte nun entsprechend die Frage nach dem Sinn von Sein in *Sein und Zeit* besagen? Einfach dieses: Woraus entspringt und worin hält sich das Verständnis von Sein?

Nun ist Sein aber immer schon irgendwie verstanden, dergestalt, daß dieses Verständnis zum Wesen des Seins selbst gehört. Das hat bereits die überlieferte Metaphysik gewußt: Sowohl Plato als auch Aristoteles erklären, das *on*, das Sein, sei das *proton noeton*, das bei allem Denken von etwas zuerst und immer schon Gedachte, damit überhaupt etwas gedacht werden kann. Denn wenn etwas überhaupt gedacht werden kann, dann denken wir es als etwas, was in irgendeiner Weise ist. Also ist Sein immer schon gedacht, d.h. immer schon irgendwie verstanden. Thomas von Aquin sagt, das *ens* sei *qua ens* ein *ens intellectum*, also Sein sei ein immer schon im Verstand irgendwie Verstandenes. Was immer uns angeht, womit wir uns zu schaffen machen, was uns begegnet, wir nehmen es als etwas, das gewesen ist, gegenwärtig ist, im Kommen ist. Dieses Seinsverständnis, wie dunkel es auch zunächst ist und zumeist auch bleibt, gibt all unseren Verhaltungen die Führung. Ohne ein solches Seinsverständnis blieb alles Seiende in dem, was und wie und wodurch es ist, verschlossen. Auch wir selbst blieben uns als die Seienden, die wir sind, verschlossen. Wir wären überhaupt nicht die Wesen, die wir sind, ohne dieses Seinsverständnis. Formelhaft gesprochen: Ohne Seinsverständnis kein Selbstverständnis.

Dann lautet aber die Frage: Woraus entspringt denn nun die Verstehbarkeit von Sein, das Seinsverständnis? Was ist das, das Sein in der Verstehbarkeit hält? Das ist die Frage nach dem Sinn von Sein. Es ist also eine ganz andere Frage als die metaphysische Seinsfrage. Sie ist alles andere als eine Betrachtung über allgemeinste Allgemeinheiten. Sie zielt auf das Wesen des Menschen, auf das, was uns ermöglicht, diejenigen zu sein, die wir sind. Die Frage nach dem Sinn von Sein ist, auf den Menschen gedacht, die konkreteste Frage, die sich überhaupt denken läßt.

ERSTER TEIL
DIE POSTMETAPHYSISCHE SEINSFRAGE IN „SEIN UND ZEIT"

§ 1. Die existenzialontologische Methode

Welchen Weg schlägt Heidegger ein, um den Sinn von Sein zu bestimmen? Man hat behauptet, Heideggers Denken vor allem in seinen späteren Arbeiten ermangele einer Methode; Heidegger ließe sich von bloßen Intuitionen leiten, oft genug von rein sprachlichen Assoziationen. Das Gegenteil ist in Wahrheit der Fall. Nun kann sich zwar das postmetaphysische Denken nicht auf den Wegen bewegen, die die überlieferte Metaphysik gebahnt hat. Erst recht kann es sich nicht irgendeinem Methodenideal anpassen, das die Wissenschaften befolgen, denn diese gelangen gemäß der Art ihres Wissens überhaupt nicht in die Dimension der Frage nach dem Sinn von Sein. Wenn die Wissenschaftler als Wissenschaftler diese Frage stellen würden, kämen sie überhaupt nicht zur Forschung.

Die Methode des postmetaphysischen Denkens entspricht der zu denkenden Sache, und sie gewinnt in dem Maße, als diese Sache sich klärt, ihre eigene Klarheit und Richtungsbestimmtheit. Heidegger gibt in *Sein und Zeit* der Methode des postmetaphysischen Denkens den Namen „Destruktion". Er hat diesen Namen gewählt in der Erwartung, daß man aus der Benennung des Wortes Destruktion *destruere* heraushört[1]. Dieses lateinische Wort *destruere* bedeutet: Abbau und nicht Niederreißen bzw. Zerstören. Was bedeutet nun diese Kennzeichnung der Methode?

---

[1] Seminar in Le Thor 1969, S. 75, GA Bd. 15, S. 337; vgl. SuZ § 6, S. 21f., GA 2, S.28f.

Sein als dasjenige, was jegliches, das ist, zu einem Seienden bestimmt, ist das Grundthema der überlieferten Metaphysik. Im Verlauf der Geschichte der Metaphysik hat dieses Sein verschiedene Auslegungen erfahren, von denen schon zwei im ersten Umriß vorgestellt wurden: diejenige Platos und diejenige Hegels - Sein als Idee, so Plato, und Sein als das System des sich wissenden Wissens, als Geist, als Vermittlung von Subjektivität und Objektivität, so Hegel. Aber damit Sein metaphysisch so oder so ausgelegt werden kann, muß es doch als Sein bereits irgendwie schon verstanden sein. Etwas, was überhaupt unverstanden ist, das kann auch nicht ausgelegt werden. Jede Auslegung setzt ein Verständnis des Auszulegenden voraus. Also: Damit das Sein metaphysisch so oder so in den verschiedenen geschichtlichen Epochen ausgelegt werden konnte, mußte es als Sein irgendwie schon verstanden sein. Wie könnte es sonst als Idee, als *energeia*, als System des Wissens, als Werden in der Weise der ewigen Wiederkunft des Gleichen, als Geist ausgelegt worden sein? Diese verschiedenen Auslegungen des Seins, welche die Metaphysik auf ihrem geschichtlichen Gang ausgebildet hat, haben sich nun eine über die andere gelegt. Sie haben sich gleichsam übereinander geschichtet und so den anfänglichen Sinn von Sein verdeckt.

Daraus ergibt sich nun, was die Methode der Destruktion im Sinne Heideggers bedeutet. Sie möchte den Sinn von Sein allererst wiedergewinnen, und zwar durch Abtragung der aufeinandergeschichteten geschichtlichen metaphysischen Auslegungen, also im Durchgang durch sie. Die Methode der Destruktion zielt auf eine Aufdeckung des anfänglichen Sinns von Sein, auf dasjenige, als was Sein für alle metaphysische Auslegung schon immer vorverstanden war. Gemäß dieser Absicht läßt sich das postmetaphysische Denken auf die Metaphysik ein, nicht um sie zu zerstören, sondern um den ihre Auslegungen leitenden Sinn von Sein aufzudecken. Damit das gelingt, muß das in der Metaphysik Gedachte durchdacht werden, damit im Durchdenken des von ihr Gedachten und durch dieses hindurch der anfängliche Sinn von Sein ans Licht treten kann.

Wie lautet nun dieser anfängliche Sinn von Sein? Das Eingehen auf das Denken Platos gibt uns bereits die eindeutige Antwort: Der anfängliche Sinn von Sein ist Anwesenheit. Dieser Sinn leitet das gesamte Verständnis von Sein, alle Auslegungen von Plato bis Nietzsche und Marx.

Wenn Plato die Idee als das *ontos on* bestimmt, als das in bleibender Anwesenheit Anwesende, dann deshalb, weil eben die Idee nur durch Anwesenheit bestimmt ist, weil Anwesenheit der maßgebliche Gesichtspunkt für die Auslegung des Seins, also der Sinn von Sein ist. Der anfängliche Sinn von Sein läßt sich also durch den folgenden Gedanken gewinnen: Plato bestimmt die Idee als das Sein des Seienden, weil die Idee die reine Anwesenheit selbst ist. Soweit Seiendes durch Abwesenheit bestimmt ist, ist es insofern nichtseiend. Daraus folgt: Die Sinnbestimmtheit von Sein liegt in der Anwesenheit. Das ist das Ergebnis der Destruktion. Sein hat also eine ganz strenge, fest umrissene Sinnbestimmtheit und ist nicht ein vager und leerer und ganz und gar unbestimmter Begriff.

Können wir nun diesen Sinn von Sein noch weiter bestimmen? In „Anwesenheit" spricht Gegenwart, spricht Präsenz. Das Anwesende ist immer das Gegenwärtige, das Präsente, und das so sehr, daß wir Anwesenheit und Gegenwart sogar synonym gebrauchen können. Wir sagen: „Die Preisverleihung fand in Anwesenheit des Bundespräsidenten statt." Wir können auch sagen: Sie fand in Gegenwart des Bundespräsidenten statt. Das Anwesende ist das Gegenwärtige. Das Abwesende ist das Nicht-mehr-Gegenwärtige oder das Noch-nicht-Gegenwärtige. Heidegger sagt dazu: „In dieser Bestimmung des Sinnes von Sein durch die Anwesenheit ist aber ein *zeitliches* Moment verborgen. Das nötigt das nach dem Sinn von Sein fragende Denken, ausdrücklich die Frage nach dem Bezug zwischen dem Sein UND der Zeit zu stellen."[2]

Diese Frage ist vor Heidegger niemals gestellt worden, weder im Beginn der Metaphysik noch in ihrem geschichtlichen Fortgang noch an ihrem Ende noch in ihrer Vollendung. Vielmehr ist Sein von Anfang an durchgängig als Anwesenheit verstanden worden, ohne daß dieses Verständnis selbst jemals zum Gegenstand des Nachden-

---

2 ebd., S. 75f.; GA 15, S. 337f.

kens geworden wäre. Die Frage ist niemals gestellt worden: Woher empfängt denn eigentlich Sein diese seine Bestimmtheit?

Die Methode der Destruktion, der Abbau der übereinandergeschichteten Auslegungen des Seins als Freilegung des anfänglichen Sinns von Sein, läßt erkennen: Der Sinn von Sein liegt in Anwesenheit, d.h. in Gegenwart. Gegenwart ist ein Modus der Zeit. Daraus folgt aber, daß das Woher der Verstehbarkeit von Sein, der Ursprung des Seinsverständnisses, in der Zeit liegen muß. Also gilt es, die Frage nach dem Verhältnis von Sein und Zeit zu stellen. Das ist ein zwingendes Ergebnis der Destruktion. So ist die postmetaphysische Seinsfrage auf den Weg gebracht, Sein in seiner Sinnbestimmtheit aus der Zeit zu denken.

Aber sogleich erhebt sich eine neue Schwierigkeit, die dazu führen kann, daß man Heideggers Philosophie völlig mißversteht. Die Frage ist nämlich die: Um welche Zeit handelt es sich eigentlich? Wie ist diese Zeit, aus der Sein seine Sinnbestimmtheit empfängt, überhaupt zu denken? Die Metaphysik stößt bei ihrer Entfaltung ebenfalls auf die Zeit und hat auf mehrfache Weise einen Wesensbegriff von der Zeit geprägt. Bringt nun dieser metaphysische Zeitbegriff die Zeit in den Blick, aus welchem sich die Bestimmtheit von Sein als Anwesenheit ergibt?

Es gilt, sich immer wieder aufs neue klarzumachen, daß das metaphysisch vorgestellte Wesen der Zeit keinen Ausblick auf die Zeit eröffnet, um die es hier geht. Mehr noch, es gilt, sich klarzumachen, daß der von der Metaphysik ausgebildete Begriff der Zeit jede Aussicht dieser Art versperrt.

Es ist Aristoteles gewesen, der im 4. Buch der *Physik* die für das gesamte überlieferte Denken grundlegende Abhandlung über die Zeit geschrieben hat. Aber eben auf diese großartige Aristotelische Zeitanalyse kann sich die Frage nach dem Verhältnis von Sein und Zeit nicht stützen, denn Aristoteles denkt die Zeit im bestimmenden Ausgang von der griechischen Interpretation des Seins. Er will das Sein der Zeit bestimmen und geht aus von der griechischen Interpretation des Seins als Anwesenheit. Dieser Interpretation des Seins liegt aber bereits eine zeitliche Bestimmung zugrunde, nämlich diejenige, welche das postmetaphysische Denken ins Licht zu heben versucht. Bestimmter gesprochen: Aristoteles stellt bezüglich der Zeit die metaphysisch-ontologische Frage: Was ist die Zeit, insofern sie ist? Er fragt also: Was macht das Sein der Zeit aus, so daß sie ist und nicht nicht ist? Dabei bedenkt aber Aristoteles nicht, daß das, woraufhin er die Zeit befragt, auf ihr Sein nämlich, bereits im vorhinein und verborgenerweise eine zeitliche Vorbestimmung enthält, sofern eben das Sein vorweg schon durch Anwesenheit, und d.h. Gegenwart bestimmt ist.

Alle Metaphysik bis Hegel und Nietzsche ist darin Aristoteles gefolgt, sagt Heidegger, die Zeit jedes Mal im Ausgang von den leitenden Auslegungen des Seins des Seienden zu denken"[3]. All diese Auslegungen sind geschichtliche Abwandlungen des durch Anwesenheit geprägten Seins, in welchem bereits eine zeitliche Bestimmung liegt.

Als Beispiel sei hier nur auf die Zeitauffassung Kants verwiesen. Nach Kant ist das Seiende seiend als Gegenstand menschlicher Erkenntnis. Der Name „Gegenstand" enthält bereits eine Sacherfassung. Demnach gehören zum Seienden als solchem das „Gegen", d.h. dasjenige, das uns in den Sinnesaffektionen gegeben ist, also erstens die Inhalte der Sinnesanschauung, und ferner der „Stand", das Bleiben. Das Seiende ist seiend als das für ein Subjekt bleibend Anwesende. Innerhalb des Horizonts dieser Seinsauslegung bestimmt Kant auch die Zeit: Sie ist das, was als der kontinuierliche Fluß der Jetztmomente das Bleibende ist, denn, so sagt Kant, die Zeit als solche vergeht nicht, es ist niemals nicht Zeit. Die Zeit ist also etwas Bleibendes, beständig Anwesendes. Das macht ihr Sein aus.

Zeit kommt auch hier vom Sein her in den Blick, das als Anwesenheit bestimmt ist. Die Zeit konstituiert daher den Gegenstand als den bleibenden Gegenstand der Erkenntnis mit. Die Zeit ist das Bleibende im Wechsel ihrer selbst; denn immer ist Jetzt, und niemals ist nicht Jetzt, aber so, daß das Jetzt auch das andere und immer andere ist. Der Horizont, darin die Zeit interpretiert wird, ist Sein qua Anwesenheit, Gegenwart.

---

[3] ebd., S. 76; GA 15, S. 338.

Es ergibt sich also: Der metaphysische Zeitbegriff ist seinerseits schon bestimmt durch Sein als Anwesenheit und Gegenwart. Weil Sein überhaupt seine Sinnbestimmtheit in der Gegenwart hat, macht nun auch in Konsequenz dieses Verständnisses das an der Zeit ihr Sein aus, was an ihr das Gegenwärtige ist. Denn das Gegenwärtige an der Zeit ist das Jetzt. Also ist das Jetzt an der Zeit das eigentlich Seiende, weil es das Gegenwärtige ist. So kommt es dahin, daß nach dieser Auffassung Vergangenheit und Zukunft durch einen Mangel an Sein affiziert sind. Sie sind nicht mehr bzw. noch nicht seiend. Daß es das Jetzt ist, welches das eigentliche Sein der Zeit ausmacht, ist eine Folge dessen, daß Sein überhaupt als Anwesenheit und Gegenwart verstanden ist und darum auch das Sein der Zeit.

Ist aber der metaphysische Zeitbegriff nur eine Folge des metaphysischen Seinsverständnisses, dann führt von ihm kein Weg zur Aufhellung der zeitlichen Bestimmtheit des Seins selbst. Dann müssen wir von dem uns so vertrauten Zeitbegriff, welcher die Zeit als eine Jetztfolge darstellt, zunächst einmal absehen, um ein anderes Zeitwesen in den Blick zu bekommen: dasjenige, aus welchem Sein seine Bestimmtheit als Anwesenheit allererst empfängt, als welches es immer schon verstanden ist.

Es gilt dann, die Zeit auf eine neue, nichtmetaphysische Weise zu denken, also überhaupt nicht mehr nach dem Sein der Zeit zu fragen, sondern die Zeit als das freizulegen, aus dem her das Sein allererst seine Sinnbestimmtheit und Verstehbarkeit als Anwesenheit empfängt. Die Zeit kann im postmetaphysischen Denken nicht mehr ontologisch-metaphysisch befragt werden in der Gestalt der Frage: Was ist die Zeit? Wenn wir so fragen, dann haben wir die Zeit schon als etwas Seiendes genommen, dessen Sein zu bestimmen ist. Aber diese ontologisch-metaphysische Bestimmung der Zeit bewegt sich schon in einem Verstehenshorizont von Sein qua Anwesenheit. Dessen zeitliche Bestimmtheit gilt es aber allererst offenzulegen. Das verlangt eine neue, eine nichtmetaphysische Weise des Denkens.

Dann erhebt sich jedoch die Frage: „Wie ist ein nichtmetaphysisches Denken der Zeit möglich?“ [4] Heideggers Anwort

---

[4] ebd., S.77; GA 15, S. 339.

lautet: Es ist möglich durch eine Analyse der Zeitlichkeit des menschlichen Daseins, die nicht mittels der von der Metaphysik ausgebildeten Zeitbegriffe erfaßt werden kann. Dabei ist der Ausdruck „menschliches Dasein“ gemäß Heideggers Sprachgebrauch ein Pleonasmus, denn Heidegger behält den Ausdruck „Dasein“ als Terminus dem Seienden vor, das wir selbst sind, also dem Menschen. Die zeitliche Analyse des (menschlichen) Daseins liefert das Instrument, welches das Denken befähigt, die zeitliche Sinnbestimmtheit des Seins zu fassen, die Zeit als den Horizont des Seinsverständnisses überhaupt freizulegen, d.h. den Bereich zu eröffnen und zu umgrenzen, innerhalb dessen Sein als Anwesenheit denkbar und sagbar wird. Eine solche zeitliche Analytik des Daseins hat Heidegger in *Sein und Zeit* vorgelegt.

Heideggers Buch *Sein und Zeit* beabsichtigt also nicht ein System der Philosophie, genauer: eine postmetaphysische Theorie, sondern *Sein und Zeit* stellt einen Weg dar mit dem Ziel, das Sein aus dem allererst freizulegenden Horizont der Zeit zu bestimmen. Dieses Ziel wird in dem veröffentlichten Teil von *Sein und Zeit* nicht erreicht. Was erreicht wird, ist eine zeitliche Interpretation des Seins des Daseins. Dessen Sein wird zeitlich interpretiert, nicht dagegen der Sinn von Sein überhaupt. Wohl aber wird in der freigelegten Zeitlichkeit des Daseins ein Instrument gewonnen, mit dessen Hilfe die Zeit als Horizont des Verstehens von Sein überhaupt freigelegt wird. Hier liegt die Grenze des in *Sein und Zeit* Erreichten. Es bleibt hinter der erklärten Absicht, den Sinn von Sein überhaupt aus der Zeit freizulegen, zurück, wenigstens in dem veröffentlichten Teil.

Heideggers methodische Überlegung in *Sein und Zeit* ist die folgende: Es ist ein unbezweifelbares Faktum, daß Seinsverständnis eine Wesensbestimmtheit des Menschen ist.[5] Das durch Seinsverständnis bestimmte Menschenwesen bildet daher den Ausgang von Heideggers Denkweg. Wenn es nämlich gelänge, das Wesen des Menschen zureichend aufzuhellen, dann muß sich doch zugleich das sein Wesen konstituierende Seinsverständnis klären lassen. Da fer-

---

[5] SuZ § 4, S. 12; GA 2, S. 16.

ner zum Verstehen des Seins inexplizit der Sinn von Sein gehört, so müßte sich auf diese Weise auch der Sinn von Sein klären lassen.

Es ist aber klar, daß diese Betrachtung vorläufig bleibt, denn erst im Lichte eines geklärten Sinns von Sein überhaupt läßt sich auch das Sein des Menschen zureichend erblicken und bestimmen. Das heißt, der veröffentlichte Teil von *Sein und Zeit* bahnt sich allererst einen Weg zur Bestimmung des Sinns von Sein aus der Zeit und bleibt deshalb vorläufig. Weil man aber weder diese leitende Absicht von *Sein und Zeit* ernst genommen hat, nämlich die Bestimmung des Sinns von Sein überhaupt, und weil man zweitens das Vorläufige und Unterwegssein des Buches nicht gesehen hat, so hat man *Sein und Zeit* als eine unvollständige philosophische Anthropologie mißverstanden.

Die erste Aufgabe besteht also darin, das Sein des Seienden zu bestimmen, das wir selbst sind, sofern Seinsverständnis eine Wesensbestimmtheit unserer selbst ist. Denn gelingt es, das Sein des Menschen in die Helle des Denkens zu heben, dann muß auch das den Menschen konstituierende Seinsverständnis in die Helle kommen und damit auch der Sinn von Sein. Das ist jetzt vorläufig sichtbar zu machen, wobei den aufweisenden Analysen zur Orientierung zunächst thesenförmig vorgegriffen werden muß.

Das Dasein ist ein Seiendes: Wir sind. Wir sind seiend. Das Dasein ist ein Seiendes, das dadurch ausgezeichnet ist, daß es ihm in seinem Sein, dadurch, daß es ist, immer in irgendeiner Weise um dieses Sein selbst geht. Das heißt, das menschliche Dasein hat dadurch, daß es ist, zu seinem eigenen Sein ein Verhältnis. Das bedeutet: Der Mensch versteht sich immer irgendwie, wie unausdrücklich auch immer, in seinem Sein als Möglichkeit seiner selbst, die er ergreifen bzw. die er versäumen kann. Dem Menschen ist es eigen, daß mit ihm und durch sein Sein, d.h. allein dadurch, daß er ist, sein eigenes Sein erschlossen und geöffnet ist. Nur deshalb kann er sich zu sich selbst als einer Möglichkeit seiner selbst verhalten, steht er vor der Entscheidung bezüglich seiner selbst.

Das eigene Sein kann ihm jedoch nur erschlossen sein, wenn ihm Sein überhaupt offenbar ist, wenn ihm also ein Seinsverstehen eignet. Dasjenige Sein aber, zu welchem der Mensch als Möglichkeit seiner selbst sich verstehend verhält, das eigene Sein des Menschen, heißt „Existenz“[6]. Existenz ist also in *Sein und Zeit* nicht ein universalontologischer Terminus, sondern meint die Seinsweise eines bestimmten Seienden, die Seinsweise des Menschen. Mit dieser Einschränkung des Begriffs Existenz schließt Heidegger an Kierkegaard an. Gemäß diesem von Kierkegaard übernommenen Sprachgebrauch ist nun im Sinne Heideggers zu sagen: Die Pflanze existiert nicht. Das heißt nicht, sie ist überhaupt nicht. Natürlich ist sie, aber sie ist nicht in der Weise des sich verstehenden Sichverhaltens zu ihrem Sein. Die Pflanze ist, wächst, lebt, aber sie ist sich selbst in ihrem Sein verschlossen. „Existieren“ aber heißt terminologisch: Sein in der Weise des Sichverstehens in seinem Sein.

Das die jeweilige Existenz leitende Verstehen heißt das existenzielle Verständnis. Es ist jedem Menschen eigen, sofern er ein Mensch ist. Dagegen ist die Auseinanderlegung und Bestimmung dessen, was Existenz als solche ist, also die Auseinanderlegung und Bestimmung der Momente, welche die Seinsweise des Menschen konstituieren, Sache eines existenzialen Verstehens. Dieses eignet nicht jedem Menschen als Menschen, sondern so etwas muß als Aufgabe frei übernommen werden.

Heidegger spricht zur Kennzeichnung seines Denkens in *Sein und Zeit* von einer „existenzialen Analytik“[7]. Was ist damit gemeint? Die Momente, welche die Existenz als solche, also die Seinsweise des Menschen konstituieren, werden „Existenzialien“ genannt. Die existenziale Analytik, die Auseinanderlegung dessen, was die Existenz, also das Menschsein als solches ausmacht, ist aber zuletzt motiviert in dem jedem Menschen als Menschen eigenen existenziellen Seinsverständnis. Nur weil der Mensch als Mensch schon durch sein Sein ein Verständnis von seinem Sein hat, so daß es ihm um dieses Sein geht, daß er es verstehen und mißverstehen kann, nur deshalb ist er imstande, auch das noch eigens aufzuklären, was die Existenzialität der Existenz selbst ausmacht. Das ist eine philosophische Aufgabe. Aber das existenzielle Verständnis drängt von sich

---

6 ebd.
7 ebd.

aus dahin, das Wesen von Existenz aufzuhellen und dadurch sich als Mensch allererst vollständig durchsichtig zu werden. Diese aus dem jeweiligen Existieren selbst kommende Tendenz zur Durchsichtigmachung der Existenzialität der Existenz kommt allerdings nur zum Zuge, wenn sie in Freiheit übernommen und realisiert wird.

Die Existenz ist eine bestimmte Weise von Sein, menschliches Sein nämlich, und nicht die einzige Weise von Sein. Die volle Klärung des Wesens von Existenz, die Existenzialität, kann daher ferner nur im Lichte der Idee von Sein überhaupt geschehen, also in einer Aufklärung des Sinns von Sein überhaupt.

Die Frage nach dem Sinn von Sein erwächst also konsequenterweise aus der menschlichen Existenz selber. Das bedeutet nun: Philosophieren ist selber eine Weise des Existierens. Sie ist vielleicht die leidenschaftlichste Weise von Existieren, die es überhaupt gibt. Philosophieren ist nicht eine neutrale Betrachtung über allgemeinste Allgemeinheiten, es ist nicht Weltbetrachtung, sondern ist existieren in der Weise der radikalsten Durchsichtigkeit menschlicher Existenz selbst. Und dazu gehört wesentlich die Aufklärung des Sinns von Sein überhaupt. Nur aus einer solchen Aufklärung des Sinns von Sein kann der Seinssinn menschlicher Existenz zureichend bestimmt werden. Philosophieren ist eine eigene Weise des Existierens. Diese kann niemandem angemutet, kann von keinem gefordert werden. Sie ist Sache einer freien Übernahme und des freien Vollzugs. Und deshalb, weil die Philosophie etwas Menschliches ist, und zwar das eigentlich Menschliche sogar, kann sie auch nur dort gedeihen, wo die Gedankenfreiheit herrscht. Deshalb werden die Philosophen niemals von der Forderung ablassen, daß der Gedankenfreiheit ihr Eigentum endlich wieder zurückgegeben wird. Dort, wo man Angst haben muß, daß man anderer Meinung ist als die herrschende Schicht, dort ist die Philosophie schwer bedroht; denn sie muß sich absichern, ja sie muß sogar lügen, damit der Philosophierende sich nicht gefährdet und im Gefängnis wiederfindet.

Die Frage nach dem Sinn von Sein nimmt also in ihrer ersten Phase die Gestalt einer existenzialen Analytik an oder, weil die Existenzialien ja die Seinsbestimmtheiten des Seienden sind, das existiert, also des Menschen, die Gestalt einer existenzialen Ontologie.

Aber Heidegger ist gleichwohl nicht Existenzialontologe oder gar Existenzialist. Die Existenzialontologie bildet nur den Weg, auf welchem sich eine Antwort auf die Frage nach dem Sinn von Sein überhaupt stellen könnte. Die Existenzialontologie von *Sein und Zeit* ist also von vornherein als etwas angesetzt, das aus der geklärten Idee des Sinns von Sein zu überholen ist.

Weil ferner das Verstehen und die Auslegung ja bekanntlich Sache der Hermeneutik sind, so kann die existenziale Ontologie auch existenziale Hermeneutik genannt werden. Diese existenziale Hermeneutik aber bleibt von der geisteswissenschaftlichen Hermeneutik, wie sie Hans-Georg Gadamer in seinem Buch *Wahrheit und Methode*[8] universal entwickelt hat, grundverschieden. Die existenziale Analytik oder Hermeneutik, in welcher sich die Frage nach dem Sinn von Sein zuerst entfaltet, hat von vornherein das Ganze des Menschenwesens in den Blick zu nehmen und im Blick zu behalten, damit nicht von Anfang an der Mensch zu kurz angesetzt wird.

Zum Sein des Daseins gehört nämlich einmal der Bezug zur Welt. Welt aber bedeutet dann nicht das All der vorhandenen Dinge, innerhalb dessen auch der Mensch vorhanden ist, sondern Welt ist als Existenzial zu verstehen, als eine Seinsbestimmtheit des Daseins. Sie meint dann das Ganze der miteinander verknüpften Bezüge, in denen sich unser Verstehen hält. Und aus diesem Bezugsganzen begegnet uns allererst dieses und jenes Seiende, das darum das innerweltlich Seiende heißt. Und zwar begegnet es uns als Seiendes unseresgleichen - solches Seiendes wird „mitweltlich" Seiendes genannt - und als Seiendes, das von anderer Seinsart ist als wir selbst - dies trägt den Namen „umweltlich" Seiendes. Dies ist vor allem das Seiende des tagtäglichen Besorgens, auf das wir angewiesen sind, die Dinge im weitesten Sinne. Die Welt des Daseins ist daher immer schon wesenhaft und notwendig: Mitwelt und Umwelt. Das Dasein kommt als isoliertes Ich überhaupt nicht vor.

Die Grundverfassung des Daseins in ihrer Einheit trägt bei Heidegger den Namen „In-der-Welt-sein". Dieser Titel bedeutet also Sein in der Weise des Offenhabens von Welt als eines Ganzen von

---

[8] Hans-Georg Gadamer, Wahrheit und Methode, Tübingen ^{4}1975.

Verstehensbezügen, in denen wir uns ständig bewegen und aus denen her uns dann das innerweltlich Seiende, nämlich Mitwelt und Umwelt, allererst begegnet.

Der Mensch ist in seinem Sein dadurch bestimmt, daß ihm durch sein Sein dieses Sein erschlossen, offenbar ist. Diese Offenbarkeit des Seins nennt Heidegger in *Sein und Zeit* auch das Da, das allem „hier" und „dort" schon voraus ist, weil es ein „hier" und „dort" allererst möglich macht. Der Mensch aber ist dieses Da, dieses Offene, durch sein Sein, dadurch, daß er ist. Darum bekundet er es auch ohne sein Wissen und Wollen auf allen Wegen und Stegen. Deshalb lautet der Titel für das Sein des Menschen auch „Da-sein". Der Ausdruck Dasein spricht in *Sein und Zeit* in zwei Bedeutungen: In einer vordergründigen dient er lediglich als Terminus für das Seiende, das wir sind. In einer tieferen Bedeutung drückt er aber auch die Seinsweise dieses Seienden aus. Aber in beiden Bedeutungen meint Dasein etwas anderes, als was die überlieferten Bedeutungen uns sagen.

In der zweiten, hintergründigen Bedeutung liegt der Akzent des Wortes „Da-sein" nicht auf dem „Da", sondern auf dem „sein". Liegt der Akzent primär auf dem „Da", dann bedeutet Dasein zunächst soviel wie gegenwärtig sein, anwesend sein, wirklich sein, und ist ein universalontologischer Begriff der ontologischen Metaphysik. Das Wort kennzeichnet dann das Sein von jeglichem, sofern es in irgendeiner Weise wirklich ist. In der Tat werden seit dem 17. Jahrhundert die Worte „Dasein", „Existenz", „Wirklichkeit" synonym gebraucht als Titel für das Sein von jeglichem, das ist.

Wir sind in der Weise, daß wir dieses Da, dieses Offene, selbst sind, dadurch, daß wir anfänglich in es hinein versetzt sind, es offenzuhalten haben durch unser Sein. In dieses Offene hinein begegnet uns erst dieses und jenes als seiend. Also müssen wir drei Bedeutungen von „Dasein" unterscheiden:

1. Die überlieferte Bedeutung. Danach ist Dasein ein universalontologischer Titel und kennzeichnet ebenso die Existenz und Wirklichkeit, das Sein von jeglichem, sofern es ist.
2. Dasein bedeutet menschliches Dasein.

3. Dasein, die Weise, wie wir als Menschen gegenüber allem anderen Seienden sind.

Nun erhebt sich die Frage: Welches sind denn eigentlich die Existenzialien, welche das Sein des Da, also das Menschsein ursprünglich konstituieren? Die Antwort Heideggers lautet: Es sind zwei Grundweisen, denen gemäß der Mensch das Da, dieses Offene, ist: Sie sind ursprünglich untrennbarer Einheit verbunden: Befindlichkeit und Verstehen.

Das Grundexistenzial der Befindlichkeit ist in den meisten Heidegger-Darstellungen zugunsten des Verstehens vernachlässigt worden. Gleichwohl ist in der Befindlichkeit das menschliche Dasein ihm selbst in einer ursprünglichen Weise erschlossen, und zwar in einer Erschlossenheit, welcher das philosophische Denken nachzugehen hat, um das Wesen des Daseins voll ans Licht zu heben. Dabei muß zugleich festgehalten werden: Jede Art von Sichbefinden impliziert ein Verstehen, mehr oder minder inexplizit. Und jedes Verstehen ist eine Weise des Sichbefindens, ist zugleich ein Weise, wie wir gestimmt sind.

§ 2. Das Dasein als Befindlichkeit

Die Befindlichkeit ist laut Heidegger ein existenziales Konstitutivum des Daseins, des Offenseins des Menschen für das Sein. Daraus ergibt sich die Aufgabe, die Befindlichkeit als eine Grundweise aufzuzeigen, gemäß welcher der Mensch das Da ist. Dabei handelt es sich um etwas Bekanntes, ja Alltägliches, um das Gestimmtsein und die Stimmung. Wir sind immer irgendwie gestimmt: gut, schlecht, gedrückt, gehoben, freudig, traurig, fade, gelangweilt, gereizt usw. Diese Stimmungen pflegt man unter dem Titel „Gefühle" der Psychologie zuzuweisen. Heidegger aber erblickt diese Befindlichkeit, dieses Gestimmtsein als ein Grundexistenzial, dessen Struktur im Denken umrissen werden muß.

Um diese Aufgabe noch schärfer zu erfassen, betrachten wir die Art, in der bislang das philosophische Denken das Gestimmtsein unter dem Titel der „Gefühle" in den Blick bekam und bestimmte.

Wir nehmen also die Gelegenheit wahr, im Blick auf das Gestimmtsein des Menschen metaphysisches und postmetaphysisches Denken in einen Unterschied zu stellen. Eine für das metaphysische Denken exemplarische Bestimmung des zur Frage stehenden Phänomens finden wir bei Kant, und zwar in der Einleitung zur *Metaphysik der Sitten*, die die eigentliche Ethik Kants enthält. Wir ziehen zu unserer Interpretation den 1. Abschnitt, mit dem Titel „Von dem Verhältnis der Vermögen des menschlichen Gemüts zu den Sittengesetzen“ hinzu[9].

Obwohl vom Verhältnis der Vermögen des menschlichen Gemüts zu den Sittengesetzen die Rede ist, setzt Kant bezeichnenderweise nicht sogleich beim Menschen an, wie übrigens alle Metaphysik und alle anthropologischen Wissenschaften, sondern beim Wesen des Lebens überhaupt gemäß dem metaphysischen Ansatz des Menschen, wonach er eine Art von Lebewesen ist, nämlich ein vernunftbestimmtes Lebewesen.

Der Grundcharakter des Lebens ist das Begehrungsvermögen, griechisch *orexis*, ins Lateinische übersetzt mit *appetitus*. *Orexis* heißt: Aussein auf etwas, das lateinische Wort *appetitus* meint das Erstreben von etwas. Kant übersetzt es mit Begehrungsvermögen. Das Begehrungsvermögen ist ein Vermögen, durch Vorstellungen von Gegenständen Ursache der Gegenstände dieser Vorstellungen zu sein. Das Streben nach etwas ist also von einer Vorstellung des Erstrebten geleitet, und zwar dergestalt, daß diese Vorstellung des Erstrebten Ursache dafür ist, daß das Erstrebte erreicht, beschafft oder gar erwirkt, also produziert wird. Solches Streben, das von Vorstellungen geleitet ist, braucht noch nicht wie beim Menschen ein seiner selbst bewußtes Vorstellen des Erstrebten im Begriff zu sein. Das ist das spezifische Streben des Menschen, daß er das Erstrebte in seinem selbst bewußten Begriff als solches vorstellt und so sich selbst als den Strebenden und das Streben als solches vorstellt.

Das ist bei den anderen Lebewesen nicht der Fall. Wohl aber ist ihr Streben auch geleitet von irgendeiner Vorstellung des Erstrebten. Mit solchem Erstreben, mit solchem Begehren geht die Gegen-

---

9 I. Kant, Metaphysik der Sitten, Einleitung, A1.

möglichkeit des Zurückstrebens, des Zurückweichens, des Verabscheuens zusammen. Und nun erklärt Kant: Mit dem Begehren oder dem Verabscheuen ist jederzeit Lust oder Unlust verbunden. Ohne Lust oder Unlust gibt es natürlich kein Begehren von etwas und auch kein Verabscheuen. Also sind Lust und Unlust, im weitesten Sinne genommen, mit dem Begehren oder seinem Gegenteil immer notwendig verbunden. Die Empfänglichkeit für Lust und Unlust heißt Gefühl. Gefühle sind daher notwendige Begleitphänomene des Strebens. Kant fügt hinzu, das Umgekehrte gelte nicht. Es kann eine Lust geben, die nicht mit einem Begehren des Gegenstandes verbunden ist, sondern die auf die bloße Vorstellung des Gegenstandes bezogen bleibt, gleichgültig, ob der Gegenstand der Vorstellung existiert oder nicht. Eine solche Lust ohne Begehren der Existenz des Gegenstandes ist die Lust am Schönen, es ist hier die Art des anschaulichen Sich-Darbietens eines Gegenstandes als solche, die lustvoll stimmt - also nicht der wirkliche Apfel, sondern die Art, wie er gemalt ist. Kant kennzeichnet eine solche Lust, die mit keinem Begehren verbunden ist, als kontemplative Lust. Nur wer solcher kontemplativen Lust fähig ist, der kann erfahren, was schön ist. Wer dazu überhaupt nicht fähig ist, der wird nie erfahren, was schön ist, und wird darum bestreiten, daß es Schönes überhaupt gibt.

An dieser Stelle erfolgt bei Kant die genauere Bestimmung des Gefühls: „Man nennt aber die Fähigkeit, Lust oder Unlust bei einer Vorstellung zu haben, darum Gefühl, weil beides das bloß Subjektive im Verhältnisse unserer Vorstellung und gar keine Beziehung auf ein Objekt zum möglichen Erkenntnisse desselben enthält.“ [10] Daraus folgt:

1. Fühlen ist Vermögen zu Lust und Unlust bei der Vorstellung von etwas. Begehren, *appetitus*, Grundcharakter des Lebens, ist notwendig mit dem Gefühl der Lust oder Unlust verbunden. Ohne die Fähigkeit zu Lust und Unlust, welche „Gefühl“ heißt, gibt es überhaupt kein Begehren, gibt es kein Aussein auf etwas, gibt es keine Bewegung, gibt es kein Leben.

---

[10] ebd.

2. Lust und Unlust können sich auch ohne Begehren einstellen. Von dieser Art ist die kontemplative Lust am Schönen, die ästhetische Lust.
3. Das Gefühl, Lust und Unlust, ist das bloß Subjektive unserer Vorstellungen. Es enthält keinerlei Beziehung auf ein Objekt und trägt eben deshalb zur Erkenntnis, die ja immer objektbezogen ist, nichts bei. Um das recht zu verstehen, ist nach Kant zwischen Empfindung und Gefühl zu unterscheiden.

Die Empfindung hat immer einen Gehalt, sie ist also auf einen Gegenstand bezogen und bildet insofern einen Bestand der Erkenntnis von Sinnesgegenständen. Beziehe ich nämlich eine Empfindung auf einen Gegenstand, dann bestimme ich diesen durch eine qualitative Bestimmtheit, z.B. als hart, weich, rot, rund usw. Aber die Empfindungen sind zugleich auch immer irgendwie Zuständlichkeiten meiner selbst, also Gefühle. In dieser Hinsicht beziehen sie sich auf das Subjekt zurück, kennzeichnen dessen Zuständlichkeit, wenn wir z.B. Farben als hart, sanft, aufreizend, beruhigend oder grell empfinden. Diese Prädikate, die wir einigen Farben zuschreiben, kennzeichnen nur unsere Zuständlichkeit angesichts des Erscheinens solcher Farben.

Wenn ich sage: „Das ist rot“, dann beziehe ich einen Empfindungsgehalt auf einen Gegenstand und kennzeichne diesen Gegenstand qualitativ. Aber wenn ich eine Farbe als „grell“, „aufreizend“, „beruhigend“ oder „sanft“ charakterisiere, dann kennzeichne ich, wie ich mich angesichts solcher Farben befinde, also meine eigene Zuständlichkeit, mein Gefühl. Das Gefühl ist also rein subjektiv und trägt zur Erkenntnis von Gegenständen nichts bei, wenn anders Erkenntnis immer Erkenntnis von Gegenständen ist. Kant fügt noch hinzu: Weiter können Lust und Unlust für sich nicht erklärt werden.

Demgegenüber nun das postmetaphysische Denken Heideggers in *Sein und Zeit*: Befindlichkeiten, also unsere eigenen Zuständlichkeiten, sind nicht Begleitphänomene von Vorstellungen, sondern sie sind Weisen, in denen dem Dasein sein Da erschlossen ist.[11] Das heißt aber grundsätzlich: Im Unterschied zu aller Metaphysik und

---

[11] Vgl. SuZ § 29, S. 134; GA 2, S. 179.

aller Anthropologie wird der Mensch primär nicht aus dem vergleichenden Blick auf die Tiere bestimmt, sondern existenzial-ontologisch angesetzt als das Seiende, dessen Sein durch Offenständigkeit zum Sein bestimmt ist. Die Befindlichkeit erweist sich als ein konstitutives Moment dieser Offenständigkeit. Es bahnt sich also hier im nachmetaphysischen Denken eine Entscheidung über das Wesen des Menschen überhaupt an.

Den Ausgang der existenzialanalytischen Betrachtung der Stimmungen bilden das Vertrauteste, Bekannteste und Alltäglichste. Unser tagtägliches Tun und Treiben ist, wenn es ungestört verläuft, von einem ungestörten Gleichmut getragen. Bei Hemmungen sieht das schon anders aus. Da stellt sich bei uns Mißmut ein. Wir gleiten ohne unser Zutun und Wollen von der einen Zuständlichkeit in die andere. Wir gleiten oft genug sogar in Mißstimmungen und Gereiztheiten aus. Das und dergleichen mehr ist uns bekannt und vertraut. Es bleibt, weil flüchtig und gleichgültig, meist von uns unbeachtet. Ja noch mehr: Wir sagen, man könne auf die Stimmungen keine Rücksicht nehmen und man dürfe sich nicht von Stimmungen leiten lassen. Solche Rede ist zweifellos berechtigt. Aber alles das ist, wie flüchtig und wechselnd auch immer, auf das Sein des Menschen gesehen doch nicht Nichts. Es bezeugt, daß das Dasein des Menschen immer so oder so gestimmt ist, daß es ein Dasein, das nicht irgendwie gestimmt ist, überhaupt nicht gibt. Gestimmt zu sein ist also eine beständige Bestimmtheit menschlichen Daseins.

„Die oft anhaltende, ebenmäßige und fahle Ungestimmtheit, die nicht mit Verstimmung verwechselt werden darf, ist so wenig nichts, daß gerade in ihr das Dasein ihm selbst überdrüssig wird," sagt Heidegger im § 29 von *Sein und Zeit*.[12] So etwas ist allerdings nicht Nichts, sondern ist etwas. Es fragt sich nur was? Solche fahle Unbestimmtheit kommt aus uns und doch über uns her. Woher und weshalb, weiß man meistens nicht.

Gerade in solcher Unbestimmtheit und erst recht in den bestimmten Stimmungen erschließt sich das Dasein ihm selbst, nämlich daß es ist, und zwar in der Weise, daß es zu sein hat, in Möglichkeiten

---

[12] ebd.

steht. Heidegger drückt das „in Möglichkeiten seiner selbst stehen" auch mit dem Terminus aus „zu sein hat"[13]. Er drückt darin den Möglichkeitscharakter aus. Also gerade in dieser „fahlen Ungestimmtheit" und erst recht in den bestimmten Stimmungen - hier läßt es sich viel leichter zeigen - geht dem Menschen sein eigenes Sein auf, nämlich dieses pure Faktum, daß er ist, und zwar ist in der Weise, daß er zu sein hat, in Möglichkeiten steht. In der Gestimmtheit ist das Dasein ihm selbst in seinem Sein gelichtet. Im Gestimmtsein ist der Mensch sich selbst als das Seiende, das er ist, offenbar, und zwar in der Weise, daß er das Da ist und daß er dieses Offenbare, das er ist, zu sein hat, allem Wollen zuvor. Er findet sich einfach darein versetzt, daß er, wie wir auch sagen können, zu existieren hat. Das heißt aber nicht, daß der Mensch dieses Sich-selbst-offenbar-sein als seine Seinsweise erkennt. Die Stimmungen erschließen elementar und aller Erkenntnis voraus das Sein des Da, welches der Mensch ist. Jederzeit kann der Mensch in seinen Stimmungen vor dieses Dasein gebracht werden. Daß die Stimmungen das Dasein ihm selbst nicht in der Weise der Erkenntnis erschließen, das geht schon daraus hervor, daß in der Stimmung dessen, daß es ist und zu sein hat, das Warum und Weshalb im Dunkeln liegt. Aber Erkenntnis besteht gerade im Erblicken des Wodurch und Warum. Die Stimmungen erschließen dem Menschen sich selbst ursprünglich, nämlich daß er ist und zu sein hat, und zwar allem Erkennen zuvor.

Nun gehen wir diesen Stimmungen zumeist nicht nach. Wir lassen uns vor das in ihnen Erschlossene, dieses „Daß-wir-sind-und-zu-sein-haben", nicht bringen. Wir übergehen die Stimmungen. So müssen wir uns auch meistens verhalten. Aber das ist gerade ein Beleg für die Erschlossenheit unseres Daseins in seinem Gestimmtsein, denn übergehen können wir nur das, was schon erschlossen ist. Im Übergehen dessen, was die Stimmungen erschließen, ist das Da, ist allem vorweg Erschlossenheit unserer selbst.

Das Gestimmtsein enthüllt einen Seinscharakter des Daseins, nämlich dieses „Daß-es-ist-und-zu-sein-hat". Heidegger nennt die-

---

[13] ebd.

sen im Gestimmtsein erschlossenen Seinscharakter unseres Daseins in *Sein und Zeit* „Geworfenheit“ [14]. Es ist die Geworfenheit des Seienden, das wir sind, sein Da, um dieses zu sein, zu übernehmen. Der Ausdruck „Geworfenheit“ soll, so Heidegger, „die *Faktizität der Überantwortung* andeuten“ [15]. Es ist also ein andeutender Ausdruck. Und was ist mit diesem nur andeutenden Ausdruck in der Heidegger-Kritik für ein Unfug angestellt worden? „Geworfenheit“ meint: Der Mensch ist in seinem Sein dieser Offenständigkeit überantwortet, dergestalt, daß er für das Seiende, das er ist, einzustehen hat. Er hat sich selbst zu übernehmen, er hat das Seiende, das er ist, zu verantworten. Diese Verantwortung an sich selbst hat den Charakter der Faktizität. Das heißt, der Mensch hat sich nicht erst dazu entschlossen, in dieser Weise zu sein. Er ist überhaupt nicht gefragt worden, ob er wohl das Seiende sein wollte, das er nun zu sein hat. Wir finden uns einfach als die vor, die wir sind, und haben das zu verantworten. Das bedeutet „Geworfenheit“.

Diese „Faktizität der Überantwortung“ seiner an sich selbst ist nicht zu verwechseln mit der Tatsächlichkeit von Tatsachen. Tatsachen werden zugänglich durch Feststellungen, in welchen immer ein aufgehobenes „ob“ steckt, nämlich, ob es so oder anders, ob es dies oder jenes, ob es überhaupt oder vielmehr nicht ist. Feststellungen erfolgen durch Beobachtungen oder durch Beweise. Von dieser Art ist die Faktizität des Daseins nicht, denn es geht ihr ja nicht die Frage voraus, ob wir wohl sind oder nicht sind, um dann durch Beobachtung oder Beweis unser Sein erst festzustellen. Faktizität, als Existenzial verstanden, nennt also nicht die Tatsächlichkeit von vorhandenen Tatsachen, seien sie durch Beobachtung oder seien sie durch Beweis festgestellt. Sondern Faktizität ist ein Existenzial, ein Seinscharakter des Daseins selbst, jedoch zumeist in der Weise des Übergehens, des Ausweichens, auch des Abdrängens.

Ein seltsamer Sachverhalt. Aber ein Sachverhalt, der uns selbst kennzeichnet: Das Dasein weicht vor ihm selbst zumeist zurück, indem es in das tagtägliche Besorgen aufgeht. Von den Philosophen

---

[14] ebd.
[15] ebd., S. 135; GA 2, S. 180.

aber wird verlangt, daß sie davor nicht zurückweichen, sondern daß sie dem, was das Gestimmtsein erschließt, gerade folgen, ihm nachgehen, um Aufschluß über das Dasein zu gewinnen. Entsprechend verhalten sich die Dichter, wenn sie Grundbefindlichkeiten des Daseins zur Sprache bringen und ins Werk setzen, so daß wir uns darin selber erkennen. Wir erkennen darin dasjenige, durch das wir grundsätzlich bestimmt sind, was wir aber ständig im alltäglichen Dasein übergehen. Da erinnert uns der Dichter daran, wer wir grundsätzlich in unserem Dasein sind.

Was und wie die Stimmung erschließt, das ist nicht mit dem gleichzusetzen, was man von sich weiß und glaubt. So mag der Mensch in der Gewißheit des religiösen Glaubens seines Wohin gewiß sein. Oder er mag in wissenschaftlichem Aufgeklärtsein seines Woher sicher sein. Unabhängig davon bleibt ihm, daß das Gestimmtsein den Menschen vor das rätselhafte Daß seines Da bringt. Das Gestimmtsein hat eine eigene Evidenz, die nicht an der apodiktischen Gewißheit theoretischen Erkennens gemessen werden kann. Aber ebenso verfehlt, vielleicht noch verfehlter, ist das Abschieben der Stimmungen ins Irrationale. Der Irrationalismus ist nämlich der bloße Gegenspieler des Rationalismus, der nur das zuläßt, was bewiesen werden kann, was durch Zurückführung auf Gründe erklärt werden kann und alles übrige in den Topf des Irrationalen hineinschmeißt, wo es dann ganz gefährlich brodelt. So gehören Rationalismus und Irrationalismus zusammen und machen ein Wechselgeschäft.

Heidegger hat die erschließende Kraft der Stimmungen ans Licht gehoben und dadurch die Stimmungen dem Irrationalismus gerade entrissen. Um ein Mißverständnis zu vermeiden, ist hier eine Abgrenzung erforderlich. Diese Befindlichkeit ist nicht ein Vorfinden eines seelischen Zustandes in uns, den wir durch betrachtende Selbstwahrnehmung unseres Inneren, durch psychologische Reflexion allererst erfassen. Alle psychologische Reflexion kann nur deshalb Erlebnisse im Innern vorfinden, weil in der Befindlichkeit das Dasein sich selbst schon vorweg erschlossen ist. Alle Selbstreflexion bleibt etwas Nachträgliches. Das Gestimmtsein aber erschließt das Dasein sich selbst ursprünglich und kann es darum auch ursprünglich verschließen. Das zeigt sich am deutlichsten in der Verstimmung. In ihr wird das Dasein ihm selbst gegenüber mehr oder weniger blind, und gleichzeitig damit verschleiert sich die Umwelt. Das praktische Besorgen, der Umgang mit Menschen und Dingen, wird so mißleitet. Die Verstimmung kommt aber nicht erst dadurch auf, daß wir auf sie reflektieren und feststellen: „Ich bin verstimmt." Sondern gerade im unreflektierten Ausgegebensein an das innerweltliche Besorgen kann uns die Verstimmung überfallen. Das in der Reflexion Erfaßte wird als das Innere gegenüber dem Äußeren gekennzeichnet. Die Verstimmung aber kommt weder von außen noch von innen, sondern sie kommt als eine Weise unseres In-der-Welt-seins auf. Sie kommt aus diesem In-der-Welt-sein selbst auf. Die Stimmung hat daher immer schon das In-der-Welt-sein als Ganzes erschlossen und deshalb sowohl unser Sein zu den Dingen als auch unser Sein zu mitweltlichem Dasein, zu den Mitmenschen. Weil die Stimmung immer das In-der-Welt-sein als Ganzes erschließt, dieses aber durch Mitsein mit anderen wesentlich konstitutiert ist, weil also das Dasein immer wesentlich Mitsein ist, wird überhaupt erst verstehbar, wie es geschehen kann, daß etwa bei einem geselligen Zusammensein die Mißstimmung eines Einzelnen die Stimmung aller stören, sogar verderben kann.

So haben sich bereits zwei Wesenscharaktere des Gestimmtseins als Existenzial herausgestellt:

1. „Die Befindlichkeit erschließt das Dasein in seiner Geworfenheit und zunächst und zumeist in der Weise der ausweichenden Abkehr."[16] Sie erschließt auf eine ursprüngliche Weise das Sein des Da, dieses Offenen, welches der Mensch zu sein hat, zu übernehmen hat.
2. Die Befindlichkeit „ist eine existenziale Grundart der gleichursprünglichen Erschlossenheit von Welt, Mitdasein und Existenz, weil diese selbst wesenhaft In-der-Welt-sein ist."[17] Das Gestimmtsein schnürt also den einzelnen Menschen gerade nicht

[16] ebd., S. 136; GA 2, S. 181.
[17] ebd., S. 137; GA 2, S. 182.

von seinen Weltbezügen ab, sondern erschließt sie ihm in verschiedenen Weisen je nach den Stimmungen.

Es zeigt sich aber noch ein dritter wichtiger Wesenscharakter der Stimmung, durch welchen die in den §§ 15-18 von *Sein und Zeit* vorausgegangene Weltanalyse eine wesentliche Ergänzung erfährt: „Welt" wurde hier nicht als das All des Seienden vorgestellt, sondern gemäß der existenzialanalytischen Absicht und in ihren Grenzen als ein Existenzial, nämlich als das Ganze der Bezüge, in welchen sich unser verstehendes Auslegen im Umgang mit Seiendem immer schon bewegt und hält, so, daß aus diesem Ganzen der miteinander verknüpften Verstehensbezüge überhaupt erst innerweltlich Seiendes begegnet. Und das primär nicht als Gegenstand theoretischer Erkenntnis, sondern zuerst und zumeist und auch ständig in der Weise des umsichtigen Besorgens, also der Dinge des praktischen Umgangs, der Praxis.

Heidegger ist es in diesen Paragraphen als erstem gelungen, den Seinscharakter der sogenannten *pragmata*, also des Seienden, sofern es Sache des praktischen Umgangs ist, zu bestimmen. Heidegger benennt das Sein der Dinge mit dem Ausdruck „Zuhandenheit". Aber diese Weltanalyse bedarf nun einer wesentlichen Ergänzung, die in der Stimmungsanalyse nachgeholt und erbracht wird, nämlich der folgenden:

Das umsichtige praktische Begegnenlassen von innerweltlich Seiendem bewegt sich immer innerhalb einer bereits irgendwie erschlossenen Welt, innerhalb des Ganzen der Verstehensbezüge, in denen sich unser auslegendes Verstehen hält. Weil aber die Welterschlossenheit als In-der-Welt-sein durch Befindlichkeit mitkonstituiert ist, hat das In-der-Welt-sein des Menschen den Charakter der Betreffbarkeit durch das Seiende. Wir stoßen nämlich auf den Wegen unseres praktischen Besorgens nicht nur auf Unverwendbares, Widerständiges, sogar Bedrohliches, sondern wir werden auch von dem umsichtig besorgten Seienden in verschiedenen Weisen des Gestimmtseins angegangen: verdrießlich, verärgert, bestürzt, erschreckt, bedrückt, erleichtert, erfreut. Diese Affizierbarkeit unserer selbst von seiten des Seienden gründet darin, daß die Erschlossenheit von Welt durch das Gestimmtsein mitbestimmt ist. Nur weil

Befindlichkeit die Erschlossenheit unseres In-der-Welt-seins wesenhaft mitbestimmt, kann uns das aus der Welt begegnende Seiende so oder so angehen, können wir so oder so von ihm betroffen werden. Wäre das Dasein nicht ein Gestimmtsein, dann ginge uns kein Seiendes in der Welt in irgendeiner Weise an. Wir würden allem Seienden gegenüber in absoluter Indifferenz verharren. Was immer auch mit ihm und mit uns geschehen mag, wir würden nur feststellen, daß dies und jenes geschieht. Aber wir wären nicht davon betroffen, es ginge uns das alles gar nichts an.

Auch das theoretische Welterkennen ist von einem Gestimmtsein durchwaltet, ohne das wir gar keine Veranlassung hätten, uns auf das Seiende in Absicht seiner Erkenntnis einzulassen. Plato und Aristoteles bezeugen, daß sogar die höchste theoretische Erkenntnisweise, die Philosophie, aus einer Stimmung entspringt, aus einem Gestimmtsein: dem Erstaunen. Im Erstaunen nämlich wird der Mensch von dem Übermaß an Anwesenheit angegangen und wird so erst in die Notwendigkeit der Frage versetzt, was dieses denn sei. So sehr durchwaltet das Gestimmtsein gerade auch das theoretische Erkennen. Und noch in der Haltung der empirisch analytischen Wissenschaften der modernen Welt liegt, wie Kant gesehen hat, eine Stimmung, eine Lust nämlich an der sich je und je bestätigenden Übereinstimmung der Natur mit einer Erkenntnisabsicht, die auf Herausarbeitung der Gesetze und deren Zurückführung auf allgemeinere Gesetze geht.

Die Analyse der Stimmungen will nicht etwa die Wissenschaft dem Gefühl ausliefern, sondern sie mutet uns die Einsicht zu, daß das Sichangehenlassen des Seienden auch als Gegenstand der theoretischen Erkenntnis im gestimmten In-der-Welt-sein gründet. Seiendes geht uns nur auf dem Grund einer bestimmten Stimmung als Gegenstand möglicher Erkenntnis an, so daß wir veranlaßt werden, dem Seienden als Gegenstand nachzugehen, es zu durchforschen.

Das gestimmte In-der-Welt-sein zeichnet nun die Weisen der Angehbarkeit des Seienden vor. Die Gestimmtheit des Erstaunens etwa zeichnet eine ganz bestimmte Weise vor, wie wir vom Seienden angegangen werden bzw. wie die Griechen vom Seienden angegangen wurden, so daß sie genötigt waren zu fragen, worin das Sein des Seienden besteht. Das ist der dritte Wesenscharakter der Befindlichkeit. Befindlichkeit als Konstituens des Daseins ermöglicht erst Affizierbarkeit durch Seiendes. Sie ermöglicht es erst, daß wir vom Seienden angegangen werden in dieser oder jener Weise, je nach den Arten des Gestimmtseins.

Daraus erhellt nun auch die Bedeutung dieser Stimmungen für die existenziale Analytik, also für die Philosophie: Befindlichkeit, so sagt Heidegger am Schluß des § 29 von *Sein und Zeit*, „ist eine existenziale Grundart, in der das Dasein sein Da ist“.[18] Sie ist also ein Seinscharakter des Menschen und darum von höchster Bedeutung. In der Metaphysik ist dieser Seinscharakter des Menschen nicht adäquat interpretiert worden. Aber nicht nur das. Die Stimmung ist für die existenziale Analytik von überragender methodischer Bedeutung, denn die existenziale Analytik vermag nicht allein durch sich selbst, durch das bloße Denken, Seiendes in seinem Sein zu erschließen. Sie kann nur schon erschlossenes Seiendes auf sein Sein hin thematisieren, dieses also erfassen und entfalten. Deshalb hält sich die existenziale Analytik an die am weitesten tragende Erschließungsweise des ihm selbst erschlossenen Daseins, um Aufschluß über das Wesen des Menschen zu gewinnen, indem sie nun denkend dem Erschließen nachgeht und das darin Erschlossene zu fassen versucht.

Das ist bereits in der vorangegangenen Analyse der Stimmungen im Umriß geschehen. Weil es nun aber eine Grundbefindlichkeit gibt, welche das Dasein in radikaler Weise erschließt, so wird sich die existenziale Analytik an eine solche Befindlichkeit halten. Denn in ihr das Dasein sich selbst in radikaler Weise offenbar: Es ist dies die Grundbefindlichkeit der Angst.

---

[18] ebd., S. 139; GA 2, S. 185.

Die Analyse der Angst gibt in einem ausnehmenden Sinne Aufschluß über das Dasein, aber nur deshalb, weil in ihr selbst das Dasein in radikaler Weise erschlossen ist. Die Angst wird von Heidegger wegen dieses methodischen Vorzugs analysiert und aus keinem anderen Grund. Heidegger bereitet diese das Dasein radikal aufschließende, aber deswegen auch schwierige Analyse der Angst durch eine Analyse der Furcht vor. Beide Phänomene, Furcht und Angst, sind einmal ihrer formalen Struktur nach verwandt, ja sogar identisch, nicht freilich in Hinsicht auf das, was sie erschließen. Ferner geht die Angst auch meistens bei uns in Furcht über, weil das Dasein es in der Angst nur selten auszuhalten vermag. Eben deshalb kommt es zugleich auf eine ganz genaue Scheidung der beiden Phänomene an, weil das in der Angst und durch die Angst Erschlossene oft gerade dadurch verdeckt wird, daß die Angst in die Furcht übergeht. Man kann sagen, die Strukturen von Angst und Furcht sind formal identisch, denn beide sind durch drei gemeinsame Strukturmomente gekennzeichnet:[19]

1. Durch das *Wovor*, das Bedrohliche. Wovor man Angst oder Furcht hat.
2. Durch das *Worum* des Sich-Fürchtens oder Sich-Ängstigens.
3. Durch eine Weise der Befindlichkeit selbst, durch ein Sichfürchten und *Sichängstigen*.

Diese formale Identität darf aber nicht darüber hinwegtäuschen, daß Furcht und Angst zugleich wesentlich verschieden sind, nämlich in dem, was sie erschließen und wie sie es erschließen.

Wie die Furcht hat auch die Angst ihr *Wovor*. Aber, so sagt Heidegger, „das Wovor der Angst ist völlig unbestimmt“[20], wenn es echte Angst ist. Es ist kein innerweltlich Seiendes, das in einer bestimmten fixierbaren Hinsicht bedrohlich ist, und das so wenig, daß in der Angst das innerweltlich Seiende überhaupt irrelevant wird.

---

[19] Vgl. SuZ § 30 und § 40.
[20] SuZ §40, S. 186; GA 2, S. 247.

Der gesamte innerweltliche Bedeutungszusammenhang ist in der Angst ohne Belang. Und deshalb gibt es auch kein bestimmtes Hier oder Dort, in welchem das Bedrohliche, das Wovor der Angst, fixierbar wäre, wie das bei der Furcht ja jederzeit der Fall ist. Das Bedrohliche ist auf eine unheimliche Weise nirgends. „Nirgends" meint jetzt: Es gehört nicht einer bestimmten Gegend der Welt an, aus der es so auf uns zukommt, wie es der Fall ist, wenn wir uns vor etwas oder jemandem fürchten. Aber dieses „nirgendwo" ist nicht überhaupt nichts, sondern ist Erschlossenheit von Gegend, von Räumlichkeit überhaupt, von Bereich überhaupt, als Ermöglichung von Nähe und Ferne, von Sichnähern und Sichentfernen. Deshalb nähert sich das Bedrohliche der Angst auch nicht aus einer bestimmten Richtung wie in der Furcht, sondern es ist immer schon da, es ist immer schon nahe, aber nicht hier und nicht dort, es ist nirgendwo. Das ist das Phänomen der Angst.

Das Wovor der Angst ist also ein Nicht und Nirgendwo. Aber andererseits ist es doch nicht die totale Abwesenheit von allem, das nichtige Nichts. Es ist nicht Weltabwesenheit überhaupt, sondern Belanglosigkeit und Unbedeutsamkeit des innerweltlich Seienden, wenn die Angst uns gepackt hat.

Wenn aber nun in der Angst weder dieses noch jenes Seiende andrängt und auch nicht alles Seiende zumal als Bedrohliches andrängt, wenn das alles ausscheidet, da ja gerade das Seiende in die Bedeutungslosigkeit versinkt, was ist es denn, was da in der Angst andrängt und einem den Atem raubt? Was bleibt da noch übrig? Allein die Möglichkeit des Auftretens von Seiendem-überhaupt bleibt noch übrig, d.h. aber doch die Welt selbst, das Offene als solches, in das hinein überhaupt Seiendes erscheint. Das ist es, was andrängt: das Offene selbst, das Da als solches. Dieses Da als solches gibt aber keinen Halt, denn Halt können wir immer nur finden an diesem und jenem Seienden in der Welt, nicht aber an dem Da rein als solchem. Die reine Welt als Welt, das Offene selbst als solches drängt in der Angst an.

Die Angst erschließt die Welt als Welt im Versinken aller Bedeutsamkeit des innerweltlich Seienden. Sie erschließt das Offene selbst, welches selbst die Möglichkeit von begegnendem Sein ist.

Sie erschließt das Offene der Welt unmittelbar, elementar, vor allem Erkennen. Sie geht allem voraus, und zwar erschließt die Angst dieses Offene durch sich selbst, was freilich nicht heißt, daß in der Angst die Weltlichkeit der Welt, dieses Offene, im Denken erfaßt ist. Das ist Sache der Philosophie. Wohl aber gibt sie die Möglichkeit her, die Welt als die Welt zu erfassen, sofern in der Angst wie in jeder Befindlichkeit ein Verständnis liegt, das entfaltet werden kann und durch dessen Entfaltung wir dahin kommen können, dasjenige, was in der Angst erschlossen ist, selbst zu denken.

Das Offene des Da als solches, in das hinein Seiendes allererst erscheinen, begegnen und anwesend sein kann als Seiendes, bleibt als das Angehende allein übrig, wenn alles innerweltlich Seiende in die Unbedeutsamkeit hinweggleitet. Daher das Nichts und Nirgends. Von ihm haben wir uns aber immer schon abgekehrt in der Zukehr zu Seiendem, mit dem wir uns so oder so zu schaffen machen und auf das wir auch angewiesen sind. Die Angst aber bringt uns vor das Da als solches, welches wir sind, sofern wir Menschen sind, und d.h. insofern wir in einem offenen Verhältnis zum Sein stehen. Deshalb ist das Dasein ihm selbst in der Angst auf eine ausgezeichnete Weise erschlossen.

Das ist nun auch der Grund, weshalb die Analyse der Angst für die existenziale Analytik eine bedeutende methodische Funktion erhält. Darum und nur darum erhält sie eine wichtige Stellung innerhalb der Daseinsanalytik, nicht aber, um eine pessimistische Philosophie der Lebensangst zu proklamieren oder umgekehrt den Eindruck einer heroischen Philosophie des Aushaltens in der Angst zu erschleichen.

Das zweite Strukturmoment der Angst ist das *Worum* des Sichängstigens. Da das Bedrohliche völlig unbestimmt ist, ist das Dasein auch nicht wie in der Furcht in dieser oder jener Hinsicht bedroht, also auch nicht in diesem oder jenem Seinkönnen, hinsichtlich dieser oder jener Möglichkeit seiner selbst. Vielmehr ängstigt sich das Dasein in der Angst um das In-der-Welt-sein selbst und als solches. Die Angst gibt auch keine Möglichkeit mehr her, sich aus dem Innerweltlichen zu verstehen, also aus dem, als was man von der Mitwelt angesehen wird. Die mitweltliche Rolle, die wir zu spielen haben, die gesellschaftliche Stellung, der Beruf, die Erfolge und Mißerfolge, alles dies sinkt in eine völlige Unbedeutsamkeit.

Das Dasein wird auf sich selbst zurückgeworfen, auf das hin, was es von ihm selbst her als seine eigene Möglichkeit sein kann. Die Angst offenbart dem jeweiligen Dasein die Möglichkeit - aber nur die Möglichkeit -, aus dem eigenen Selbstsein zu existieren und nicht immer nur als das zu existieren, als was wir in den Augen unserer Mitwelt gelten, also die Rolle zu verkörpern, die wir gesellschaftlich spielen. Für die Soziologie geht der Mensch völlig in seinen Rollen auf. Aber das ist eine Unwahrheit. Gerade die Angst zeigt, daß dem nicht so ist, daß es sehr wohl eine Möglichkeit für das menschliche Dasein gibt, aus ihm selbst als ein eigenes Selbst zu existieren. Die Angst enthüllt dem Menschen das Freisein für das eigene Seinkönnen, für die eigenen Möglichkeiten, für das eigentliche Selbst-sein-Können. Freilich, ob der Mensch nun diese in der Angst enthüllte Möglichkeit des Selbstseins ergreift, das ist nicht mehr Sache der Angst, das liegt bei uns selbst.

Wenn aber nun das In-der-Welt-sein selbst das ist, worum die Angst sich ängstigt, dann muß das In-der-Welt-sein als solches schon von ihm selbst her bedroht sein. Wodurch ist denn unser Dasein als solches bedroht? Durch eine Bedrohung, die aus ihm kommt, nicht erst von innerweltlich Seiendem her. Durch die zeitlich unbestimmte, aber gewisseste Möglichkeit des Nicht-mehr-da-Seins, des Sichverschließens des Da, welches der Mensch ist, solange er ist. Diese unbestimmte, aber gewisseste Möglichkeit des Nicht-mehr-da-sein-Könnens gehört aber zu dem Da selbst, welches der Mensch als das Dasein ist. Ist der Mensch ein Seiendes, das sich durch sein Sein zu seinem Sein als Möglichkeit verhält, dann verhält er sich auch immer schon zu der Möglichkeit des Nicht-mehr-daseins. Zwar ist sie eine zeitlich unbestimmte, aber die allergewisseste Möglichkeit, die es überhaupt gibt. Also ist das Dasein ihm selbst in der Angst als Sein zum Tode enthüllt, und zwar allem Denken an den Tod und allem Wissen von ihm schon zuvor. Dem Menschen ist das Sein zum Tode allein dadurch enthüllt, daß er da ist. So kommt es z.B. dazu, daß in den Puppenspielen der Kinder der Tod ganz selbstverständlich als Gestalt auftritt. Das wäre unerklärlich, wenn dem Dasein nicht durch das Da, das es ist, sein Sein zum Tode, also der Tod als das Nicht-mehr-da-sein-Können, als das Sichverschließen des Da, offenbar wäre.

Allem Denken an den Tod, allem Begrübeln des Todes zuvor ist er schon als die Möglichkeit des Nicht-mehr-da-Seins, die ganz gewiß ist, enthüllt. Der Tod aber, existenzialontologisch gedacht, ist das Sein des Daseins zum Tode, nämlich als die anfänglich mitgegebene, zeitlich unbestimmte, aber gewisseste Möglichkeit des Sichverschließens des Offenen, des Da. Dieser Möglichkeit ist der Mensch allein dadurch, daß er ist, auch schon überantwortet. Also ist das In-der-Welt-sein, das Dasein, sowohl das Wovor wie auch das Worum des Sichängstigens. Beide sind identisch.

Diese Identität erstreckt sich sogar noch auf das dritte Moment: das *Sichängstigen* selbst, denn dieses ist eine Grundart des In-der-Welt-seins selbst.

Alle drei Momente der Angst - das Wovor, das Worum und das Sichängstigen - sind also identisch. Deshalb kann das Sichängstigen, das Angst-Haben, selbst zum Wovor der Angst werden, so daß es eine Angst vor der Angst gibt. Diese Angst dürfte wohl heute verbreiteter sein denn je. Nicht so sehr die Angst ist es, die den heutigen Menschen ängstigt, sondern die Angst vor der Angst. Das führt zu Angstkomplexen. Niemals die Angst selbst, aber die Angst vor der Angst führt zu Komplexen. Die Psychoanalyse hat es niemals mit der Angst, sondern mit der Angst vor der Angst zu tun. Meistens nennt nennt sie das aber Angst.

So stellt die existenziale Analyse der Angst eine ausgezeichnete Befindlichkeit ins Thema der Philosophie: die Erschließung des Daseins selbst als eines solchen. In der Angst ist die Welt als Welt erschlossen, das Offene des Da, das In-der-Welt-sein, das Dasein, das der Mensch ist, und die Möglichkeit des eigentlichen Seinkönnens, die Möglichkeit des Selbstseins. Die Angst schließt also das Dasein nicht von der Welt im Sinne eine solus ipse ab, sondern sie läßt, gerade umgekehrt, das Dasein vor es selbst als das reine In-der-Welt-sein kommen, und hält ihm die Möglichkeit des Existierens aus dem eigenen Seinkönnen vor. Sie zu ergreifen oder zugunsten der mitweltlichen Geltung zu übergehen, ist Sache des jeweiligen Daseins selbst und allein.

Die existenzialontologische Analyse der Angst wird durch die alltägliche Auslegung bestätigt: In der Angst ist einem unheimlich. Und gerade das Nichts und Nirgendwo des Wovor, das wir nicht in diesem oder jenem Seienden fixieren können, macht diese Unheimlichkeit aus. Zur Seinsverfassung des Daseins, das ihm selbst erschlossen ist in der Weise der Befindlichkeit, gehört wesenhaft die Angst. Sie ist daher ein ursprüngliches Daseinsphänomen. Es entspricht dieser Ursprünglichkeit, daß wir nur selten und oft genug auch bei nur geringfügigen Anlässen plötzlich in sie versetzt werden. Aber sie ist immer auf dem Sprung und bestimmt so latent das In-der-Welt-sein mit. Weil nun das Dasein in seinem Sein selbst schon durch die Angst bestimmt ist, kann es, indem es ins Besorgen des innerweltlich Seienden aufgeht, durch die Furcht angegangen werden. Wäre das In-der-Welt-sein nicht an ihm selbst schon durch die Bedrohlichkeit bestimmt, nie und nimmer könnte Seiendes uns angehen in der Weise, daß wir uns vor ihm fürchten. Furcht entspringt aus der Grundbefindlichkeit der Angst. Wir wandeln die Angst auch zumeist in Furcht um, indem wir dem Nichts und Nirgendwo die Bestimmtheit eines uns bedrohenden Seienden zu geben suchen. In ihr versuchen wir gerade, dem uns andrängenden Nichts und Nirgendwo eine Bestimmtheit zu geben.

So hat sich die Angst als eine ausgezeichnete, das Dasein ihm selbst ursprünglich erschließende Befindlichkeit erwiesen. Daraus ergibt sich nun aber eine weitere Aufgabe der existenzialen Analytik. Das Sein des Daseins hat sich als eine Strukturmannigfaltigkeit herausgestellt, als eine Mannigfaltigkeit von Momenten: erstens Faktizität, erschlossen in der Befindlichkeit, zweitens das besorgende Sein beim innerweltlich Seienden und drittens das Sichverstehen auf Möglichkeiten seiner selbst. Das sind die drei Momente, die das Dasein ausmachen. Das einheitliche Sein des Daseins müßte dann in der Einheit und Ganzheit dieses Strukturganzen liegen. Deshalb erhebt sich die Frage: Vermag die Analyse der Angst als einer ursprünglichen Erschlossenheit des Daseins das Denken in der Einheit und Ganzheit seines Seins vor den Blick zu bringen, wenn das Denken ihrem Erschließen folgt? Denn schließlich zerfällt das Dasein ja nicht in diese drei Momente, sondern ist ein Eines und Ganzes. Worin liegt also die Einheit und Ganzheit des Daseins beschlossen?

§ 4. Die Sorge als Sein des Daseins

Das Dasein ist ein Seiendes, dem es in seinem Sein um dieses Sein selbst geht, das also ein Seinsverhältnis zu seinem eigenen Sein hat. Es ist ein Seiendes, das sich in seinem Sein immer als Möglichkeit seiner selbst versteht. Das Dasein hat also die Verfassung des verstehenden Sichentwerfens auf Möglichkeiten seiner selbst. Es hat sich also immer schon mit Möglichkeiten seiner selbst zusammengestellt, so jedoch, daß das jeweilige Dasein sein Seinkönnen entweder aus sich selbst schöpft und so in seinen eigenen Möglichkeiten existiert - Heidegger sagt „eigentlich" existiert - oder so, daß es sich durch die Mitwelt die Möglichkeiten seiner selbst im „uneigentlichen" Existieren vorgeben läßt. Wenn das geschieht, dann denkt der Mensch so, wie „man" denkt, er urteilt, wie „man" urteilt, er übernimmt die mitweltlichen Meinungen, Vorstellungen, Maßstäbe, Schätzungen, für die niemand Einzelner verantwortlich ist. Das eigentliche Selbstsein ist als Möglichkeit - aber nur als Möglichkeit - in der Angst enthüllt.

In welcher Weise von Sein ist das Dasein, wenn es im verstehenden Entwurf seiner Möglichkeiten steht? Es ist, indem es sich selbst in seinem Sein jeweils schon vorweg ist. Es ist als Sein zu seinem Seinkönnen immer schon über sich hinaus. Diese Seinsstruktur faßt Heidegger als das „Sich-vorweg-sein"[21]. Aber diese Seinsstruktur ist nichts Isoliertes, sondern sie betrifft das Ganze der menschlichen Seinsverfassung. Dazu gehört die im Gestimmt-sein erschlossene Faktizität, das ihm selbst als das Seiende, das es ist und zu sein hat, Überantwortetsein. Heidegger nennt das „Sich-vorweg", in welchem das Dasein sich verstehend zu seinem Sein als Möglichkeit

---

[21] ebd. § 41, S. 192; GA 2, S. 255.

verhält, *Existenz*, und das „Sich-überantwortet-sein“, dieses der Mensch das Sein, das er schon ist, zu übernehmen und für es einzustehen hat, *Faktizität*. Das besagt dann: Dasein existiert immer faktisch. Die Existenzialität, Sich-vorweg-sein im verstehenden Sich-Verhalten zu eigenen Möglichkeiten, ist an ihm selbst immer schon durch Faktizität bestimmt, welche in der Befindlichkeit und am ursprünglichsten in der Angst erschlossen ist. Aber das so faktisch existierende Dasein ist auch immer schon irgendwie aufgegangen in das Besorgen von innerweltlich Seiendem, auf das es angewiesen ist. Es ist immer schon irgendwie aufgegangen in Mitwelt und Umwelt. Das Sich-vorweg als Existenz, Schon-sein-in (einer Welt) als Faktizität ist immer auch schon ein Sein-bei (innerweltlich Seiendem) und das zumeist, aber nicht unbedingt, als durch die Mitwelt in seinen Möglichkeiten bestimmtes uneigentliches Sein.

Die formale Ganzheit der Seinsverfassung des Daseins läßt sich nunmehr in folgende Struktur fassen: Das Sein des Daseins besteht im „Sich-vorweg-schon-sein-in-der Welt-) als Sein-bei (innerweltlich begegnendem Seiendem)“ [22]. Die Formel hat natürlich nur für denjenigen Bedeutung, der sie zu erläutern vermag. Sonst ist sie nichts wert. Die Angst erschließt in der Tat ursprünglich die Einheit dieses Strukturganzen. Daher ihre methodische Vorrangstellung. Der existenzialontologische Ausdruck für diese ganzheitliche Struktur des Daseins lautet bei Heidegger „Sorge“. In *Sein und Zeit* ist das Wort Sorge als philosophischer Terminus zu nehmen, nämlich als eine Fassung dessen, was durch die Analyse des Daseins allererst zutage getreten ist. Sorge als existenzialontologischer Terminus meint bei Heidegger die Einheit und Ganzheit der Struktur des Seins des Daseins. Das heißt nicht, daß unser ganzes Leben aus Sorge besteht. Das wäre ja die unphilosophische Bedeutung des Begriffs der Sorge, die ihr Recht selbstverständlich in der alltäglichen, unphilosophischen Sprache hat und behält.

Weil aber das Sein des Daseins Sorge in dem genannten Sinne ist, so ist das Sein beim innerweltlich Seienden irgendwie ein Besorgen von Dingen und das Mitsein eine Fürsorge - in allen Abwand-

---

[22] ebd.; GA 2, S. 256.

lungen und defizienten Modi, die hier nicht zu entfalten sind. Also ist auch die Sorglosigkeit ein Modus der Sorge. Auch in der Sorglosigkeit geht es uns um etwas. Es geht uns immer um irgendetwas. Genau das meint eben der Terminus „Sorge".

Alle diese Titel sind existenzialontologisch und nicht im Sinne des alltäglichen Sprachgebrauchs zu nehmen. Das macht aber die Schwierigkeit aus, denn die Philosophie kann nicht eine eigene Sprache sprechen. Die Sprache, die sie spricht, hat sie aus der Sprache zu nehmen, die alle sprechen. Das führt aber zu Verwechslungen. Nur wenn man den Sachverhalt im Blick behält, der in diesen Termini gefaßt wird, dann können solche Verwechslungen vermieden werden.

Mit der Herausstellung der Sorge als der Seinsganzheit des Daseins ist über den Vorrang der Praxis vor der Theorie oder umgekehrt der Theorie vor der Praxis überhaupt nichts entschieden. Das theoretische Weltverhalten, in welchem es dem Dasein um das Welterkennen als solches geht und um sich selbst als dem Welterkennenden, gründet nicht weniger in der Sorgestruktur als die politische Aktion. Der Vorrang der Theorie vor der Praxis von Plato und Aristoteles bis zu Hegel gründet in einer bestimmten Auslegung des Seins des Seienden, wonach Sein seinen höchsten Modus in der anwesenden Anwesenheit hat. Dem entspricht der Mensch durch theoretisches, also durch erkennendes Weltverhalten. Also muß das theoretische Weltverhalten gemäß einer solchen Auslegung des Seins des Seienden der höchste Modus des Existenzvollzugs des Menschen sein. Mit gesellschaftlichen Verhältnissen hat das überhaupt nichts zu tun. Umgekehrt sind gesellschaftliche Verhältnisse natürlich sehr wohl durch eine Auslegung des Seins des Seienden bestimmt. So hat ja auch die Umkehr dieses Rangverhältnisses bei Marx ihren Grund nicht etwa in bestimmten gesellschaftlichen Verhältnissen, sondern gerade umgekehrt in einer bestimmten Seinsauslegung, nämlich der Theorie, der gemäß das Seiende als Gegenstand der Praxis der Arbeit seiend ist. Wenn diese Auslegung des Seins des Seienden sich durchsetzt, dann bekommt allerdings die Praxis die Prävalenz vor der Theorie.

Das Sein des Daseins läßt sich weder dadurch fassen, daß man es aus verschiedenen Akten zusammenbaut, noch indem man es aus Trieb, Hang und Drang nachträglich konstruiert. Man hat, wenn man so vorgeht, immer schon die Einheit und Ganzheit des Daseins aus dem Blick verloren und macht dann den Versuch, nachträglich eine solche Einheit herzustellen.

Nun hat sich das Sein des Daseins als eine gegliederte Mannigfaltigkeit herausgestellt. Das verweist darauf, daß die Frage nach dem Sein des Daseins noch weiter getrieben werden muß, nämlich auf ein noch ursprünglicheres Phänomen hin, welches diese Ganzheit der Strukturmannigfaltigkeit trägt und ermöglicht. Diese weiterdrängende Frage lautet notwendig: Was ermöglicht die Ganzheit dieser Struktur? Was ist der diese strukturelle Mannigfaltigkeit zur Einheit eines Ganzen einigende Grund? Denn wenn eine Mannigfaltigkeit eine Einheit und Ganzheit darstellt, dann bedarf es eines einigenden Grundes dieses Mannigfaltigen, durch den es eine Einheit und Ganzheit bildet.

Die existenziale Analytik kann bei der Heraushebung des Seins des Daseins als Sorge nicht stehenbleiben. Die Frage muß weitergetrieben werden. So geht die Aufhellung des Seins des Daseins in der Struktur der Sorge von sich her in die weitere Frage über: Was ermöglicht denn eigentlich die Ganzheit dieses Ganzen? Was ist der die Mannigfaltigkeit zur Einheit eines Seienden einigende Grund?

Um die Antwort vorweg zu nehmen: Als Einheitsgrund der Einheit und Ganzheit des menschlichen Daseins stellt sich die Zeitlichkeit des Daseins heraus. Sie ist der Sinn der Sorge, also der Seinssinn des Daseins - allerdings noch nicht der Sinn von Sein überhaupt.

§ 5. Die Zeitlichkeit als Seinssinn des Daseins

Mit der Freilegung der Zeitlichkeit als Sinn des Daseins kommt die existenziale Ontologie an ihr Ziel. Aber damit ist die postmetaphysische Frage nach dem Sinn von Sein noch nicht am Ziel. Es wird sich zeigen, ob sich ein Weg von der Bestimmung der Zeitlichkeit als

Seinssinn des Daseins zur Bestimmung der Zeit als des Bereichs der Offenbarkeit von Sein-überhaupt. Diese Frage wird sich am Ende von *Sein und Zeit* stellen.

Es geht also nun um die Zeitlichkeit als den ontologischen Sinn der Sorge, denn „Sorge“ ist der Terminus für das Sein des Daseins als Einheit und Ganzheit der drei Strukturmomente. Bei dieser Erörterung muß die existenziale Fragestellung immer aufrecht erhalten bleiben. Es geht um die Seinsart des Daseins. Dasein ist, indem es sein Da, seine Erschlossenheit, ist. Dabei steht das Dasein vor den beiden Grundmöglichkeiten der eigentlichen und der uneigentlichen Existenz, des eigentlichen und uneigentlichen Seinkönnens. Die eigentliche Existenz kennzeichnet Heidegger durch den Terminus „vorlaufende Entschlossenheit“ [23]. Das meint Sichentwerfen auf das eigene Seinkönnen, also auf die eigenen Möglichkeiten, als entschlossene Übernahme des Seienden, das wir je schon sind, als das wir uns nicht gewollt und gewählt haben, dem wir aber überantwortet sind und für das wir in Verantwortung einzustehen haben.

Die eigentliche Existenz gewinnt sich das Dasein durch die angstbereite Übernahme des Seins zum Tode, weil das Sein zum Tode für ein jegliches Dasein die eigenste Möglichkeit ist, die ihm keiner abnehmen kann, für die es auch keine Vertretung gibt. Das Sein zum Tode kann keinem Menschen ein anderer abnehmen, wie das bei anderen Möglichkeiten sehr wohl der Fall ist. Das Sein zum Tode ist unvertretbar.

Heidegger versucht nun im § 65 von *Sein und Zeit*, im Blick auf diese eigentliche Existenz den Seinssinn der Sorge, also den Seinssinn des Daseins offenzulegen, womit dann die existenziale Analytik ans Ziel kommt, nicht dagegen die Frage nach dem Sinn von Sein überhaupt. Das erfordert nun einige methodische Vorüberlegungen, die nicht einfach sind.

Zuvor gilt es, das genauer zu bestimmen, was eigentlich „Sinn“ besagt. Sinn, ganz allgemein verstanden, ist zunächst das, „worin sich die Verstehbarkeit von etwas hält, ohne daß es selbst ausdrück-

---

[23] ebd., § 61, S. 302; GA 2, S. 400.

lich und thematisch in den Blick kommt"[24]. Verstehen aber ist immer ein Entwerfen von Möglichkeiten, dergestalt, daß dieser Entwurf Möglichkeiten eröffnet. „Sinn" bedeutet dann das Woraufhin eines Entwurfs.

Der Entwurf, um den es sich in der existenzialen Analytik, handelt, ist der verstehende Entwurf von Seinsmöglichkeiten. Sinn als solcher meint dann: das Woraufhin des Entwurfs von Sein, also den sich öffnenden Entwurfsbereich, in den hinein überhaupt ein Entwurf geschehen kann. Der „Sinn" ermöglicht allererst ein Entwerfen. Und das Entworfene ermöglicht erst Verstehen von Sein und verstandenes Sein als Verstandenes. Das Entworfene ist das erschlossene Sein. Der Sinn ist demnach das, was Erschlossenheit von Sein, Seinsverständnis, allererst ermöglicht. Der Sinn ist das ursprünglich Seinerschließende, Verständlichmachende, denn nur aus seinem Sinn wird Sein verständlich. Zu diesem Sinn gehört wesentlich der verstehende Entwurf. Ohne Sinn kein verstehender Entwurf von Sein, und umgekehrt: ohne einen verstehenden Entwurf von Sein keine Eröffnung von Sein.

Es gibt keine Eröffnung von Sein ohne ein verstehendes Entwerfen von Sein. In diesem Sinne gehören Sein als Erschlossenes und Denken als verstehendes Entwerfen ursprünglich zusammen. Ein Zusammenhang, den Parmenides am Beginn der Metaphysik in dem elementaren Satz ausgesprochen hat: „Denn dasselbe ist Denken und Sein". Dieser Satz drückt die ursprüngliche Zusammengehörigkeit von verstehendem Entwerfen und erst darin erschlossenem Sein aus.

Die Methode Heideggers, die er gebraucht, um den Sinn des Seins des Daseins freizulegen, ist dadurch bestimmt, daß der verstehende Entwurf des Daseins zum Ausgang genommen wird. Diesem verstehenden Entwurf des Daseins, in welchem es sich selbst in seinem Sein versteht, wird nun in der Weise nachgegangen, daß das darin Entworfene hinsichtlich seines Woraufhin erblickt und gefaßt wird.

---

[24] ebd., § 65, S. 324; GA 2, S. 428f.

Das Entworfene ist das Sein des Daseins selbst, und zwar hier im Blick auf die eigentliche Existenz, das Eigentliche im Seinkönnen des Menschen. Das Woraufdes Entwurfs des eigentlichen Seinkönnens des Daseins ist das, was das Sein des Daseins als ein erschlossenes ermöglicht: der Sinn.

Heidegger denkt von der Vielheit und Einheit der Strukturen her. Er geht auf den zu erfassenden Sachverhalt - den Seinssinn des Daseins - in der Weise zu, daß er die Frage stellt: Was ermöglicht die Ganzheit des Ganzen? Was ermöglicht es der Mannigfaltigkeit dieser Strukturmomente, ein Ganzes zu sein? Das ist, formal betrachtet, eine metaphysische Fragestellung: Wo liegt der Grund der Einheit und Ganzheit eines Mannigfaltigen? In der Metaphysik wird ein solcher Grund immer gefunden in einem Seienden, das ein von ihm selbst her Eines ist, ein seinem Wesen nach Eines. Und das deshalb, weil es einer Mannigfaltigkeit Einheit geben kann.

Formal betrachtet stellt Heidegger diese Frage in der Tat metaphysisch, aber er intendiert damit etwas anderes. Denn Heidegger intendiert mit seiner Frage nicht ein von sich her Eines, das der Mannigfaltigkeit Einheit und Ganzheit gibt, sondern er intendiert den Seinssinn eines sich auf seine Seinsmöglichkeiten verstehend entwerfenden Daseins. Er fragt also in eine Dimension hinein, in welcher sich die Metaphysik bewegt - der Dimension der Offenbarkeit von Sein, des immer schon Verstandenhabens von Seins. Diese Dimension aber kann die Metaphysik als Metaphysik nicht erblikken, da sie das Sein immer schon fraglos als Anwesenheit verstanden hat, ohne zu fragen, woher denn Sein diese seine Sinnbestimmtheit, Anwesenheit zu bedeuten, empfängt.

Wir sehen an dieser Stelle deutlich, daß sich Heidegger in *Sein und Zeit* und auch noch lange danach in einem Übergang vom metaphysischen zum postmetaphysischen Denken bewegt und darum auch immer noch die Sprache der Metaphysik mitspricht. Das kann auch gar nicht anders sein. Aber darin liegt die Gefahr, die postmetaphysisch gestellte Seinsfrage im Zuge ihrer Entfaltung in die überlieferten Bahnen der Metaphysik zurückzudrehen und so, statt über die Metaphysik und ihre Vollendung hinwegzukommen, gerade unter dem Anschein eines produktiven Denkens in die Metaphysik zurückzufallen. Manche, die Heideggers Denken zu rezipieren versucht haben, sind dieser Gefahr nicht entgangen.

Um das Denken in der postmetaphysischen Denkbahn zu halten, um nicht aus ihr abzubiegen, ist eine erneute und verschärfte Explikation von Sinn notwendig. Sinn ist das Woraufhin des entwerfenden Verstehens von Sein. Dabei hat das entwerfende Verstehen von Sein den Charakter des Eröffnens von Seinsmöglichkeiten. Dieses Eröffnen verdankt es aber nicht sich selbst, sondern gerade dem Sinn, auf den hin es Sein entwirft. Würde sich das Eröffnen von Seinsmöglichkeiten dem Dasein selbst verdanken, dann würden wir in die transzendentale Subjektivität zurückfallen: Sein besteht in der Vorgestelltheit durch das vorstellende Subjekt. Diese Gefahr, in die Metaphysik zurückzufallen, besteht hier leicht.

Das Dasein als erschließend erschlossenes In-der-Welt-sein entwirft daher ineins mit seinem eigenen Sein immer auch schon Sein des innerweltlich Seienden. Das Dasein vermag überhaupt nur mit innerweltlich Seiendem umzugehen, weil es immer schon im Entwurf des Seins von solchem Seienden steht. Das verstehende Entwerfen trägt das Woraufhin in sich, den Sinn, aus welchem Verstehen lebt, aus welchem das Verstehen überhaupt ein Verstehen von Sein ist. Das verstehende Entwerfen von Sein lebt und nährt sich aus dem Sinn als dem Woraufhin des Verstehens. Etwas hat Sinn, das meint ganz allgemein: Es ist in seinem Sein zugänglich, in seinem Sein verstehbar. Das Sein, auf sein Woraufhin entworfen, ist das eigentlich, das Sinn hat, das verstehbar ist, sofern es Sinn hat. Sein hat nur Sinn, ist verstehbar, ist offenbar, weil und insofern es, auf sein Woraufhin entworfen, von diesem Woraufhin her offenbar und verständlich ist. Nicht der Entwurf gibt dem Sein Sinn, sondern, umgekehrt, der Sinn ist es, aus dem Sein sich lichtet, verstehbar wird, aber immer nur im verstehenden Entwurf. Im verstehenden Entwurf lichtet sich Sein, ist Sein in eine Verstehbarkeit freigegeben. Die Frage nach dem Sinn von Sein als dem Woraufhin des Entwurfs von Sein erfragt dasjenige, dem Sein im Entwurf seiner seine Verstehbarkeit zu verdanken hat.

Jetzt geht es um das Sein eines bestimmten Seienden gemäß der existenzialanalytischen Konzentration der Frage auf das Dasein. Es geht nämlich um das Sein des Daseins, das als Seiendes sich selbst in seinem Sein erschlossen ist. Dasein versteht sich in seinem Sein. Das bedeutet nicht ein gegenständliches Erfassen vorhandener Möglichkeiten, sondern die Möglichkeiten sind überhaupt nur als Möglichkeiten im eröffnenden Verstehen ihrer, im Entwurf ihrer auf ihren Sinn hin. Der Sinn ist also nicht etwas, das noch über dem Sein des Daseins irgendwo schwebt. Vielmehr trägt das Dasein, indem es im verstehenden Entwerfen seines Seins existiert, das Woraufhin, den Sinn in sich selbst.

Jetzt wird das eigentliche Existieren in den Blick genommen. Dieses ist in der Weise der vorlaufenden Entschlossenheit. Wie ist aber ein solches Sein möglich? Anders gefragt: Was ermöglicht ein solches Sein?

Möglich ist es, sofern das Dasein seiner Seinsverfassung nach so geartet ist, daß es in seinen eigenen Möglichkeiten auf sich zukommen kann und dieses Auf-sich-zukommen seiner eigenen Möglichkeiten offenhält. Nur dann kann es sein in der Weise des Seins zu seinem eigenen Seinkönnen. Dieses Offenhalten des Auf-sich-Zukommens von eigenen Möglichkeiten ist die Zukunft, im wortwörtlichen Sinne, die offene Dimension des Daseins für auf es zukommende Möglichkeiten. Das Sein zum eigensten Seinkönnen, zu den eigensten Möglichkeiten, zu den Möglichkeiten also, die in dem jeweiligen Dasein selbst hinterlegt sind, die ihm nicht vorgezeichnet werden durch andere, könnte es aber gar nicht geben, wenn das Sein des Daseins nicht an ihm selbst zukünftig wäre, in der Weise, daß es geöffnet ist für auf es zukommende Möglichkeiten seiner selbst.

Zukunft meint hier nicht das Noch-nicht-Jetzt im Sinne des metaphysischen Zeitbegriffs, sondern das Auf-sich-zukommen-lassen von eigenen Möglichkeiten. Und „lassen" besagt hier: freigeben ins Offene. Wären die Möglichkeiten des Daseins nicht in eine Offenheit hinein freigegeben, könnte das Dasein nicht auf sich zukommen. Es wäre sich in seinen Möglichkeiten überhaupt nicht erschlossen. Die vorlaufende Entschlossenheit, die eigentliche Existenz, ist nur möglich, sofern das Dasein in seinem Sein zukünftig ist, also immer schon auf sich zukommt.

Möglich ist dieses Sein des Daseins ferner, indem das Dasein, als schon seiend, in seinen Möglichkeiten auf sich zukommt, d.h. auf sich zurückkommt. Es gilt daher nun das zu bestimmen, was das ist, worauf das Dasein zurückkommt. Es kommt auf sich zurück als das Seiende, das es je schon ist, als das es sich zu übernehmen hat. Das ist der Grundcharakter der Faktizität oder der Gewesenheit, denn das Dasein kann sich selbst als das Seiende, das es schon ist, nur übernehmen, sofern es in seinem Sein durch Gewesensein bestimmt ist. Dies Gewesensein bedeutet aber nicht Vergangensein, denn als das Seiende, als das wir uns zu übernehmen haben, sind wir gerade nicht vergangen. Es bedeutet also nicht Vergangen-sein im Sinne des Nicht-mehr-jetzt-seins. Darum sagt Heidegger: „Gewesen-sein“ und nicht „Vergangen-sein“. Nur sofern das Dasein als Gewesenes ist, kann es auf sich zukommen, kann es auf sich zurückkommen als das, was es schon ist. Nur als Gewesenes kann es die Faktizität, das Schon-sein-in einer Welt, in die Existenz aufnehmen.

Zukünftig ist das Dasein in seinem Sein immer schon gewesen. Anders ausgedrückt: Das Vorlaufen in die eigenste Möglichkeit, die vorlaufende Entschlossenheit, ist an sich selbst das entschlossene Zurückkommen auf das eigenste Gewesen, auf das Seiende, das wir je schon sind und als das wir uns zu übernehmen haben. Das Gewesen also, dieser Zeitmodus, ist die Dimension, innerhalb derer das Dasein auf sich zurückkommen kann. Gäbe es kein Gewesen, dann könnte das Dasein auch niemals auf sich als das Seiende, das es schon ist, zurückkommen, um sich zu übernehmen. Auch die Verantwortung für Getanes, Geschehenes, könnte überhaupt nicht von uns übernommen werden, wenn das Gewesene diesses nicht offenhielt, so daß wir, auf es zurückkommend, es in die verantwortliche Existenz übernehmen und dafür einstehen. Das alles vermögen die Tiere nicht. Sie können niemals für das, was sie tun, einstehen, weil ihnen das Gewesen als solches verschlossen ist.

Das Gewesene ist die offene Dimension, innerhalb der das Dasein sich mit sich identifizieren, aber auch umgekehrt vor sich selbst und seiner Verantwortung fliehen kann. Die Dimension des Gewesen hält das offen, worauf das Dasein zurückkommt: es selbst als das Seiende, das es je schon ist. Das Dasein aber kann nur sein, was es je schon ist, sofern es zukünftig ist, nämlich aus dem Auf-sich-zukommen-lassen der eigenen Möglichkeiten. Weil diesem Zurückkommen-auf-sich immer ein Vorauslaufen vorangeht, entspringt die Gewesenheit - also der zeitliche Charakter der Faktizität - in gewisser Weise der Zukunft. Aber die Gewesenheit bleibt ein eigener Zeitcharakter und ist nicht etwa ein bloßer Modus der Zukunft.

Nun ist das In-der-Welt-sein immer auch ein Sein-bei innerweltlich Seiendem. Und das bedeutet: Das Dasein befindet sich immer in einer bestimmten Lage zu Seiendem, es befindet sich immer in einer Situation. Das besorgende Sein bei innerweltlich Seiendem ist aber nur möglich, in einem Gegenwärtigen des Anwesenden, d.h. in einem Begegnenlassen des Anwesenden, in einem offenen Entgegenweilen für das in solchem Entgegenweilen begegnende Seiende. Nur aufgrund der Gegenwart, welche das Dasein für Anwesendes offenhält, kann Seiendes uns begegnen, so daß wir uns mit ihm zu schaffen machen können.

Die Seiendes gegenwärtigende Gegenwart, d.h. die offene Bezüge zum Anwesenden gegenwärtigende Gegenwart, ist aber immer bestimmt durch Gewesenheit und Zukunft, denn die Art und Weise, wie der Mensch seine Möglichkeiten ergreift im Auf-sich-Zurückkommen, bestimmt die Art und Weise, wie er sich zum Gegenwärtigen verhält. Im Sichentwerfen auf Möglichkeiten seiner selbst, im Zurückkommen auf sich als das Seiende, das das Dasein je schon ist, bringt das Dasein sich selbst in seine Situation, innerhalb derer ihm Seiendes so oder so begegnet. Und zwar bringt das in vorlaufender Entschlossenheit existierende Dasein sich in eine Gegenwartssituation, in welcher das Gegenwärtige unverstellt, ohne Illusion und Verschleierung, je und je begegnet. Die Zukunft im Zusammenspiel mit der Gewesenheit entläßt also erst so etwas wie Gegenwart, wobei aber die Gegenwart ein ursprünglich eigener Zeitcharakter ist: offener Bezug zum Anwesenden, das zufolge dieses offenen Bezuges als das begegnet, was und wie es ist. Die Zukunft in Einheit mit der Gewesenheit also ist es, die erst die gegenwärtigende Gegenwart aus sich entläßt. „Gegenwärtigen" heißt hier: den offenen Bezug zum Anwesenden, zur Um- und Mitwelt, offenhalten. Die gewesen-gegenwärtigende Zukunft ist die Zeitlichkeit. Sie enthüllt sich als der Sinn der Sorge, als das Woraufhin des Sichentwerfens des Daseins, als dasjenige, dem das Dasein das Verständnis seines eigenen Seins zu verdanken hat.

Dazu zur Verdeutlichung eine erläuternde Zwischenbemerkung: Die Zeitlichkeit ist hier Terminus für den Gehalt des Sinns der Sorge als des Seins des Daseins in seiner Einheit und Ganzheit. Und deshalb müssen hier die Bedeutungen des metaphysischen Zeitbegriffs ferngehalten werden, ebenso die Ableger des metaphysischen Zeitbegriffs, also Begriffe wie subjektive und objektive Zeit, immanente und transzendente Zeit. Sie alle sind metaphysischen Ursprungs. Hier zeigt sich überdeutlich die Schwierigkeit bei der sprachlichen Fassung postmetaphysischer Phänomene.

Es läßt sich nun leicht zeigen, daß die Einheit der Sorgestruktur in der Tat in der Zeitlichkeit beschlossen liegt:

1. Das erste Moment, das Sich-vorweg, ist durch die Zukunft ermöglicht. Das Schon-sein-in der Welt ist durch Gewesenheit ermöglicht. Das Sein-bei Seiendem ist durch die Gegenwärtigung offengehalten. Zugleich wird deutlich: Das „Sich-vorweg" meint nicht ein Vorher, ein Früher. Das Schon im „Schon-sein-in" meint nicht ein Später im Sinne des Nicht-mehr-jetzt. Würde die Sorge als etwas genommen, das früher oder später, das noch nicht und nicht mehr ist, dann wäre ja die Sorge als ein Seiendes genommen, das in der Zeit abläuft, also nicht als das, was mit ihr gemeint ist: die Seinsweise des Daseins selbst und nicht ein Seiendes, das in der Zeit abläuft. Das „vor" im „Sich-vorweg" zeigt vielmehr in die offene Dimension der Zukunft, welche es möglich macht, daß das Dasein ist in der Weise des sich verstehenden Verhaltens zu Möglichkeiten seiner selbst. Der existenziale Sinn des verstehenden Sichentwerfens auf sein eigenes Seinkönnen liegt also in der Zukunft. Sie macht das eigene Seinkönnen, auf welches hin der Mensch sich entwirft, allererst verstehbar.

2. Das „Schon" im „Schon-sein-in" zeigt an, daß das Dasein ist, indem es zugleich ihm selbst überantwortet ist. Das Dasein hat dasjenige Seiende, das es schon ist und als das es sich nicht gewählt hat, in den verstehenden Entwurf aufzunehmen und so zu verantworten. Und dieses Auf-sich-zurückkommen als das Seiende, das es

je schon ist, ist nur möglich, wenn das, worauf es zurückkommt, offengehalten wird und nicht verschlossen bleibt. Dieses Offenhalten ist die Gewesenheit. Solange das Dasein existiert, ist es niemals vergangen, wohl aber ist es immer schon gewesen im Sinne des „Ich bin gewesen“, so, daß es seine Gewesenheit selbst ist. Der existenziale Sinn der Faktizität liegt in dieser Gewesenheit, dem zweiten Zeitmodus.

3. Bei dem dritten Moment, dem „Sein-bei innerweltlich Seiendem“, fehlt eine ausdrücklich zeitliche Anzeige. Doch bedarf es ihrer auch gar nicht, denn im Sein-bei liegt ja bereits Gegenwärtigung, sich öffnendes Begegnenlassen von Anwesendem.

Die drei Zeitmodi Zukunft, Gewesenheit und Gegenwart zeigen einen gemeinsamen Zug des Ekstatischen: das Auf-sich-zu, das Zurück-auf, das Begegnenlassen von. Heidegger nennt daher die Zeitlichkeit das *ekstatikon*, „das ursprüngliche ‘Außer-sich’ an und für sich selbst“[25]. Aber dieser ekstatische Charakter der Zeitlichkeit, welcher das Dasein entrückt hält in Zukunft, Gewesenheit und in den offenen Bezug zu Anwesendem, muß angemessen verstanden werden.

Das *ekstatikon* meint nicht das Aus-sich-heraus aus der Immanenz des Bewußtseins zu einem bewußtseinstranszendenten Gegenstand. Das Ekstatische besagt auch nicht das Aus-sich-herausgehen des zuerst in sich seienden Geistes in das Anderssein des gegenständlichen Daseins wie bei Hegel.

Das *ek*, das Aus im *ekstatikon* oder in der *ekstasis*, der Ekstase, bedeutet vielmehr das Auseinander von Zukunft, Gewesenheit und Gegenwart. Dieses Auseinander ergibt allererst den Lichtungsbereich des Seins. Und die *stasis* in der *ek-stasis* meint das Innestehen des Daseins in diesem Lichtungsbereich der Zeit, das Innestehen und das Ausstehen dieses Lichtungsbereichs, des Da.

Aber in *Sein und Zeit* wird dieses Auseinander von Gewesenheit, Zukünftigkeit und Gegenwart, das überhaupt erst ein Offenes, eine Lichtung ergibt, in den Grenzen der existenzialen Ontologie des Daseins interpretiert. Es wird also von der Offenständigkeit des Da-

---

[25] ebd., S. 329; GA 2, S. 435.

seins her und als diese gedacht. Es wird noch nicht, umgekehrt, die Offenständigkeit des Daseins für sein eigenes Sein aus der Eröffnung von Sein überhaupt gedacht. Das ist vielmehr die entscheidende Wendung, die im Denken Heideggers unter dem Namen „Kehre" zwar ins Gerede gekommen, aber überhaupt noch nicht durchdacht worden ist. Die Wendung von der Offenständigkeit des Daseins für sein eigenes Sein zur Eröffnung von Sein überhaupt, dergestalt, daß die Offenständigkeit des Daseins für sein eigenes Sein in der Eröffnung von Sein überhaupt gründet, das ist die Kehre. Wenn man allerdings nicht *Sein und Zeit* aus der die ganze Abhandlung tragenden und fügenden Frage nach dem Sinn von Sein versteht, dann kann man die „Kehre" auch nicht als einen notwendigen Vorgang des postmetaphysischen Denkens begreifen. *Sein und Zeit* wird dann eben als eine unvollständig gebliebene philosophische Anthropologie verstanden, die nach mancherlei Stücken zu ergänzen ist - der ganzen Intention der Abhandlung zuwider.

Das Sein des Menschen ist das aus der ekstatischen Zeitlichkeit her offenstehende Innestehen in seinem Da. Mit dieser Bestimmung vollendet sich allererst das Wesen dessen, was Heidegger von Anfang an „Existenz" genannt hat. Dieses existenzial-ekstatische Wesen des Menschen ist zugleich der Grund dafür, daß der Mensch Seiendes als ein solches vorstellen kann und von diesem Vorstellen von Seiendem ein Bewußtsein haben kann. Deshalb hat der Mensch ein Selbstbewußtsein. Das Selbstbewußtsein als Wesen des Menschen nennt in metaphysischer Weise das in der Metaphysik selbst noch ungedachte existenzial-ontologische Wesen des Menschen.

Die Zeit ist also kein vormals in sich verschlossenes Seiendes, das dann aus sich heraustritt, indem es sich in Zukunft, Gewesenheit und Gegenwart expliziert, sondern Zeit zeitigt sich selbst in der Einheit der drei Ekstasen. Und aufgrund seiner ekstatischen Zeitlichkeit steht der Mensch aus seinem Wesen als Mensch immer schon in das Offene seines Seins hinaus in dreifach einiger Weise: des Sich-vorweg, des Schon-Seins-in und des Sein-bei.

Das Eigene der metaphysischen Zeitvorstellung dagegen besteht unter anderem darin, daß sie, fraglos orientiert am Sein als Anwesenheit, diesen ekstatischen Charakter der Zeit zu einer gleichförmigen, anfangs- und endlosen Jetztfolge nivelliert, und das deshalb, weil das eigentlich Anwesende an der Zeit das Jetzt ist, Anwesenheit aber ganz selbstverständlich als Sinn von Sein genommen wird, ohne daß dieser Sinn von Sein selber befragt und bedacht wird.

In der existenzialen Zeitlichkeit hat die Zukunft einen gewissen Vorrang, wie wir gesehen haben. Aber die existenziale Zeitlichkeit entsteht nicht durch eine Abfolge der Ekstasen: zuerst Zukunft, dann Gewesenheit, dann Gegenwart, sondern die Zeit zeitigt sich, d.h. öffnet sich nach ihren drei Dimensionen, in der Gleichursprünglichkeit aller drei Ekstasen. Jede Ekstase ist etwas Ursprüngliches.

Aber es gibt verschiedene Weisen der Zeitigung, darunter zuerst und vor allem die Zeitigungsweise der eigentlichen und die der uneigentlichen Existenz.

Die uneigentliche Existenz ist unter anderem daran zu erkennen, daß sie nie Zeit hat, denn sie rechnet, im Besorgen aufgehend und auf Erfolg in der Mitwelt allein bedacht, mit der Zeit als einem beschränkten Vorrat, der immer zu gering ist. Daher kann man sicher sein, daß die Leute, die nie Zeit haben, sich in einer uneigentlichen Existenz befinden. Auch innerhalb der Philosophie kann das uneigentliche Existieren auftreten, z.B. bei einem Philosophen, der nie zu einem philosophischen Gespräch Zeit hat, weil er von Tagung zu Tagung, von Vortrag zu Vortrag, von Sitzung zu Sitzung, von Besinnung zu Besinnung hetzt, wo doch das philosophische Gespräch zum Eigenen der philosophischen Existenz selbst gehört.

Die äußerste und letzte und unüberholbare Möglichkeit, welche die Zukunft dem verstehenden Sichentwerfen des Daseins offenhält, ist das Sein zum Tode. Diese Möglichkeit ist die in ihrem Wann unbestimmte, aber gewisseste und eigenste Möglichkeit, denn sie ist unvertretbar, und sie kann von keinem abgenommen werden. Daraus folgt, daß die eigentliche Zeit, die Zeit des Daseins, endlich ist und nicht endlos.

Gegen diese These von der Endlichkeit der eigentlichen Zeit erhebt sich freilich sogleich ein Einwand: Geht die Zeit nicht ins Endlose weiter? Ist sie nicht gerade das Endlose? Die Frage, so gestellt, ist zwar berechtigt, aber sie erblickt überhaupt nicht die Zeit so, wie sie hier gedacht ist: die Zeit als Seinssinn der Sorge. Die Frage, so gestellt, spricht von dem, was alles in der weitergehenden Zeit in die Gegenwart ankommen kann, aber sie sieht nicht darauf, wie das Auf-sich-zukommen selbst als solches bestimmt ist. Die Endlichkeit der eigentlichen Zeit, der Zeitlichkeit des Daseins, meint nicht ein Aufhören in der Zeit oder gar ein Aufhören der Zeit selbst, sondern die Endlichkeit meint einen Charakter der Zeitganzen selbst, und zwar vor allem der Zukunft, diese aber jetzt existenzial-ontologisch verstanden.

Das Auf-sich-zukommen ist begrenzt durch die gewisseste Möglichkeit des Nicht-mehr-daseins, in welche Möglichkeit das Dasein geworfen ist, sobald es ist, d.h. sobald der Mensch geboren ist. Das Nicht-mehr-dasein besagt auch nicht etwa bloßes Nicht-mehr-vorhanden-sein, sondern eben das Sichverschließen des Da und insofern Nicht-mehr-dasein. Es bedeutet den Entzug von Möglichkeit, das Ende des Auf-sich-zukommenlassens von Möglichkeiten seiner selbst, das Sichverschließen des Lichtungsbereiches der Zeit.

Die endliche Zukunft verschließt das Seinkönnen, d.h. begrenzt es und ermöglicht so allererst die Übernahme der Endlichkeit in die Existenz, dergestalt, daß der Mensch nicht nur endlich ist, sondern als endlicher existiert. Die endliche Zukunft macht den Seinssinn des Daseins selbst mit aus, sofern in ihr und durch sie das Dasein ihm selbst als ein endliches Seinkönnen, als ein begrenztes Seinkönnen erschlossen ist.

Erst im Lichte der zeitlichen Interpretation des Seins des Daseins enthüllt sich also die volle Wesensbestimmung von Existenz. Sie lautet: Innestehen in der Offenheit seines Seins (Sinn), Ausfragen dieses Innestehens (Sorge) und Ausdauern bis ins Äußerste (Sein zum Tode). Das alles in eins und zumal macht das Wesen dessen aus, was Heidegger unter „Existenz" versteht.

Das Übersehen der Endlichkeit der Zukunft entspringt aus der metaphysischen Zeitvorstellung selbst. Deshalb ist es eine eigene Aufgabe zu zeigen, wie die metaphysische Zeitvorstellung aus der ursprünglichen - existenzial verstandenen - Zeitlichkeit des Daseins entspringt. Dieser Aufgabe kann hier nicht weiter nachgegangen werden. Heidegger hat diesen Zusammenhang in den §§ 78-83 von *Sein und Zeit* expliziert.

Thesenförmig zusammengefaßt lautet das Ergebnis der existenzial-ontologischen Zeitanalyse so[26]:

1. Es ist gelungen, ein nicht-metaphysisches Zeitwesen offenzulegen, die Zeitlichkeit des Daseins, das Auseinander von Zukunft, Gewesenheit und Gegenwart, welches der Grund der Möglichkeit der Sorge-Struktur ist.
2. Dieser Möglichkeitsgrund aber ist nicht mehr metaphysisch - als das einer Mannigfaltigkeit Einheit und Ganzheit gebende an ihm selbst Eine - gedacht, sondern als Sinn, dergestalt, daß das Auseinander der drei zeitlichen Ekstasen ein Eröffnen ist. Es eröffnet überhaupt dem Dasein sein Sein in dreifacher Einheit: als Seinkönnen (Verstehen), als Faktizität (Sichübernehmen) und als Sein-bei, und zwar in ein und demselben Vorgang.
3. Die Zeit als Zeitlichkeit des Daseins ist ekstatisch. Sie entrückt den Menschen, dergestalt, daß er als Zukünftig-Gewesenes-Gegenwärtiges existiert. Aus ihr bestimmt sich erst das Wesen von Existenz. Die Zeitlichkeit ist es, die den Menschen hineinstehen läßt in das Offene seines Seins.
4. Die Zeitlichkeit zeitigt sich primär aus der Zukunft, so jedoch, daß alle drei Zeitmodi in gleicher Ursprünglichkeit sich zeitigen.
5. Die Zeit als Zeitlichkeit des Daseins ist endlich, d.h. horizontal begrenzt.

Aus der Einsicht in die Zeitlichkeit des Daseins erwächst nun auch allererst ein Einblick in die Geschichtlichkeit als Grundverfassung menschlichen Daseins. Heideggers These lautet: Das menschliche Dasein ist nicht zeitlich bestimmt, weil es in der Geschichte steht, sondern umgekehrt, es existiert geschichtlich, weil es im Grunde seines Seins zeitlich ist. Diese These ist eins mit der Aufgabe einer existenzial-ontologischen Interpretation der Geschichtlichkeit als Seinsverfassung des Menschen aus der existenzial-ontologisch gedachten Zeitlichkeit.

---

[26] Vgl. ebd., S. 331; GA 2, S. 438.

Das Sein des Daseins ist die Sorge. Sie gründet in der Einheit ihrer drei Strukturmomente: in der Zeitlichkeit. Darum sagt Heidegger nun: „Im Umkreis dieser müssen wir sonach ein Geschehen aufsuchen, finden lassen, das die Existenz als geschichtliche bestimmt. So erweist sich im Grunde die Interpretation der Geschichtlichkeit des Daseins nur als eine konkretere Ausarbeitung der Zeitlichkeit.“ [27] Die Erörterung, die uns hinbringen soll zu einem existenzial-ontologischen Begriff der Geschichtlichkeit als Wesensverfassung des Menschen, erfolgt ebenfalls im Blick auf die eigentliche Existenz. Die Frage lautet: Inwiefern liegt in der eigentlichen Existenz so etwas wie Geschichtlichkeit?

Das eigentliche Existieren wurde bestimmt als Sichentwerfen auf das eigenste Seinkönnen als entschlossene Übernahme des Seienden, als welches das Dasein sich selbst überantwortet ist. In der vorlaufenden Entschlossenheit existierend ist das Dasein aufgeschlossen für diejenige Situation, in welcher es das Anwesende unverstellt und unverschleiert begegnen läßt.

Welchen Weg nun das Dasein in den einzelnen Situationen, in die es sich bringt, je und je einschlägt, das kann die existenziale Analytik, die Philosophie, nicht lehren, das bleibt Sache des jeweiligen Daseins selbst in seiner Freiheit. Wohl aber kann die existenziale Analytik der Frage nicht ausweichen, woher denn das Dasein die Möglichkeiten schöpft, auf die hin es sich entwirft.

Das vorlaufende Sichentwerfen auf die unüberholbare Möglichkeit des Todes verbürgt zwar dem Dasein die Eigentlichkeit der Existenz, und existenzial-ontologisch gesehen kann mit Recht gesagt werden: Das freie Dasein hat keine höhere Instanz seines Seins über sich als den eigenen Tod. Aber aus dem Tod können doch nicht die im sich entwerfenden Verstehen erschlossenen Seinsmöglichkeiten entnommen werden, und das so wenig, als der Tod doch gerade die Verschließung des Da ist, der Entzug von Möglichkeiten

---

[27] ebd., § 74, S. 382; GA 2, S. 505.

überhaupt, der Entzug eines Seinkönnens, das Ende der Zeit. Woher also entnimmt das entschlossene, das eigentliche Dasein die Möglichkeiten, auf die hin es sich entwirft? Denn daß es diese Möglichkeiten aus dem Nichts herausschöpft wie der christliche Schöpfer, das ist wohl erst gar nicht in Erwägung zu ziehen.

Nun ist aber das Vorlaufen, also das Sichentwerfen auf das eigene Seinkönnen, immer ein Zurückkommen auf das faktische Da, auf das Schon-sein. Die Frage ist, ob es die Übernahme der Faktizität ist, welche dem Dasein einen Möglichkeitshorizont gibt. Die Aufgabe ist also jetzt, die Geworfenheit, die Faktizität, deren existenzialer Sinn die Gewesenheit ist, aufs Neue in den Blick zu fassen - die Faktizität im Sinne des Je-schon-Seins, auf welches das Vorlaufen immer zurückkommt.

Ist es vielleicht die Übernahme der Faktizität, die den Möglichkeitshorizont für das Dasein gibt? Die Geworfenheit, die Faktizität, muß nun genauer in den Blick genommen werden, und zwar daraufhin, ob sie es ist, welche diese Möglichkeiten, auf die das Dasein sich entwirft, hergibt.

Faktizität als Grundcharakter des Daseins besagt: Das Dasein ist ihm selbst, sofern es ist, überantwortet in der Weise des Schon-Seins in der Welt als faktisches Mitsein mit andern. Das im vorlaufenden Sichentwerfen auf sich zurückkommende Dasein entnimmt dabei die Möglichkeiten des Selbstentwurfs aus dem, als was es ihm selbst überantwortet ist. Das Übernehmen seiner selbst in seiner Faktizität ist das Entwerfen von Möglichkeiten, auf das hin das Dasein sich versteht. Es schöpft also die Möglichkeiten in der Tat aus dem in der Geworfenheit schon Mitgegebenen, aber so, daß das dem Dasein Mitgegebene allererst im entwerfenden Verstehen erschlossen wird, allererst ins Offene getragen wird.

Das Zurückkommen auf sich ist ein Sichüberliefern, und zwar ein Sichüberliefern von zwar mitgegebenen, aber noch verborgenen Möglichkeiten, die allererst durch den verstehenden Entwurf ins Offene gebracht werden. Heidegger nennt dies „das Überliefern eines Erbes“ [28]. Erbe ist das Mitüberkommene, das Immer-schon-

---

[28] ebd., S. 383; GA 2, S. 507.

Mitgegebene. Und so beginnt sich die Grundbewegung der Geschichte des Daseins vorzuzeichnen. Die vorlaufende Entschlossenheit, die eigentliche Existenz, ist ein Sichüberliefern eines Erbes, ist mit einem Wort Treue zur eigenen Geschichte. Das wägende Finden innerhalb des Mitgegebenen ist um so eindeutiger und entschiedener, je mehr das Dasein sich auf seine eigenste Möglichkeit versteht.

Die Freiheit zum Tode läßt das Dasein die eigenste Möglichkeit aus dem Mitgegebenen ergreifen im Sinne des „Werde, der Du bist". Und diese Freiheit zum Tode holt das Dasein aus der endlosen Mannigfaltigkeit der sich anbietenden Möglichkeiten in das Einfache seines selbstgewählten Schicksals.

Das Schicksal ist dasjenige Geschehen, in welchem das Dasein, frei für seinen Tod, sich selbst in einer ihm mitgegebenen Möglichkeit überliefert, aber so, daß diese Möglichkeit allererst im Sichentwerfen ins Offene gelangt. Das Sichüberliefern ist ein Aufschließen der verborgenen, aber je schon mitgegebenen Möglichkeiten, in welche das Dasein geworfen ist. Das Schicksal ist niemals eine von außen kommende Macht. Das Schicksal ist das Dasein selbst. Jeder ist sich selbst sein Schicksal. Und deshalb ist das Dasein zugleich geöffnet für die glücklichen Umstände und preisgegeben der Grausamkeit von Zufällen.

Daß das Dasein, frei für seinen Tod, sich selbst im aufschließenden Sichentwerfen in verborgenen, mitgegebenen eigenen Möglichkeiten überliefert, macht das Wesen seiner endlichen Freiheit aus. Endliche Freiheit und Schicksal sind dasselbe. In der endlichen Freiheit sind, wie Heidegger sagt, Übermacht und Ohnmacht des Menschen ineinander verschränkt.[29] Übermacht, weil das Dasein sich selbst in seinen mitgegebenen Möglichkeiten durch den Selbstentwurf über alle Umstände und Zufälle hinweg zu wählen vermag. Ohnmacht, weil es nicht bei ihm und seinem Willen steht, welches die eigenen Möglichkeiten sind, in die es vielmehr hineingeworfen ist, und weil es den Zufällen, glücklichen wie grausamen, ausgesetzt bleibt. Das ist der Preis, den das Dasein für seine Freiheit zahlen muß.

---

[29] Vgl. ebd., S. 384, GA 2, S. 508.

Nun ist dieses schicksalhafte Dasein wesenhaft durch das Mitsein bestimmt. Also ist das geschichtliche Geschehen immer ein Mit-Geschehen, ein Ge-schick, ein Geschehen in Gemeinschaft, z.B. eines Volkes, einer Kulturgemeinschaft, einer Völkergemeinschaft. Heidegger interpretiert in diesem Zusammenhang das Wesen des Volkes existenzialontologisch. Das heißt, sofern im Offensein für das Sein seit den Griechen das Wesen des Geistes erblickt wurde, interpretiert Heidegger von Anfang an das Wesen des Volkes geistig und niemals biologisch-rassistisch. Erst das schicksalhafte Geschick der Generationen und die Spannung, in welcher sie sich notwendig befinden, weil jeder Generation ihre eigenen Möglichkeiten mitgegeben sind, die sie zu entwerfen hat, macht also das volle Geschick des Daseins aus, seine wahre Geschichtlichkeit.

Nachdem das geklärt ist, ist es nicht mehr schwer zu zeigen, daß diese Geschichtlichkeit des Daseins in der Tat in der ekstatischen Zeitlichkeit gründet, daß sie deren Konkretion ist. Es ist zu zeigen, daß Geschichte als ontologische Bedingung ihrer Möglichkeit die Seinsverfassung dessen verlangt, was Heidegger die Sorge nennt, das heißt aber die ekstatische Zeitlichkeit als Seinssinn der Sorge. Dieser Aufweis erfolgt wiederum im Blick auf das eigentliche Existieren.

Nur ein Seiendes, das, frei für seinen Tod, auf sein faktisches Da zurückkommen kann, das also in seinem Sein durch Zukunft und Gewesenheit bestimmt ist, kann, indem es sich selbst in den ihm mitgegebenen Möglichkeiten überliefert ist, seine Faktizität übernehmen und so gegenwärtig sein. Zeitlichkeit macht erst das Schicksal und Geschick, welches das Dasein ist, möglich.

Es kann nun sein, daß die Entschlossenheit ausdrücklich um die Herkunft der Möglichkeit weiß, auf die hin das Dasein sich entwirft. Wenn das Dasein um die Herkunft seiner eigenen Möglichkeiten weiß, dann wird die Entschlossenheit zu einer ausdrücklichen Wiederholung einer überkommenen Existenzmöglichkeit. Das Sichentwerfen ist dann eine ausdrückliche, mit Wissen vollzogene Überlieferung einer dagewesenen Daseinsmöglichkeit, ist ein expliziter Rückgang in geschichtliche Möglichkeiten. Aber erst die vorlaufende Entschlossenheit macht frei für das Wiederholen eigener Möglichkeiten.

Dabei ist aber zu beachten: Das wiederholende Sichüberliefern einer gewesenen Möglichkeit verwirklicht nicht das ehemals dagewesene Dasein noch einmal. Es ist niemals eine Wiederholung des Vergangenen, kein Sichbinden der Gegenwart an Überholtes. Die Wiederholung entspringt dem eigenen Sichentwerfen, welches ein Aufschließen von noch verborgenen, noch nicht zum Zuge gekommenen Möglichkeiten ist. Diese Wiederholung läßt also niemals das ehemals Wirkliche wiederkehren. Die Wiederholung holt vielmehr das in dem damals Wirklichen verborgen liegende Mögliche ins Offene. Wiederholung ist immer wesentliche Verwandlung.

So ist das postmetaphysische Denken eine Wiederholung des geschichtlichen Anfangs der Philosophie im Sinne einer Verwandlung. Denn der Anfang der Philosophie, die *aletheia*, blieb in ihrem Wesen ungedacht, er blieb eine in der gesamten Geschichte der Metaphysik verborgene Möglichkeit, die aber in der Metaphysik hinterlegt war und die nun im postmetaphysischen Denken selbst in das Offene der Denkbarkeit und Sagbarkeit gelangt.

Als Verwandlung ist die Wiederholung, wie Heidegger sagt, „der Widerruf dessen, was im Heute sich als 'Vergangenheit' auswirkt“ [30]. Die postmetaphysische Wiederholung ist darum auch das Gegenteil dessen, was Hans-Georg Gadamer die „wirkungsgeschichtliche“ Betrachtung nennt[31], die nur dem nachgeht, wie das Vergangene sich in der Gegenwart noch auswirkt. Die Wiederholung läßt das Gegenwärtige aus dem entschlossenen Sichentwerfen begegnen, welches die verborgen mitgegebenen Möglichkeiten ins Offene vorauswirft, so daß sie nun bestimmend ist für die Art, wie wir uns zum Gegenwärtigen verhalten, nämlich in der Weise des Umbildens, des Umgestaltens. Die Wiederholung überläßt sich weder dem Vergangenen, noch hängt sie lediglich dem Fortschritt nach. Ihr geht es um das eigentliche Seinkönnen hier und jetzt in der Weise des Sichüberlieferns des verborgen Mitgegebenen, in der Weise des wagemuti-

---

[30] ebd., S. 386; GA 2, S.510.

[31] Hans-Georg Gadamer, Wahrheit und Methode, op. cit., S.284ff.

gen Aufschlusses der verborgen mitgegebenen Möglichkeiten, die es nun ins Offene zu bringen gilt, so daß sie die Führung über das Dasein übernehmen. Das ist eigentliche geschichtliche Existenz.

Damit ist die existenziale Analytik des Daseins an ihr Ziel und an ihr Ende gelangt. Blicken wir nun auf den Weg zurück, den das postmetaphysische Denken bisher gegangen ist.

§ 7. Die existenziale Analytik des Daseins und die Frage nach dem Sinn von Sein

Zur Frage steht von Anfang an der Sinn von Sein. Die befolgte Methode ist die Destruktion, der Abbau der übereinander gelagerten metaphysischen Auslegungen des Seins, in der Absicht, den Sinn von Sein aufzuhellen. Als geschichtlich anfänglicher Sinn von Sein erweist sich die Anwesenheit. Das läßt sich durch Interpretation des griechischen Seinsverständnisses auf Schritt und Schritt nachweisen. Wird nun Sein als Anwesenheit gedacht, dann zeigt sich: Anwesenheit besagt Angekommensein in eine Gegenwart. Gegenwart ist aber eine zeitliche Bestimmung. So ist das Denken, das nach dem Sinn von Sein fragt, genötigt, sich in die Frage nach dem Verhältnis von Sein und Zeit zu begeben.

Aber um welche Zeit handelt es sich da? Und wie ist diese Zeit zu denken? Es handelt sich nicht um die Zeit des metaphysischen Zeitbegriffs. Von ihm her führt kein Weg zu der Zeit, von der her Sein als Anwesenheit offenbar wird. Es bedarf also eines nichtmetaphysischen Denkens der Zeit. Dieses wird möglich mittels einer Analyse der Zeitlichkeit des Daseins als dessen Seinssinn. Die Freilegung der Zeitlichkeit als Seinssinn des Daseins ist in *Sein und Zeit* erreicht, noch nicht dagegen die Freilegung der Zeit als Horizont von Sein überhaupt.

Aber es eröffnet sich jetzt für den weiteren Gang des postmetaphysischen Denkens die folgende Perspektive: Der Wesenscharakter der Zeitlichkeit des Daseins liegt in der Ekstase, in der Eröffnung des Daseins in die Unverborgenheit, in die Offenbarkeit seines Seins. Hier wird deutlich, daß das postmetaphysische Denken *zugleich* sich zu den Anfängen des metaphysischen Denkens zurückbewegt, nämlich hinein in das von diesem Denken Ungedachte, welches die Phänomenalität der Phänomene überhaupt erst ermöglicht.

Dieser ungedachte Anfang, das Allererste des metaphysischen Denkens also, kommt als Zukunft des postmetaphysischen Denkens auf dieses zu. Ein Vorgang, der mittels des metaphysischen Zeitbegriffs unerklärlich bleibt. Die ekstatische Zeitlichkeit ist die Beziehung des Daseins zur *aletheia* selbst, zur Offenbarkeit des Seins von Seiendem.

Von hier aus wird nun im Vorgriff auf unsere weiteren Interpretationen der folgende Gedanke möglich: Wenn die Einsicht erreicht ist, daß die Zeit nicht immer nur Sukzession der Jetzt ist, sondern in der Tat den Horizont des Seinsverständnisses selbst bildet, dann wandelt sich die Geschichte der Metaphysik grundsätzlich in ihrer Bedeutung. Denn dann hört die Metaphysik auf, eine bloße historische Abfolge von einander bestreitenden philosophischen Lehren zu sein, die sich auch im akademischen Unterricht als solche darstellen. Sie ist dann aber auch nicht wie bei Hegel lediglich der Weg, auf welchem der absolute Geist zur Erkenntnis dessen gelangt, was er seinem Wesen nach ist. Auch wenn Hegels Geschichte der Philosophie übrigens bislang die einzige philosophisch begriffene Geschichte der Metaphysik geblieben ist. Wenn die Zeit den Horizont des Seinsverständnisses selbst bildet, dann zeigt sich nämlich, daß die geschichtlich verschiedenen Enthüllungen des Seins in einer wesentlichen Beziehung zu dem stehen, *was* sie enthüllen. Die sich wandelnden Auslegungen des Seins sind bestimmt durch die Art und Weise, wie Sein sich je und je enthüllt. Die verschiedenen Epochen der Metaphysik können von dort begriffen werden als eine sukzessive Enthüllung des anfänglichen Sinns von Sein, so, daß diese verschiedenen geschichtlichen Enthüllungen zugleich geeint sind in die eine Grundbestimmtheit: Sein als Anwesenheit, die sich durchhält.

Die Geschichte der Metaphysik bekundet dann die geschichtliche Wandlungsfülle dieses einen Sinns von Sein: Sein, durch Zeit bestimmt, als Anwesenheit oder Sein, aus der Zeit ins Offene seiner selbst gelangt, oder - wieder anders ausgedrückt - Sein, geschickt in die Wesensweise als Anwesenheit, in diese versammelt. Und dies so, daß eben alle geschichtlichen Enthüllungsweisen von Sein in den verschiedenen Philosophien zugleich gesammelt bleiben in die eine Grundbestimmtheit, in die Sein geschickt ist: Anwesenheit. Dies ist jedenfalls so im abendländisch-europäischen Denken. Wie das in den anderen Kulturen steht, ist eine andere Frage, die hier nicht entschieden werden kann.

Der Gedanke lautet, kurz gefaßt: Anwesenheit ist das Ge-schick des Seins, wobei die Vorsilbe „Ge“ eben diese einheitliche Versammlung aller Manifestationsweisen von Sein bedeutet. Die Epochen der Geschichte der Metaphysik werden also begreifbar als die Manifestationen eines Seinsgeschicks: Sein als Anwesenheit. Dabei hält das Schickende, nämlich die *aletheia*, die je und je Sein in eine bestimmte Bestimmtheit schickt, mit sich zurück. Sie tritt in der Metaphysik nicht in die Offenbarkeit des Denkens und Sagens, sondern entzieht sich selbst ins Verborgene. Das ist die Verborgenheit in der Unverborgenheit des Seins. Die Geschichte der Metaphysik ist daher zugleich auch immer Geschichte der Verbergung des Bestimmungsgrundes des Seins qua Anwesenheit, dessen nämlich, woher Sein diese seine Bestimmtheit empfängt, als Anwesenheit zu währen. Das bleibt in aller Metaphysik verborgen.

In der Geschichte dieser Verbergung des Bestimmungsgrundes von Sein kann nun das Denken die Geschichte des Seins als Sein selbst verfolgen und nicht immer nur als Bestimmtheit von Seiendem. Das Denken wird frei für ein Denken des Seins als Sein. Es wird seinsgeschichtliches Denken. Es hört auf, eine bloß philosophiehistorische Betrachtung von vergangenen Lehren zu sein, die vielleicht heute noch irgendwie wirksam sind. Soweit die vorausgreifende Perspektive.

Wenn wir uns nun an die Stelle zurückbegeben, an der wir im Durchgang durch *Sein und Zeit* angelangt sind, dann zeigt sich alsbald: Es gibt keinen unmittelbaren Weg von der Zeitlichkeit des Daseins zur Zeit als Horizont des Verstehens von Sein überhaupt. Den Versuch, aus der Zeitlichkeit des Daseins den Sinn von Sein überhaupt zu gewinnen und zu bestimmen, hat Heidegger, soweit darüber etwas bekannt worden ist, in dem unveröffentlichten Teil von *Sein und Zeit*, den er bereits konzipiert hatte, unternommen.

Und zwar gemäß seiner Ankündigung dieser Aufgabe im letzten Paragraphen des veröffentlichten Teils von *Sein und Zeit*: Es gilt, einen Zeitigungsmodus der ekstatischen Zeitlichkeit des Daseins zu finden, welcher nicht nur dem Dasein sein eigenes Sein eröffnet, sondern den Sinn von Sein überhaupt eröffnet.[32]

In der metaphysischen Sprechweise läßt sich dieser Versuch auch so ausdrücken: Zufolge seines existenzial-ekstatischen Charakters ist das Dasein seiend in der Transzendenz. Das Dasein hat sich und alles Seiende vorweg schon überstiegen, insofern es immer schon in das Offene des Seins hinaussteht, um aus diesem Überstieg auf sich selbst als ein Seiendes und auf ein Jegliches als ein Seiendes allererst zurückzukommen.

„Transzendenz" aber ist ein metaphysischer Terminus. Aus ihm spricht die Sprache und die Seinsauslegung der Metaphysik. Heidegger hat in der Abhandlung *Vom Wesen des Grundes* aus dem Jahre 1929 versucht, die Eröffnung von Sein überhaupt in der Transzendenz des Daseins zu gründen.[33] Dieser Versuch legt sich zwar von der existenzialen Analytik her nahe, aber er führt nicht zum Ziel.

Nachträglich ist es nicht schwer, dies einzusehen, aber erst nachträglich, nachdem der Versuch gemacht worden ist und gescheitert ist. Wir fragen: Kann aus dem Sinn des Seins des Daseins der Sinn von Sein überhaupt entnommen werden, also gerade auch der Sinn des Seins alles nicht-daseinsmäßig Seienden, so vor allem der Natur? Ist es möglich, den Seinssinn des Bereichs der Natur aus dem Seinssinn des Daseins zu gewinnen? Vom Sein des Göttlichen, das ja auch in aller Metaphysik eine Rolle spielt, ganz zu schweigen.

Gewiß: Sofern das Dasein durch das In-der-Welt-sein von Heidegger vorweg bestimmt ist, ist mit dem Verstehen seines eigenen Seins auch das Sein des anderen innerweltlich Seienden mitverstanden und miterschlossen. Aber wie ist es möglich, daß aus der Erschlossenheit des eigenen Seins die Erschlossenheit von Seiendem

---

[32] Vgl. SuZ § 83, S.437; GA 2, S. 577.

[33] Martin Heidegger, Vom Wesen des Grundes, in: Wegmarken, Frankfurt am Main 1978, S. 123ff.; GA 9, S. 123ff.

von ganz anderer Seinsart entspringen kann? Wie kann die existenziale Offenheit für das eigene Sein die mannigfachen Seinsweisen des übrigen Seienden eröffnen? Wie kann die Zeitlichkeit des Daseins den offenen Horizont von Sein überhaupt entspringen lassen?

Anders gesagt: Wie kann der Sinn von Sein in der Transzendenz des Daseins überhaupt begründet werden? Wenn wir so fragen, legt es sich bereits nahe, die umgekehrte Frage zu stellen: Gründet die Offenheit des Daseins für das Sein nicht vielmehr in der Eröffnung des Seins selbst?

Mit dieser Frage nähern wir uns dem Vorgang, den Heidegger die „Kehre“ genannt hat. Auf sie hat Heidegger mehrere Jahre seines Nachdenkens verwendet. Die existenziale Analytik des Daseins erweist sich jetzt auch deshalb als vorläufig und zu überholen, weil ihre gradlinige Fortsetzung keinen Weg zur Bestimmung des Sinns von Sein überhaupt weisen kann. Es bahnt sich hier eine Wendung des postmetaphysischen Denkens an. Sie bekundet sich in der Änderung der sprachlichen Fassung der Aufgabe, die dem postmetaphysischen Denken gestellt ist.

Achten wir daher zunächst auf diese sprachliche Veränderung. In *Sein und Zeit* lautet die Aufgabe, den Sinn von Sein zu bestimmen. „Sinn“ bedeutet das Woraufhin des verstehenden Entwurfs von Sein, d.h. der Terminus „Sinn“ meint den eröffnenden Entwurfsbereich. Dieser verstehende Entwurf von Sein macht die Seinsweise des Daseins aus: das ekstatische Innestehen vor und in der Eröffnung des Seins. Das ekstatisch existenziale Seinsverständnis entfaltet den Sinn, aber es stiftet ihn nicht. Die Entfaltung des Seinsverständnisses hält den offenen Bereich offen. Nun setzen sich die Ausdrücke „Sinn“ und „Entwurf“ leicht einem Mißvertständnis aus, als sei der Sinn vom Dasein des Menschen selbst entworfen, der Entwurf also eine Durchformung der Welt und des Seienden seitens des Menschen als des Sinn-Gebers. In dieser Sicht gibt der Entwurf die Struktur der menschlichen Subjektivität zu sehen, welche die Welt und alles Seiende nach sich selbst zu formen trachtet.

Eine solche Zurückwendung des existenzialontologischen Entwurfs aus *Sein und Zeit* in die Subjektivität, gestützt auf Descartes, hat der Existenzialismus von Sartre vollzogen. Der Existenzialismus, der eine eigene wesentliche Sache bleibt, hat aber mit Heideggers existenzialer Ontologie nichts zu tun. Hier wird der ganze Entwurf in die Subjektivität zurückgebogen, so daß bei Sartre nichts anderes geschieht als eine Formation der Welt durch die menschliche Subjektivität, also ein „existentialistischer Humanismus“, wie Sartre auch gesagt hat. Um genau diesem Mißverständnis auszuweichen, hat Heidegger, wie wir noch sehen werden, die Aufgabe seiner Philosophie, des postmetaphysischen Denkens, später in einer anderen sprachlichen Fassung neu bestimmt.

Heidegger setzt zunächst nach *Sein und Zeit* an die Stelle von „Sinn von Sein“ den Ausdruck „Wahrheit des Seins“. Wahrheit aber, griechisch gedacht, als Entbergung von Sein, zu welcher Entbergung Unverborgenheit ebenso wie Verborgenheit gehört. Weil nun aber auch dieser Ausdruck mißverständlich ist, da Wahrheit uns sogleich auch Richtigkeit des Urteils bedeutet, hat Heidegger den Ausdruck „Wahrheit des Seins“ durch einen anderen, vielleicht angemesseneren ersetzt, nämlich durch „Lichtung des Seins“. Aber diese Änderung der sprachlichen Fassung weist eben auf eine Wendung des Denkens hin. Es spricht sich darin eine Wendung des Denkens aus, eben die sogenannte Kehre.

Dazu heißt es im Seminar von Le Thor aus dem Jahre 1969: „Indem es das Wort Sinn von Sein zugunsten von Wahrheit des Seins aufgibt, betont das aus *Sein und Zeit* hervorgehende Denken künftig mehr die Offenheit des Seins selbst als die Offenheit des Daseins angesichts der Offenheit des Seins.“ [34] Diese Akzentverlagerung von der Offenheit des Daseins für das Sein auf die Eröffnung des Seins selbst ist nichts anderes als der ganze Sinn der sogenannten Kehre, durch welche sich das Denken dem Sein als Sein, also der anfänglichen und durchgängigen Aufgabe entschiedener zuwendet.

Diese Wendung ergibt sich, wie schon gesagt, als etwas Notwendiges, nachdem sich gezeigt hat, daß eine gradlinige Fortsetzung der existenzialen Analytik des Daseins den Horizont von Sein überhaupt nicht freizulegen vermag. Anders ausgedrückt: Der Sinn von

---

[34] Seminar in Le Thor 1969, S. 83; GA 15, S. 345.

Sein überhaupt kann nicht in der Transzendenz des Daseins gegründet werden. Das postmetaphysische Denken gerät an einer bestimmten Wegstelle in eine Aporie: Zwar ist es mittels der existenzialen Analytik gelungen, ein nichtmetaphysisches Zeitwesen zu denken, aber dieses führt auf den Seinssinn des Daseins, des Seienden, das wir selbst sind, nicht aber auf den Seinssinn überhaupt, den Seinssinn alles nichtdaseinsmäßigen Seienden, etwa der Natur. Und in der Zeitlichkeit des Daseins kann die Zeit, welche den Horizont der Offenbarkeit von Sein überhaupt bildet, nicht gegründet werden. Es muß also eigens ein Weg gebahnt werden, der von der Zeitlichkeit des Daseins zur Zeit als Horizont von Sein überhaupt hinleitet. Diesen Weg hat das postmetaphysische Denken zu gehen.

ZWEITER TEIL
HEIDEGGERS DENKWEG

§ 8. Die Kehre im Ausgang von der ontologischen Differenz

Für das Gehen dieses Weges bedarf es wegweisender Zeichen, wie für jeden Weg, so auch für einen Denkweg. Wir entnehmen diese Zeichen der dreifachen Kennzeichnung des zur Frage stehenden Sachverhalts: „Sinn von Sein", „Wahrheit des Seins", „Lichtung des Seins". Die Erläuterung dieser Kennzeichen bringt uns auf den Weg.

Hier soll nun der Ausdruck „Wahrheit des Seins" erörtert werden.[1] Dieser Terminus hat vor allem nicht die Bedeutung der Richtigkeit des Urteils über das Sein. „Wahrheit" ist hier verstanden als Unverborgenheit, *aletheia*, wobei das „Un" der „Unverborgenheit" mitzudenken ist, also der Rückbezug auf eine Verborgenheit, von welcher alles Entbergen, alles Erscheinen und Zutagetreten, den Ausgang nimmt.

Weil nun die Griechen, eingenommen von der Phänomenalität der Phänomene, Verborgenheit des Seins nicht denken konnten, so konnten sie auch nicht Unverborgenheit als solche denken. Wenn wir also statt „Sinn von Sein" „Wahrheit des Seins" sagen und diese „Wahrheit des Seins" als Aufgabe des Denkens übernehmen, dann denken wir einerseits griechisch, und wir denken andererseits nicht mehr griechisch. Griechisch, sofern wir das bedenken, dem die Griechen in ihrem Sein in elementarer Unmittelbarkeit zugehörten: die *aletheia*. Nicht mehr griechisch, sofern wir nun diese *aletheia* selbst in ihrem Wesen zum Thema des Denkens machen.

---

[1] Vgl. Seminar in Le Thor 1969, S. 83ff; GA 15, S. 345ff.

Aber es ist leicht zu sehen, daß sich mit dieser sprachlichen Änderung, welche „Sinn" durch „Wahrheit" ersetzt, ein Wandel des Denkens überhaupt ereignet. Das sei noch einmal eigens aufgewiesen, denn dieser Wandel ist die Bedingung, unter welcher die Zeit als Horizont des Seins allererst in die Sicht gelangen kann:

In *Sein und Zeit* ist „Sinn" bestimmt als Entwurfsbereich. Und Entwurf als Seinsweise des Daseins ist das ekstatische Innestehen in der Offenbarkeit des Seins. Das menschliche Dasein, existierend, entfaltet den Sinn, stiftet ihn aber nicht. Im Wandel des Ausdrucks „Sinn von Sein" zu dem Ausdruck „Wahrheit des Seins" wendet sich also das Denken, um es noch einmal zu sagen, von der Offenheit des Daseins für die Eröffnung des Seins eigens zur Eröffnung des Seins selbst als solcher, ohne dabei jedoch das für das Sein geöffnete Dasein aus dem Blick zu verlieren, also ohne diese Eröffnung des Seins zu einer Art Ding an sich zu machen. Denn es bleibt natürlich dabei: Sinn gibt es nur im und für ein Verstehen. Deshalb gehört das ekstatische Offenstehen des Daseins für das Sein der Eröffnung von Sein, d.h. dem Sein als Sein selbst zu.

Es handelt sich also bei der Kehre in der Tat nur um eine Akzentverschiebung. Aber durch sie wird allererst das Zeitwesen erblickbar, von dem her Sein seine Bestimmtheit als Anwesenheit empfängt. Anders gesagt: Die Kehre bringt überhaupt erst auf den Weg zur Zeit als Horizont von Sein. Und deshalb hat ihr Vollzug am Anfang zu stehen. Weil aber das Wort „Wahrheit des Seins" ebenfalls verschiedene Mißverständnisse hervorrufen kann, indem man unter „Wahrheit" sogleich versteht: Richtigkeit des Urteils über das Sein, ist Heidegger dazu übergegangen, es durch die Wortverbindung „Lichtung des Seins" zu ersetzen, also durch einen Ausdruck, der in der Metaphysik nicht vorkommt. Aber auch diese Kennzeichnung erweist sich als nicht eindeutig, weil diese „Lichtung des Seins" sogleich mit dem Licht gleichgesetzt wird und wir dadurch wiederum in die Lichtmetaphysik einbiegen können, also abermals einen Rückfall in das metaphysische Denken erleiden können. Aus diesem Grunde geht Heidegger schließlich dazu über, von dem Ereignis zu sprechen. Das alles wird noch zu erörtern sein.

Soviel ist aber jedenfalls jetzt schon klar: Ohne die Kehre des Denkens öffnet sich kein Weg zur Bestimmung des Sinns von Sein.

Aber noch mehr. Unvermerkt ist mit dieser Kennzeichnung der leitenden Frage des postmetaphysischen Denkens ein ganz bestimmter Sachgehalt ans Licht getreten: Alle bisherigen Überlegungen stützten sich auf eine Grundunterscheidung, die so formuliert werden kann: Das Sein ist von Seiendem verschieden. Heidegger sagt dazu: „Dies ist die *ontologische Differenz*“[2]. Diese Differenz von Sein und Seiendem hatten wir in Anspruch genommen, als wir die Frage nach dem Sein als Sein, nach dem Sinn von Sein stellten. Was aber hat es mit der ontologischen Differenz auf sich?

Das Wort Differenz kommt vom lateinischen *differre* bzw. von dem griechischen Wort *diapherein*. Das Wort bedeutet im Lateinischen wie im Griechischen: auseinandertragen. Das Auseinandertragen hält eine Distanz zwischen dem Einen und dem Anderen aufrecht, hier zwischen dem Seienden und dem Sein, es schafft also einen Zwischenraum zwischen beiden. Dieser Zwischenraum trennt aber die beiden nicht voneinander ab, sondern bezieht sie zugleich aufeinander, verbindet sie miteinander, wie ein Raum zwei Dinge miteinander verbindet, indem er sie gerade auseinanderhält.

Beide, Sein und Seiendes, sind also sogleich aufeinander bezogen: Seiendes ist immer bestimmt durch Sein, sofern es eben ist. Sein ist das Seiendes zu einem solchem Bestimmende. Im Gedanken der ontologischen Differenz von Sein und Seiendem muß also immer das Aufeinanderbezogensein von Sein und Seiendem mitgedacht werden. Man könnte das auch so formulieren: Das Seiende als Anwesendes ist seiend, indem es ins Sein angekommen ist. Es ist ins Sein angekommen, indem es vom Sein überkommen ist.

Wenn die Metaphysik das Seiende in Hinsicht auf Sein vorstellt, dann bewegt sie sich in einem Unterschied von Seiendem einerseits und Sein andererseits. „Diese Differenz“, so heißt es nun in Heideggers Seminar von 1969, wurde jedoch „nicht von der Metaphysik geschaffen, aber sie erhält und trägt die Metaphysik. Kantisch

---

[2] ebd., S. 84; GA 15, S. 346.

gesprochen ist die ontologische Differenz die Bedingung der Möglichkeit der Ontologie.“ [3]

Was eine Sache zu dem ermöglicht, was sie ist, heißt in der überlieferten Sprache der Philosophie das Wesen. Die ontologische Differenz erweist sich so als das Wesen der Metaphysik, da sie die Metaphysik zu dem ermöglicht, was sie ist: Bestimmung des Seienden in Hinsicht auf Sein.

Aber die Metaphysik hat die ontologische Differenz niemals ins Thema ihres Denkens gestellt. Sie vollzieht sie einfach, indem sie Seiendes auf Sein hin befragt und bestimmt. Daß die Metaphysik die ontologische Differenz, durch die sie selbst erst möglich wird, nicht ins Thema des Denkens stellt, das beruht zugleich auf einem einsehbaren Grund. Denn die Grundfrage lautet ja: Was ist das Seiende, insofern es ist? Was ist das Seiende in Hinsicht auf sein Sein? Die an die ontologische Differenz zu richtende Frage würde demgemäß lauten: Was ist diese Differenz, insofern sie ist? Durch die metaphysische Fragestellung selber, jetzt gerichtet auf die ontologische Differenz, würde die ontologische Differenz selbst zu einem Seienden werden, also gar nicht mehr die Differenz von Seiendem und Sein bilden. Indem also die Metaphysik die ontologische Differenz aus- und wegläßt, entspricht sie ihr auf die einzig mögliche Weise. Sie verkehrt die Differenz nicht zu etwas Seiendem, sondern überläßt sie sich selbst, ohne sie zu bedenken. Man kann daher sagen: In aller überlieferten Philosophie ist die ontologische Differenz von Sein und Seiendem vorgängig gegenwärtig - im Sinne der Ermöglichung, aber niemals indem sie selbst Thema wird.

Seitdem nun in *Sein und Zeit* die Frage nach dem Sein als Sein gestellt ist, ist in ihrer Folge die Differenz von Sein und Seiendem ausdrückliches Thema geworden, das jetzt nicht mehr umgangen werden kann. Das Sein ist vom Seienden verschieden; das Sein ist kein Seiendes, das Sein ist nicht seiend. Ein befremdlicher Sachverhalt, auf den das postmetaphysische Denken im Verfolg der Frage nach dem Sinn von Sein stößt.

---

[3] ebd.

Ist das Sein nicht seiend, da es ja von Seiendem verschieden ist, dann kann man vom Sein nicht sagen: Es ist. Hier tritt nun der Unterschied von metaphysischem und postmetaphysischem Denken noch einmal in einer bestimmten Weise scharf heraus: Beide denken das Sein. Es ist Unsinn zu sagen, die Metaphysik habe das Sein nicht gedacht. Das Sein ist überhaupt ihre einzige Sache. Aber die Metaphysik denkt das Sein nur in seiner Bezogenheit auf das Seiende, als dessen Bestimmtheit, als das, durch das Seiendes seiend ist und nicht nicht ist. Die Metaphysik denkt also das Sein als den Grund des Seienden als eines solchen. Das postmetaphysische Denken aber denkt zuerst das Sein als es selbst, das Sein als Unterschied zu allem Seienden, also als das, was selbst kein Seiendes ist. Das Sein ist ein Nichts.

Hier entspringt der hartnäckige Widerstand gegen ein Denken, welches die Differenz als Differenz und so allererst das Sein als es selbst und nicht immer nur als Bestimmtheit von Seiendem zu denken versucht, denn dieses Denken bewegt sich im Bereich dessen, was nicht seiend ist. Wenn also in populärer Redeweise die Philosophen darin gekennzeichnet werden, daß sie sich mit Dingen beschäftigen, die es überhaupt nicht gibt, dann ist das gar nicht so falsch. Was aber nicht seiend ist, ist nach dem überlieferten metaphysischen Denken überhaupt nichts. So schließt man also, das postmetaphysische Denken Heideggers beschäftige sich mit solchen Dingen, die es überhaupt nicht gibt. Es handelt sich hier nur um eine Wortproblematik, die sprachanalytisch leicht aufzulösen ist.

Heidegger erinnert an dieser Stelle daran, daß diese Formulierung: „das Sein ist Nichts“, oder in der Schreibweise, die er bevorzugt: „Sein : Nichts“, die das postmetaphysische Denken kennzeichnen soll, gar nicht so befremdlich ist, sondern vielmehr bereits in der Metaphysik vorgekommen ist.[4] Denn Hegel sagt zu Beginn der *Wissenschaft der Logik*: „Das reine Sein und das reine Nichts ist also dasselbe.“[5] Also hat bereits die Metaphysik das Sein als das Nichts bestimmt. Und das, was wir hier für das Eigene des postme-

---

[4] ebd., S. 85; GA 15, S. 347.

[5] G.F.W. Hegel, Wissenschaft der Logik, Bd. I, Hamburg 1932, S. 67.

taphysischen Denkens ausgeben, erweist sich als eine von der Metaphysik selbst bereits aufgestellte These.

§ 9. Die Identität von Sein und Nichts bei Hegel und Heidegger

Wie ist aber Hegels Satz präzise aus seiner Philosophie zu begreifen? Welche Beziehung besteht bei Hegel zwischen dem Sein und dem Nichts? Führt dieser Satz, aus Hegels Denken gedacht, überhaupt zur ontologischen Differenz als der verborgenen Quelle allen metaphysischen Denkens?

Um diese Frage sachgerecht zu beantworten, gilt es zuerst den Ort innerhalb von Hegels Denken zu umgrenzen, an welchem sich seine These von der Identität von Sein und Nichts findet. Hegels These steht am Beginn der *Logik.* Der Satz spricht also innerhalb des Horizonts eines „Wissens". Und dieses „Wissen" hat einen streng philosophischen Sinn. Es ist nicht Wissen in dem Sinne, wie die Naturwissenschaften oder die Geisteswissenschaften ein Wissen sind. Es handelt sich hier eher noch um das „Wissen", welches Fichte in seiner *Wissenschaftslehre* zum Zentrum seiner Philosophie gemacht hat. Der Ausdruck „Wissen" hat hier eine rein philosophische Bedeutung.

Aber was heißt das? Es handelt sich in Hegels *Logik* um ein Wissen von radikalerer Art als alles Wissen von Gegenständen. Hegel meint hier ein Wissen, das sich selbst als das Wissende weiß. Nicht als bloß formaler Akt der Reflexion: Ich weiß, daß ich weiß, wenn ich etwas weiß - im Unterschied zum Gegenstandsbezug. In Hegels Logik verhält es sich so, daß sich das Wissen als das weiß, was der Gegenstand selbst ist, daß dieses Wissen die Anwesenheit des Gegenstandes selbst ist. Ein Wissen, das sich im Gegenstand selbst weiß und das den Gegenstand als sein eigenes Selbst weiß, also das absolute Wissen, die sich wissende Einheit seiner selbst und des Gegenstandes. Man kann dies auch so charakterisieren: Es handelt sich hier um die Verabsolutierung des *cogito* des Descartes, welches ja immer nur in dem Maße ein *cogito* ist, als es ein *cogito me cogitare* ist.

Die *Wissenschaft der Logik* ist die Entfaltung dieses absoluten Wissens in die Totalität seiner Momente, die zugleich das Ganze aller Seinsbestimmungen ist. *Wissenschaft der Logik* ist Ontologie und Logik in eins und als dasselbe - vereinigt in der absoluten Idee. Das absolute Wissen ist der Ort der absoluten Gewißheit, in welcher das absolute Wissen sich selbst nach jeder Hinsicht als das Sein alles Seienden weiß. Und die Entfaltung eines solchen „Wissens" in die Totalität seiner Bestimmungen, das ist die „spekulative Logik". Dieses absolute Wissen ist nun der Ort, an welchem der Satz von der Identität von Sein und Nichts bei Hegel auftritt.

Hegel bestimmt nun das Sein als das „unbestimmte Unmittelbare"[6]. Das Erste, als was das absolute Wissen sich selber weiß, ist, daß es ist. Und dieses Erste ist etwas Unbestimmtes, pures „daß es ist", und es ist etwas Unmittelbares. Hinzuzufügen ist noch, daß Hegel auch eine umfassendere Bedeutung des Wortes „Sein" kennt. So kann er sagen, daß die absolute Idee, in welcher sich das absolute Wissen vollendet, allein das Sein ist. Aber terminologisch hält Hegel „Sein" in der Bedeutung der unbestimmten Unmittelbarkeit fest, also des Ersten, als was das absolute Wissen sich weiß. Im Blick auf das Wissen, das immer nur Wissen ist, sofern es zuerst und durchgängig Wissen seiner selbst ist, ist dieses Sein dann das Gegenteil zum Wissen, nämlich etwas Unmittelbares. Im Blick auf das Wissen, das immer Vermittlung ist, ist das Sein das Unmittelbare. Und ferner: Im Hinblick auf das Wissen, das immer Bestimmtheit dessen ist, was etwas ist, ist dieses Sein das Unbestimmte. Deshalb ist bei Hegel das so gedachte Sein gleichsam die äußerste Entfremdung des absoluten Wissens von sich selbst, denn das absolute Wissen ist in seinem Wesen immer Vermittlung, Wissen seiner selbst, und zweitens Bestimmtheit, Wissen dessen, was etwas ist. Das Erste aber, als was das absolute Wissen sich weiß, ist etwas Unmittelbares und Unbestimmtes und insofern das äußerste Gegenteil zum absoluten Wissen selbst. Da nun das absolute Wissen das ist, was wahrhaft ist, so ist sein äußerstes Gegenteil ein Nichts. Freilich so, daß es als Moment der Selbstentfremdung zum absoluten Wissen gehört, aus

---

[6] ebd., S. 66.

welchem es sich zu sich zurückholt, um im Durchgang durch die äußerste Selbstentfremdung seiner selbst erst wahrhaft bei sich zu sein. Das bedeutet: Das Nichts ist bei Hegel im bestimmenden Ausgang vom Wissen als dem Absoluten begriffen.

Heidegger verweist nun selbst darauf, daß er das Problem des Nichts in seinem Vortrag *Was ist Metaphysik*[7] gestellt hat. Aber hier sei, so sagt er in Le Thor, „der Ausgangspunkt von vornherein ein ganz und gar anderer“[8]. Der bestimmende Ausgang des Denkens hat sich hier gegenüber Hegel grundsätzlich gewandelt. Heideggers Abhandlung spricht nicht im Ausgang vom seiner selbst bewußten Sein des Bewußtseins, sondern im Ausgang vom Dasein, vom Sein des Offenen, welches der Mensch ist. Im postmetaphysischen Denken ist also das Dasein der Ort, von dem her die Identität von Sein und Nichts spricht. Bei Heidegger wird Sein aus dem Sein verstehenden Dasein als das Andere zu allem Seienden gedacht. Daher wird das Sein als Nichts gedacht, aus der ontologischen Differenz. Diese aber kann bei Hegel niemals vor das Denken gelangen, denn die Sache Hegels ist das Absolute, und dieses Absolute ist die absolute Identität, die alle Differenzen in sich aufgehoben hat.

Dieser Gedanke des Absoluten als des wahrhaft Seienden bildet die größte Blockade für ein Denken, das die ontologische Differenz zu sagen und zu entfalten versucht. Deshalb läßt sich keine größere Entfernung denken als die zwischen den beiden Sätzen Heideggers und Hegels trotz ihres sprachlichen Gleichklangs. In der Sprache des Deutschen Idealismus selbst gesprochen, könnte man sagen: Dieser Gegensatz ist unendlich, denn beide Sätze fallen in keinem Punkt ihrer inhaltlichen Bedeutung zusammen. Darum sind sie auch nicht durch irgendeine Form der dialektischen Vermittlung zusammenzubringen, denn alle dialektische Vermittlung steht auf Seiten des Absoluten, also auf der einen Seite.

Die These, Heidegger sage dasselbe wie Hegel, stiftet also die größte gedankliche Verwirrung, die sich vorstellen läßt. Dennoch ist an dieser Behauptung fatalerweise auch etwas dran, insofern in He-

---

[7] In: Wegmarken, Frankfurt am Main 1978, S. 103ff.; GA 9, S. 103ff.

[8] Seminar in Le Thor 1969, S. 86; GA 15, S. 348.

gels Satz: „Das reine Sein und das reine Nichts ist also dasselbe" dieselben Worte „Sein" und „Nichts" auftreten wie in Heideggers These „Das Sein im Unterschied zu allem Seienden: das Nichts." Hier liegt ein schweres Problem, das die Sprache angeht. Es lautet folgendermaßen: Gibt es eine Möglichkeit, daß die metaphysische Sprache zu einer nicht-metaphysischen Sprache des Denkens werden kann bei Beibehaltung der Grundworte?

Die erste Antwort auf diese Frage lautet: Möglich ist das nur dann, wenn die Grundworte des Denkens im Lichte einer anderen Bedeutung erscheinen können. Was aber ist dazu erforderlich? Da die Grundworte des Denkens sprachlich artikulierte Fassungen des Seins sind, so würden diese im Licht einer anderen Bedeutung erscheinen können, wenn das Sein selbst, also dasjenige, was in ihnen gefaßt wird, nicht immer als Seinsbestimmtheit des Seienden erscheint, sondern wenn dieses Sein sich als Sein in seinem eigenen Wesen manifestiert. Diese Manifestation des Seins selbst beginnt dann, wenn das Dasein sich in seinem Sein als durch Seinsverständnis bestimmt enthüllt, denn im Seinsverständnis ist Sein als Sein, Sein in seinem eigenen Sinn in irgendeiner Weise offenbar. Durch diese Überlegung wird abermals klar, weshalb die Frage nach dem Sinn von Sein zuerst die Gestalt einer Analytik des Daseins annehmen muß. Denn wohin soll der fragende Blick gerichtet werden, es sei denn auf das Seinsverständnis, in welchem Sein als solches in irgendeiner Weise offenbar ist. Dieses Seinsverständnis aber ist eine Wesensbestimmtheit des Daseins.

Allerdings fehlt der Sprache von *Sein und Zeit* noch die nicht-metaphysische Sicherheit. *Sein und Zeit* spricht über weite Strecken noch die Sprache der Metaphysik und versucht andererseits das, was zu sagen ist, mit Hilfe von Neubildungen zu sagen. Ein gutes Beispiel hierfür ist Heideggers oben angeführte Kennzeichnung der Sorge-Struktur des Daseins in § 41 von *Sein und Zeit* als „Sich-vorweg-schon-sein-in-(der-Welt-) als Sein-bei"[9]. Derartige künstliche Neubildungen hat Heidegger später zugunsten einer wesenhaften Einfachheit des Sagens aufgegeben. Die Erfahrung des Seins als

---

[9] SuZ § 41, S. 192; GA 2, S. 256.

Sein - und nicht immer nur als Bestimmtheit von Seiendem - könnte einen solchen Übergang von der metaphysisch bestimmten Sprache zu einer nicht-metaphysischen Sprache des Denkens ermöglichen - bei Beibehaltung der Grundworte dieser Sprache, so daß künstliche Neubildungen überflüssig sind. Das ist die eine Seite. Aber andererseits muß man klar sehen, daß die heute herrschenden Umstände für einen solchen Wandel der Sprache überaus ungünstig sind.

Es sind dies vor allem „zwei schwerwiegende Vorgänge", die sich heute einer möglichen Wandlung der Sprache entgegenstellen:[10] Dies ist erstens der fortschreitende Verfall und die unglaubliche Verarmung der Sprache selbst. Beides wird deutlich, wenn man die Armut der heute gesprochenen Sprache mit dem sprachlichen Reichtum etwa der Goethezeit vergleicht. Und wenn man ferner auf die Durchsetzung unserer Sprache mit einer Vielzahl von Amerikanismen sieht.

Der zweite ungünstige Umstand ist der folgende: Heute wird die Sprache von einer Tendenz beherrscht, ihre Möglichkeiten dem Computer anzupassen. Es besteht die Gefahr, daß die Sprache durch Fixierung auf die Computersprache von den Möglichkeiten des natürlich-geschichtlichen Wachstums abgeschnitten wird. Und dann ist keine Wandlung mehr möglich.

In der Tat macht das den Grundcharakter der Sprache der Informatik aus, durch analytische Reduktion der Sprache auf festgelegte Bestandteile eine neue und absolut arme Struktur der Sprache von der Art zu erstellen, daß sie nun zwar in allen technischen, wissenschaftlichen Operationen zu fungieren vermag, so daß ihr aber die Wachstumsmöglichkeiten abgeschnitten werden. Wo aber das Wachstum unterbunden ist, dort herrscht Wüste. Wüste ist die Unterbindung allen Wachstums. So gesehen, kann man von einer Verwüstung der Sprache durch den Computer sprechen. So wird die Sprache dem Computer konform gemacht. Sie wird zum bloßen Instrument der wissenschaftlich-technischen Information. Diese Tendenz ist für eine Wandlung der Sprache denkbar ungünstig, denn nun ist sie ja auf die einförmige Sprache des Computers festgelegt.

---

[10] Seminar in Le Thor 1969, S. 89; GA 15, S. 351.

Die Folge ist, daß zwischen der Philosophie, die darauf denkt, wie das Sein als Sein zu sagen sei, und der technischen Auslegung der Sprache kaum noch ein gemeinsamer Boden für ein Gespräch besteht.

Darum erhebt sich die Frage, welche praktischen Konsequenzen sich aus diesem Zustand für die Philosophie ergeben. Was bleibt der Philosophie in dieser Lage zu tun? Zweifellos sieht sich die Philosophie in eine mißliche Lage versetzt, und sie neigt dazu, sich zu beschränken, den Wissenschaften nachzulaufen und sich mit deren strukturaler Deskription zu begnügen. Wenn die Philosophie das tut - und sie tut es heute weitgehend -, dann hält sie sich in einer Unkenntnis zweier Grundrealitäten der modernen Welt: in Unkenntnis der ökonomischen Entwicklung und der Herrichtungen und Einrichtungen, die von dieser ökonomischen Entwicklung gefordert werden.

An dieser Stelle ist auf die marxistische Philosophie zu verweisen. Der Marxismus nämlich stellt diejenige Philosophie dar, die ein wesentliches Wissen gerade von diesen Realitäten der modernen Welt hat und darum aller Wissenschaftstheorie überlegen bleibt. Der Marxismus stellt aus diesem seinen Wissen um diese beiden Grundrealitäten der modernen Welt der Philosophie eine ganz bestimmte Aufgabe.

§ 10. Erläuterungen zur 11. Feuerbachthese von Marx

Diese Aufgabe ist am schärfsten formuliert in der berühmten 11. Feuerbachthese von Karl Marx: „Die Philosophen haben die Welt nur verschieden *interpretiert,* es kömmt darauf an, sie zu *verändern.*“ [11] Diese These setzt sich sogleich einem Einwand aus: Besteht wirklich ein Gegensatz zwischen Interpretation und Veränderung der Welt? Ist nicht jede Weltinterpretation bereits eine Weltveränderung, gesetzt freilich, daß die Interpretation der Welt Sache

[11] Karl Marx, Thesen über Feuerbach, MEW Bd. 3, Berlin 1958, S. 7.

eines ursprünglichen, das Sein denkenden Denkens ist? Und setzt nicht jede Veränderung der Welt als Instrument dieser Veränderung schon eine theoretische Weltansicht voraus, also eine Interpretation der Welt?

Angesichts dieser Einwände muß zunächst gefragt werden: Um welche Veränderung der Welt handelt es sich denn eigentlich bei Marx? Um eine Veränderung der Produktionsverhältnisse. Die Produktion hat aber nach Marx ihren Ort in der Praxis der Arbeit. Die Praxis der Arbeit wiederum ist in dem, was sie ist, durch eine philosophische Theorie bestimmt, die den Wesensbegriff der Produktion als eine Selbstproduktion der Menschengattung durch gegenständliche Bearbeitung der Natur setzt. Marx hat also einen präzisen theoretischen Wesensbegriff vom Menschen. Diese theoretische Vorstellung vom Menschen läßt die Hegelsche Philosophie als Basis zu, und zwar in der Umkehrung des Hegelschen Idealismus, dergestalt, daß Marx dem Sein gegenüber dem Bewußtsein den Vorrang gibt. Da nun aber auch Heidegger in *Sein und Zeit* das Sein nicht im Ausgang vom Bewußtsein bestimmt, so kann man bei Marx irgendwie Heidegger und bei Heidegger irgendwie Marx lesen. So jedenfalls hat, wie Heidegger im Seminar von 1969 anmerkt, sein Schüler Herbert Marcuse *Sein und Zeit* gelesen.[12]

Wir fragen weiter: Wie bestimmt denn Marx das Sein, welches gegenüber dem Bewußtsein prävaliert, indem es das Bewußtsein als den Prozeß der Produktion prägt? Die Antwort auf diese Frage ist genau der Gedanke, den Marx in Form einer Verwandlung dem spekulativen Idealismus entnommen hat, und zwar im Ausgang von Hegels Interpretation des Lebens als Prozeß. Bei Hegel ist es der absolute Begriff - der Begriff, der die Einheit seiner selbst und des Gegenstandes ist -, der sich produziert, und zwar indem er sich gegenständliches Dasein gibt, um im Gegenstand sich selbst als den Begriff zu begreifen und zu haben. In Umkehrung dieser Position ist nun bei Marx nicht mehr der absolute Begriff das Subjekt des Lebensprozesses, sondern das Gattungswesen Mensch, welches sich selbst produziert, indem es sich in vergegenständlichender Bearbei-

---

[12] Seminar in Le Thor 1969, S. 91; GA 15, S. 353.

tung der Natur als gesellschaftliches Wesen allererst gegenständliches Dasein gibt. So zeigt es sich, daß der praktische Begriff der Produktion nur im Ausgang von einer Fassung des Seins existieren kann, welche die Metaphysik des Deutschen Idealismus in Umkehrung ihrer zur Basis nimmt.

Im Lichte dieses praktischen Begriffs der Produktion erscheint nun der gegenwärtige Weltzustand, der „nationalökonomische Zustand“, wie der frühe Marx sagte, oder, wie er später sagte, die „kapitalistische Produktionsweise“, als ein Weltzustand, der eine Veränderung verlangt. Der Grund dafür ist, daß die kapitalistische Produktionsweise, wie ihre Analyse sichtbar macht, die Produktion überhaupt nicht in der Weise freizusetzen vermag, wie es dem Ausmaß der erreichten Produktionskräfte entspricht. Erst durch Vergesellschaftung der Produktionsmittel wird die Produktion in die Freiheit ihrer Entfaltung versetzt, gelangt also das Sein - d.i. der Produktionsprozeß selbst - in sein Wesen.

Nimmt man die philosophische Bestimmung des Seins als Prozeß der Produktion bei Marx als eine philosophische Bestimmung mit allen Folgen, die das für die Praxis hat, aber unbehelligt durch den Gebrauch dieser Philosophie als Ideologie, dann wird deutlich, daß sich das Denken von Marx bereits in eine Richtung bewegt, in welcher das Seiende vom Gegenstand der theoretischen Erkenntnis in den gespeicherten und jederzeit abrufbaren Bereitstand übergeht.

Insofern ist das Denken von Marx dem technischen Zeitalter gemäßer als der kritische Rationalismus Poppers, der allein an der Struktur wissenschaftlicher Forschung orientiert bleibt, ohne die Grundrealitäten der modernen Welt überhaupt in den Blick bekommen zu können. Und die Gedanken von Marx büßen an eigener Klarheit ein, wenn man sie, wie Marcuse es tut, mit den Augen von *Sein und Zeit* liest, was auch eine Augentrübung in Bezug auf *Sein und Zeit* zur Folge hat. Sie büßen ferner an Klarheit ein, wenn man meint, man könne die marxistische Philosophie dadurch ergänzen, daß man sie mittels der Hermeneutik in ein Wechselverhältnis zu einer entsprechend reduzierten Transzendentalphilosophie bringt, wie das Habermas versucht. Das sind alles Verunklärungen der marxistischen Philosophie.

Adorno schließlich hat den Unterschied zwischen der Äußerung der menschlichen Wesenskräfte durch ihre Vergegenständlichung und ihrer Entäußerung durch Entzug dieser Gegenstände zu verwischt, und zwar zugunsten dieses vieldeutigen, aber von Adorno negativ gemeinten Ausdruckes „Verdinglichung“ . Natürlich ist eine Äußerung menschlicher Wesenskräfte, eine Verdinglichung eben dieser Wesenskräfte notwendig, denn sonst kann sich der Mensch nach Marx überhaupt nicht realisieren. Nicht die Verdinglichung ist das Unheil, sondern die Entwendung dieser Gegenstände, so daß diese nicht zu dem produktiven Menschen zurückkehren, sondern ihm nur als fremde Gegenstände erscheinen, über die ganz Andere verfügen, so daß er in seinem Leben von fremden Gegenständen abhängig ist.

Schließlich kann die marxistische Philosophie auch als Ideologie verwendet werden, nämlich als Legalisierung der Machtstellung einer Kader-Partei und des von ihr zentral gelenkten Staates mit dem Anspruch, der sich selbst wissende Wille als Subjekt der Geschichte zu sein. Hier besteht dann allerdings die große Gefahr, daß in der von einer solchen Partei nach jeder Hinsicht gesteuerten Gesellschaft jeder unabhängige Gedanke, jedes Abweichen von der Norm verboten ist, daß die Menschen nur aus dem unbedingten Willen zur Konformität mit den Parteidekreten zu leben vermögen. Die zugehörige Moral ist dann die Schande, eine eigene Meinung zu haben. Dann erstarrt die Philosophie zur Parteidogmatik und lebt nicht mehr. Denn jede Philosophie lebt nur aus der freien Auseinandersetzung mit anderen. Man kann sicher sein, daß überall dort, wo der Philosophie das Element der Freiheit entzogen wird, auch das Leben auf all seinen Gebieten die Freiheit mehr oder weniger einbüßt. Denn dann sind alle Grundprobleme schon entschieden, sind alle Handlungsziele ein für allemal definiert, steht der Feind ein für allemal fest. Es gibt dann im Grunde nur profitable Ziele wirtschaftlich-technischer und politisch-machtmäßiger Art sowie den taktischen Kalkül in absoluter Skrupellosigkeit. Demgegenüber gilt es, die marxistische Philosophie in das Feld einer freien denkerischen Auseinandersetzung zu tragen. Ob der Neo-Marxismus in all seinen Spielarten dazu imstande sein wird, bleibt noch abzuwarten.

Wir sagten, daß Marx' praktischem Begriff der „Produktion" eine im theoretischen Denken fundierte Seinsauslegung zugrunde liegt: das Sein als Prozeß der Produktion. Theorie und Praxis, auf deren enge Verbindung man hier, im Denken von Marx, erneut stößt, hat Auguste Comte als zwei Schwestern charakterisiert. Heidegger fügt hier hinzu: „Schwestern vielleicht, aber unbekannten Eltern entsprossen." [13]

§ 11. Der moderne Begriff der Theorie

An dieser Stelle wollen wir nun mit Heidegger grundsätzlich fragen: „Was versteht man heute unter Theorie?" [14] Durch die Beantwortung dieser Frage können wir auch den Weltzustand klären, in dem das postmetaphysische Denken existiert. Wir werden dann sehen, daß die Entfaltung der postmetaphysischen Frage immer mit einer Klärung des gegenwärtigen Weltzustandes zusammengeht.

Das Wort „Theorie" kommt vom griechischen *theoria*. Und *theoria* nennt im Griechischen den Weltaufenthalt des Menschen, in welchem er den offenen Bezug zum Sein des Seienden unterhält. Das ist die Philosophie. Von da her werden dann aber auch die Wissenschaften, sofern es in ihnen um einen offenen Bezug zu umgrenzten Bereichen des Seienden geht, theoretisch genannt. Im 10. Buch der *Nikomachischen Ethik*, stellt Aristoteles die *theoria* als die höchste *energeia* des Menschen heraus[15], als den höchsten Wesensvollzug des Menschseins selbst, also als die höchste Weise der Praxis, nämlich den Vollzug des Bezugs zum Sein.

Aber mit dem Beginn der Neuzeit wandelt sich der Sinn von Theorie radikal. Dieser Wandel wird durch die Begründer der neuzeitlichen Wissenschaft wie Kepler (1571-1630), Galilei (1564-1642), Descartes (1596-1650) und Newton (1643-1727) in Gang

---

[13] ebd.
[14] ebd.
[15] Aristoteles, Nikomachische Ethik, Kap. 5-6.

gesetzt und entzündet sich an einer Neufassung der Bewegung, die ja den Grundzug der Natur bildet.

Aristoteles bestimmt die Bewegung im 3. Buch seiner *Physik*[16] folgendermaßen: Bewegung ist Wirklichkeit. Unter „Wirklichkeit", griechisch *energeia*, versteht Aristoteles das ins anwesende Sichzeigen Hervorgegangensein. Bewegung ist also Wirklichkeit des der Geeignetheit nach Seienden als eines solchen. Diese Wesensbestimmung der Bewegung erfolgt bei Aristoteles im Blick auf die Phänomenalität der in Bewegung befindlichen Phänomene. Wenn beispielsweise ein Haus im Bau begriffen ist, was zeigt sich da? Nicht das fertige Haus, denn es ist ja erst im Bau begriffen. Aber auch nicht die bloßen Baustoffe, so, wie sie vor der Erbauung vorliegen. Also das, was zwar für ein Haussein geeignet ist, aber noch kein Haus ist: die Baustoffe. Und doch zeigen sich eben die Baumaterialien, wenn ein Haus erbaut wird. Aber sie zeigen sich in einem bestimmten Wie - und darauf kommt es an -, nämlich in ihrer Geeignetheit für das Haussein. Dieser Eignungscharakter tritt mehr und mehr ins Erscheinen hervor, je weiter der Bau fortschreitet. Das genau ist die Weise, wie Bewegtes als Bewegtes ist: Der Eignungcharakter tritt immer entschiedener in das Sichzeigen heraus. Diese Wesensbestimmung der Bewegung erfolgt im strengen Blick auf die Phänomenalität des Phänomens. Sie empfängt ihren Sinn dadurch, daß das Sein dessen, was ist, durch Sichzeigen - also durch Offenbarkeit - bestimmt ist.

Dagegen vermögen die Begründer der neuzeitlichen Wissenschaft mit einer solchen Bestimmung überhaupt nichts anzufangen. Deshalb wollen sie eine neue Wissenschaft von der Bewegung und so auch von dem in Bewegung Seienden, also eine neue Wissenschaft von der Natur auf den Weg bringen. Der Grund ist der, daß sie keine Sicht mehr haben für die Bewegtheit des Bewegten als Phänomen. Die *aletheia*, das Sein in seiner Bestimmtheit durch Offenbarkeit, aus welcher die Griechen dachten, ist in der Neuzeit verschwunden.

---

[16] Aristoteles, Pysik, 3. Buch, 201a 10f.

Galilei reduziert bekanntlich die vier von Aristoteles gesichteten Bewegungsarten, die Ortsbewegung, die qualitative Veränderung, Wachstum und Schwinden sowie Entstehen und Vergehen, auf eine einzige: die Ortsbewegung. Aber diese Reduktion geht mit einer totalen Sinnveränderung dessen, was Ortsbewegung ist, zusammen. Denn bei Aristoteles bedeutet Ort, griechisch *topos*, das Wohin der Hingehörigkeit eines Seienden gemäß seiner spezifischen Wesensbestimmtheit, und zwar dergestalt, daß jedem Seienden von ihm selbst her ein ihm wesensgemäßer Ort zukommt, zu dem es sich daher auch von sich her hinbewegt. Bei Galilei dagegen bedeutet die Ortsmannigfaltigkeit nichts anderes mehr als Lagebeziehung von Körpern im geometrisch homogenen Raum.

Heidegger sagt dazu: „Es handelt sich [bei Galilei] also um einen mathematischen Entwurf der Natur aufgrund der Gleichartigkeit des Raumes." [17] Durch diesen Naturentwurf wird das von Natur Seiende berechenbar, und die Berechenbarkeit wird zur Grundlage der technischen Naturbeherrschung, wie das Descartes 1637 in seinem *Discours de la Méthode* richtig vorausgedacht hat.

Wie ist jetzt das Verhältnis von Theorie und Praxis beschaffen? Die Natur wird durch die Theorie als berechenbar gesetzt und eben dadurch beherrschbar. Die technische Beherrschbarkeit der Naturvorgänge liegt im Experiment, denn in ihm werden diejenigen Bedingungen eigens vom Menschen gesetzt, nach denen das naturhafte Geschehen mit Notwendigkeit, also in seinem Ablauf vorweg berechenbar, verläuft. Es ist diese neue Theorie der Natur, welche die experimentelle Methode überhaupt erst möglich macht.

Was ist nun aber der ontologische Sinn dieser Auffassung von Natur? In welchem Sein erscheint jetzt das von Natur Seiende, sofern es seiend ist? Die Antwort ist folgende: Jeder Naturvorgang ist nur noch als seiend zugelassen, sofern er durch die Homogenität, die Dreidimensionalität des Raumes, die Ortsbewegung als bloße Lageveränderung von Körpern und den daraus sich ergebenden weiteren Bestimmungen bestimmt ist. Diese Bestimmungen machen das Sein des naturhaft Seienden aus. Oder anders formuliert: Das

---

[17] Seminar in Le Thor 1969, S. 92; GA 15, S. 354.

Sein der Naturdinge liegt in ihrer Berechenbarkeit. An ihr ist einzig und allein noch gelegen, von Phänomen ist da überhaupt nicht mehr die Rede, weil im Gegenteil die Phänomenalität zugunsten der Sicherstellung der Natur als Gegenstand der sich durch Berechnung sichernden Erkenntnis ausgelöscht ist.

Aber auch diese im Beginn der Neuzeit aufkommende Wissenschaft ist noch nicht identisch mit der modernen Wissenschaft. Diese neuzeitliche Wissenschaft in ihren Anfängen vollzieht nur den ersten Schritt zur Theorie und Praxis im heutigen Sinn. Bleiben wir, um das zu sehen, bei der Physik, an der die Verhältnisse am leichtesten durchschaubar sind. Zudem gründen sich ja auch die anderen Naturwissenschaften mehr und mehr in die Physik zurück als Grundwissenschaft, ohne daß sie sich deshalb in die Physik vollständig auflösen.

Gemeinsam ist all diesen Naturwissenschaften der mathematische Entwurf, die Kalkulierbarkeit, als Bestimmtheit des Seins des jeweiligen Forschungsfeldes. Was ist z.B. in der modernen Physik das Atom? Heidegger dazu 1969: „Die modernen Physiker [...] glauben keinen Augenblick, daß das von ihnen entworfene Atommodell das Seiende als solches darstellt.“ [18] Als Beispiel führt er Niels Bohr an. Ein Atommodell ist eine bloße Hypothese, also eine Theorie, die keinerlei ontologischen Sinn mehr hat, wie das bei den Hypothesen von Newton noch der Fall war. Die Hypothesen haben lediglich methodische Funktion. Sie bestimmen nur noch die Bedeutung des „Gesetzt, daß“ für die daraus nach logischen Regeln abgeleiteten Folgesätze, die sich im Experiment zu bewähren haben. Die Theorie hat gar keinen ontologischen Sinn mehr, den sie bei den Begründern der neuzeitlichen Naturwissenschaft noch hatte.

Die Naturwissenschaftler sagen selbst, daß ihre ganze Theorie überhaupt keinerlei ontologische Bedeutung hat, sondern nur noch methodologische. Das heißt aber nichts anderes, als daß jetzt in diesen Wissenschaften das Sein einer völligen Vergessenheit anheimgefallen ist. Heidegger nennt dies die „Seinsvergessenheit“. Wenn die Wissenschaftler lediglich von Modellen reden, die sie ihren Berech-

---

[18] ebd., S. 93; GA 15, S. 355.

nungen, Erklärungen von Erscheinungen oder Tatsachen zugrundelegen, was heißt das anders, als daß sie überhaupt darauf verzichtet haben, irgendetwas vom Seienden als Seiendes zu fassen.

Freilich beanspruchen die Naturwissenschaftler, wie beispielsweise Heisenberg, daß die Physik die Natur „beschreibe". Aber was macht das Beschreiben für die Physiker aus? Die Natur ist in dem Augenblick beschrieben, wo sie auf eine mathematische Formel gebracht ist in Absehung auf ein Experiment und weiter nichts. Die Physiker pflegen auch gerne von „exakter" Beschreibung der Naturvorgänge zu sprechen. Was aber ist unter „Exaktheit" verstanden? Es ist die Möglichkeit einer identischen Wiederholung des Experiments, und zwar in Gestalt des „Wenn X, dann Y". Das Experiment zielt also einzig und allein auf den Effekt. Und dabei besagt „Effekt" ein Zweifaches: [19]

1. Die Folge dessen, was in der Theorie im vorhinein als Hypothese angesetzt ist.
2. Die objektivierende Festlegung der Wirklichkeit als der Grundlage für beliebige Wiederholungen identischer Experimente.

Wenn sich der Effekt im Experiment nicht einstellt, dann ändert man die Theorie. Die Theorie ist wesenhaft veränderbar, sie hat letztlich eine rein methodologische Funktion und ist im Grunde nur eine der Variablen innerhalb der Untersuchung.

Der Sinn von Sein liegt jetzt in der Berechenbarkeit. Aber diese will recht verstanden werden als eine Berechenbarkeit, die gar nicht auf das Wieviel abzielt, sondern auf die Beherrschung der Natur. Die Berechenbarkeit dient der Berherrschung des Seienden als Objekt, in dem Sinne, daß die Naturvorgänge unter die Kontrolle des Menschen kommen. Aber darin, daß der Mensch die Naturvorgänge beliebig entfachen, steuern und wieder aussetzen kann, darin besteht gerade das Wesen der modernen Technik. So sehen wir, daß die Technik gar nicht auf der Physik beruht, sondern im Gegenteil die Physik im Wesen der Technik gründet. Ein Sachverhalt, der für die Entfaltung der postmetaphysischen Seinsfrage von höchster Bedeutung ist.

---

[19] ebd., S. 94; GA 15, S.356.

Blicken wir auf diesen kurzen Abriß der Geschichte der Theorie zurück, dann zeigt sich: Die Auffassung von der Natur bei den Begründern der neuzeitlichen Naturwissenschaft steht gleichsam in der Mitte zwischen der *theoria* im griechischen und der Bedeutung von „Theorie“ im modernen Sinne.[20] Von der griechischen Auslegung behält die neuzeitliche Auffassung von der Natur in ihrem Beginn den ontologischen Gesichtspunkt bei, von dem hier die Natur betrachtet wird als ein Bewegungsganzes in Raum und Zeit. Die moderne Theorie gibt diesen ontologischen Gesichtspunkt auf. Die Theorie ist nur noch eine Festlegung der für ein Experiment notwendigen Elemente. Sie ist nur das Verfahren, die Natur ins Experiment zu versetzen und sonst nichts. Die Theorie ist ganz und gar selbst technischen Wesens.

Gewiß hat es auch die moderne Physik mit Naturphänomenen zu tun - sie ist ja Naturwissenschaft. Denn damit ein mathematischer Kalkül in der Gestalt „Wenn X, dann Y“ sich bewähren kann, muß die Natur sich melden. Aber dieses Sichmelden der Natur selber ist seinerseits durch technische Apparaturen vermittelt und vollständig an der Berechenbarkeit der Bewegungsabläufe orientiert. Hier wird nicht der Gegenstand in dem vor Augen geführt, als was und wie er sich von sich her zeigt und als solcher ist, sondern es wird hier lediglich das von der Natur fixiert, was in eine mathematische Formel eingeht, welche das Gesetz einer Bewegung ist.

Die moderne Experimentalphysik sucht wie schon Aristoteles immer nach den Gesetzen der Bewegung. Und das dürfte auch der Sinn der von Heisenberg als Aufgabe gestellten und gesuchten Weltformel sein. Würde es gelingen, diese Weltformel zu realisieren, dann würde sie erlauben, alle Möglichkeiten von Bewegung in ihrer unendlichen Mannigfaltigkeit prinzipiell zu deduzieren. Heidegger fragt an dieser Stelle der Erörterungen im Seminar, „was die Entdeckung dieser Formel für die Physik bedeuten würde. Die Antwort lautet: das Ende der Physik.“ Und er fährt fort: „Ein derartiges Ende würde die Situation des Menschen ganz und gar ändern. Es würde ihn vor die folgende Entscheidung stellen: entweder sich einem

---

[20] ebd.

ganz andern Verhältnis zur Natur zu öffnen; oder, nachdem die Arbeit der Erforschung abgeschlossen ist, sich in der bloßen gedankenlosen Ausbeutung der Entdeckung einzurichten." [21]

Aber diese Bemühungen um die Möglichkeit einer Weltformel läßt die Frage aufkommen, ob mit dem Eingang der Metaphysik in ihr Ende nicht auch die aus der Metaphysik entsprungenen Wissenschaften in ihrem Endzustand bereits angekommen sind, was nämlich die Grundannahmen dieser Wissenschaft betrifft. Das ist eine Frage von übergroßem Ausmaß. Und wer wollte sich vermessen, sie einfach mit Ja oder Nein zu beantworten?

Aber eine Möglichkeit in diese Richtung wird sichtbar. Das postmetaphysische Denken hat diese Möglichkeit eines Übergangs in ein anderes Verhältnis zur Natur als Möglichkeit im Blick zu behalten. Freilich kann ein solcher Übergang in ein anderes Verhältnis zur Natur niemals von der Philosophie bewirkt werden. Im Umkreis der Wissenschaften mache gegenwärtig, so führt Heidegger 1969 aus, besonders die Raumfahrt, die Eroberung des Weltraums als Aktionsraum des Menschen von sich reden. Aber daneben habe sich, weniger bewußt und auch weniger beredet, ein anderer, vielleicht noch beunruhigenderer Vorgang abgespielt, nämlich die Umwandlung der Biologie in die Biophysik oder Biochemie, denn diese Umwandlung bedeutet, daß der Mensch wie ein technisches Objekt nach bestimmten Absichten produziert werden könnte.

„In diesem Zusammenhang ist nichts natürlicher als die Frage, ob die Wissenschaft rechtzeitig anzuhalten vermag. Solches Anhalten ist allerdings grundsätzlich nicht möglich." [22] Es geht nicht darum, eine in alles eindringen wollende, unbescheidene Neugierde nur zu begrenzen. Das Grundmotiv, das die neuzeitliche Wissenschaft antreibt, ist nicht die Neugierde. Diese Meinung verkennt das, was moderne Geschichte in ihrem Grundzug ist: Wille zur Macht, das heißt ein politisches Phänomen. Man muß ferner bedenken, sagt Heidegger, daß in diesem Umkreis eine ganz neue Form des Nationalismus zum Vorschein kommt, gegründet auf die technische Ver-

---

[21] ebd., S.95f.; GA 15, S. 357f.
[22] ebd., S. 96; GA 15, S. 358.

fügungsgewalt über Dinge und Menschenmassen. Der neue Begriff von Nation, der hier entsteht, ist nicht mehr auf sittlichen Prinzipien gegründet, sondern in der technischen Verfügungsgewalt über Dinge und Menschenmassen.[23] So ist es auch nur zu erklären, daß völlig prinzipienlose Charaktere heute große Politik machen können.

Es ist nämlich wichtig zu begreifen, daß die Wissenschaften aus ihrem Umkreis überhaupt nicht herausspringen können, sondern die ihnen vorgezeichnete Bahn einhalten müssen. „Ein solcher Sprung kann ebensowenig von der Politik vollzogen werden, soweit sie heute in der Dimension der Wissenschaft, aus ihr und für sie lebt.“[24] Von der Politik dürfen wir uns also in dieser Hinsicht gar nichts erhoffen.

Aber die größte Gefahr besteht in noch etwas anderem. Sie besteht darin, daß der Mensch überhaupt kein Bewußtsein mehr von all dem hat. Er erfährt gar keine anderen Bedürfnisse mehr als diejenigen, die aus der Notwendigkeit seiner Selbstproduktion und Selbstsicherung erwachsen. So hat er kein Bewußtsein von der Gefahr, die durch die Einebnung der Sprache auf die Sprache des Computers entsteht, kein Bewußtsein davon, was es bedeutet, daß das Ende der geschichtlichen Überlieferung begonnen hat, daß die Zukunft aus geschichtslosem Kalkül konstruiert wird, daß also wesentlich Menschliches, ohne das der Mensch nicht Mensch zu sein vermag, verloren zu gehen droht. Daß wir davon kein Bewußtsein haben, da wir unter dem Andrang von Informationen über Presse, Rundfunk, Kommunikationsmedien usw. stehen, die uns nicht zur Besinnung und zum Nachdenken über uns selbst kommen lassen, das dürfte wohl die größte Gefahr sein, in der der Mensch heute steht.

---

[23] ebd.
[24] ebd., S. 97; GA 15, S. 359.

Wir kehren nun zu der Grundfrage zurück, die wir zuletzt gestellt hatten: Wie unterscheiden sich die These Hegels: „Das reine Sein und das reine Nichts sind dasselbe" von Heideggers These über die Identität von Sein und Nichts? Bei Heidegger ist dieser Identität von Sein und Nichts im Ausgang von der ontologischen Differenz ausgesprochen. Deshalb fragen wir noch einmal: In welcher Dimension bewegt sich Hegels Bestimmung dieser Identität im Hinblick auf die ontologische Differenz?

Hegels Satz zielt nicht auf die ontologische Differenz, sondern sie ist eine ontologische These, wie es die Absicht und die Anlage des ganzen Werks der *Wissenschaft der Logik* beweisen. Insofern ist Hegels These von der Identität von Sein und Nichts von der ontologischen Differenz getragen und durch sie ermöglicht, denn die ganze *Wissenschaft der Logik* ist eine Versammlung ontologischer Sätze - Sätze, die also das Sein sagen, aber nicht die Differenz von Sein und Seiendem. Und dies wird dargelegt in der Form einer spekulativen Dialektik.

Hegel kennzeichnet die Logik in einer mehr uneigentlichen Sprache als die Darlegung Gottes, wie er in seinem ewigen Wesen vor der Erschaffung der Natur und eines endlichen Geistes ist. Diese These gibt uns einen Aufschluß über den Charakter der Logik.

Was sie besagt, wird durch eine Erinnerung an Platos *Timäus* deutlich. In diesem Dialog zeigt Plato, daß der göttliche *nous* im Blick auf die von ihm angeschauten Ideen die Welt aus dem Chaos, dem In- und Durcheinander von Entstehen und Vergehen hervorgehen läßt und nicht durch Erschaffung aus dem Nichts im Sinne der christlich-jüdischen Schöpfungsidee. Die Gedanken Gottes vor der Erschaffung der Welt und eines endlichen Geistes sind bei Hegel das dialektisch sich entfaltende Ganze der Kategorien, die Totalität aller Seinsbestimmungen. Das ist der Sinn der *Logik* Hegels.

Sie entwickelt dialektisch das Ganze der Seinsbestimmungen in ihre sie befassende Einheit, welche Hegel die absolute Idee nennt. Die Erschaffung der Welt besteht demnach darin, daß diese absolute

Idee, also das Sein selbst in der Totalität seiner Bestimmungen sich dadurch gegenständliches Dasein gibt, daß sie in das Andere ihrer selbst übergeht und so in das Auseinander von Raum und Zeit aus sich herausgeht, um in diesem Anderen ihrer selbst sich selbst allererst zu finden und zu erkennen.

Der Satz Hegels über die Identität von Sein und Nichts, mit welchem die *Logik* beginnt, bewegt sich also auf der einen Seite der ontologischen Differenz, nämlich auf der Seite des Seins, welches als Totalität aller Seinsbestimmungen der absolute Grund alles Seienden ist, der Grund der Welt[25]. Die Differenz als Differenz kommt überhaupt nicht in den Blick von Hegels Denken, da er das Sein als die absolute Identität denkt, die alle Differenzen in sich aufgehoben hat.

Wie gelangt demgegenüber die Identität von Sein und Nichts vor das Denken Heideggers im Ausgang von der Frage nach dem Wesen der Metaphysik, das selbst nicht Sache der Metaphysik ist, also im Ausgang von der Differenz als Differenz? Heideggers These von der Identität von Sein und Nichts steht weder auf der Seite des Seienden, so daß es sich hier um Unterschiede von Seiendem handelt, noch steht diese These auf der Seite des Seins, so daß es sich hier um kategoriale Unterschiede des Seins handelt wie in Hegels *Logik*. Heideggers Denken hält sich vielmehr dort auf, wo die Differenz als solche allererst sichtbar wird.

Nun ist die Differenz aber die Bedingung der Möglichkeit aller Metaphysik, sie ist die Stätte ihres Aufenthaltes, wenn die Metaphysik vom Seienden zum Sein, oder umgekehrt, vom Sein zum Seienden geht. Der Übergang von der *Logik* zur „Realphilosophie“ bei Hegel ist der Übergang vom Sein als dem absoluten Grund alles Seienden zum Seienden, das in diesem Grund gegründet ist. Die Metaphysik durchmißt in jedem ihrer Schritte die Differenz von Sein und Seiendem, diesen Zwischenraum zwischen beiden, ohne die Differenz selbst als solche zu denken.

Wenn wir nun die ontologische Differenz selbst als solche in den Blick fassen, dann erscheint das Sein als das Andere zu allem Seien-

---

[25] ebd., S. 98; GA 15, S. 360.

den, als nicht-seiend, als Nichts, aber doch nicht als das schlechthin Nichtige, nicht als die vollständige Abwesenheit überhaupt. Es ist ja das Sein selbst, dasjenige, was Seiendes zu einem solchen bestimmt, was hier als Nichts erscheint. Dieses Nichts, als welches das Sein selbst „west“, ist also nicht das bloße Gegenteil zum Seienden, nicht die bloße Abwesenheit von Seiendem. Es ist vielmehr ein wesentliches Etwas. Was ist dann seine Bestimmtheit, seine Qualifikation? Sie kann nicht vom Seienden her genommen werden, das ja das, um dessen Qualifikation es sich handelt, das von allem Seienden Unterschiedene ist. Diese Qualifikation des Nichts, welche das Sein ist, kann nur seine eigene Wesensweise sein.

Heidegger kennzeichnet sie in seiner Abhandlung *Was ist Metaphysik?* als das „Nichten“[26]. Das Sein ist also das nichtende Nichts, und zwar im Unterschied zu allem Seienden. „Nichten“ stellt einen ganz ungewöhnlichen, aber grammatisch einwandfreien Wortgebrauch dar. Wir kennen das Wort zunächst nur in der Komposition: „ver-nichten“. Das Simplex ist ungebräuchlich. Heidegger macht das Wort „nichten“ aus einer Entsprechung verständlich. So wie „ver-bieten“ und „bieten“ zueinander stehen, so verhalten sich auch „ver-nichten“ und „nichten“. „Verbieten“ ist etwas Negatives, „bieten“ etwas Positives. Was also besagt das „Nichten“ als Wesensweise des Nichts, und zwar des Nichts, welches das Sein ist? „Das Nichts nichtet“ heißt: Die Wesensweise dieses Nichts besteht darin, sich vom Seienden abzuwenden, vom Seienden Abstand zu nehmen, dem Seienden einen Raum zu geben, so daß es sein kann. Dieses dem Seienden raumgebende Abstandnehmen von ihm läßt das Seiende erst ein Seiendes sein. 1969 interpretiert Heidegger dies so: „Das Nichts ist nicht bloße Negation des Seienden. Im Gegenteil, das Nichts verweist uns in seinem Nichten an das Seiende in seiner Offenbarkeit. Das Nichten des Nichts ‘ist’ das Sein.“[27]

Die Abhandlung *Was ist Metaphysik?* war Heideggers Antrittsvorlesung an der Universität Freiburg im Jahr 1929. Der Anlaß und die Situation, in der sie gehalten wurde, ist mitbestimmend für das,

---

[26] Martin Heidegger, Was ist Metaphysik?, a.a.O., S.115; GA 9, S.116.
[27] Seminar in Le Thor 1969, S. 99; GA 15, S. 361.

was darin ausgeführt wird. Heidegger sagt 40 Jahre später über seine Antrittsvorlesung: „Die Absicht der vor der Versammlung der Wissenschaftler und der Fakultäten gehaltenen Vorlesung war somit: den Wissenschaftlern zu zeigen, daß es anderes gibt als den Gegenstand ihrer ausschließlichen Beschäftigung und daß dies Andere gerade erst ermöglicht, daß es Jenes überhaupt gibt, womit sie beschäftigt sind.“ [28]

Damals wie heute ist der Mensch wie niemals zuvor auf Selbstsicherung durch Sicherstellung des Seienden in verfügbare Bestände aus. Darum enthüllt sich ihm das, was in keiner Weise ein Seiendes ist, zu allererst im Entgleiten von allem Seienden, in der Angst als dem ängstigenden Nichts.

Die Angst ist in der modernen Welt die erste Möglichkeit, das Sein als Sein zu erfahren. Aber sie ist nicht die einzige Erfahrungsmöglichkeit, dann nämlich nicht mehr, wenn das Denken sich in eine Wandlung begeben hat und wir das Sein selbst zu denken beginnen. Dann sind wir nicht mehr darauf angewiesen, dieses nichtende Nichts, das überhaupt Seiendes erst den Raum gibt, in der Angst zu erfahren. Nur solange wir uns allerdings an das Seiende klammern, werden wir das Nichts nur negativ erfahren in der ängstigenden Angst, im Entgleiten alles Seienden.

Angesichts der Wichtigkeit des hier erörterten Sachverhalts erweist es sich als notwendig, dieses Nichts als Charakterisierung des Seins noch weiter zu klären und zu bestimmen. Es gilt vor allen Dingen, den eigenen Charakter dieses „Nicht“ genauer zu erfassen. Und dabei kommt es vor allem darauf an, den Unterschied von „nichten“ und „verneinen“, also „negieren“ klarzustellen.

Die Metaphysik hat im Verlaufe ihrer Geschichte mindestens zwei Grundweisen des „Nicht“ herausgestellt. Diese sind Negation und Privation, und dem entspricht die griechische Unterscheidung von *ouk on* und *me on*. Gibt nun dieser metaphysische Unterschied etwas her für den Unterschied, auf den es hier ankommt? Kann man,

---

[28] ebd.

so fragt Heidegger nun, mittels der metaphysischen Bestimmung den Unterschied von „nichten“ und „verneinen“ erfassen? [29]

Die einfache Negation bedeutet bloße Verneinung, welche das Nicht-sein von etwas ausdrückt. Sie besagt bezüglich eines Seienden: es ist nicht, es existiert nicht. Bezüglich des Seienden im ganzen meint sie die totale Absenz von Seiendem überhaupt. Das bedeutet natürlich das nichtende Nichts, das wir hier zu denken haben, nicht. Wollte man aber das „Nicht“ in dem zweiten Sinne, den die Metaphysik ausgebildet hat, also im Sinne der Privation verstehen, dann würde das bedeuten, daß auf seiten des Seins ein Mangel vorläge, denn „Privation“ bedeutet Mangel von etwas. Das trifft ebenfalls hier nicht zu.

Wenn also Sein und Nichts dasselbe sind, so kann das Nichts weder Negation noch Privation bedeuten. Und so läßt sich das hier in Frage stehende Nichts weder privativ noch negativ begreifen. Es handelt sich offenbar um etwas anderes, um etwas Einzigartiges.

Fassen wir daher dieses Eigene dieses Nichts ins Auge, indem wir Heideggers These genauer untersuchen:

„Sein : Nichts“ [30]

Die These besagt, daß das Nichts es ist, welches das Sein selbst charakterisiert, und zwar in dem Sinne, daß das Sein kein Seiendes ist. Das heißt zunächst einmal: Der Satz „Das Sein: das Nichts“ ist nicht gleich der These „Das Seiende ist nicht“, denn in diesem Satz bezieht sich das „ist nicht“ auf das Seiende. Ein solcher Satz stellt keine ontologische, nämlich das Sein betreffende, sondern eine ontische, nur das Seiende betreffende Aussage dar. Diese ontische Bedeutung von „ist nicht“ kommt hier nicht in Betracht, denn das durch das Nichts Charakterisierte ist ja das Sein. Das „ist nicht“ im Sinne von „Sein ist kein Seiendes“ wäre demnach eine ontologische Aussage. Wir bewegen uns also mit der These im Horizont der Ontologie.

---

[29] ebd., S. 100; GA 15, S. 362.
[30] ebd., S. 85; GA 15, S. 347.

Aber bringt dieser Horizont das Nichts in seinem Nichten zu Gesicht? Was erblicken wir denn, wenn wir in den ontologischen Horizont hineinsehen?

Wir erblicken die Kategorien, also das Ganze der Bestimmungen, die dem Seienden eigen sind, insofern es ein Seiendes ist. Wir erblicken das, was Hegel in seiner *Logik* in seiner Totalität samt den privativen Ableitungen entfaltet hat: das Sein gerade in der Identität mit dem Seienden und nicht als die Differenz zu ihm. Daraus ergibt sich:

Das Sein ist kein Seiendes. Das Sein ist nichtseiend. Aber deshalb ist es nicht bloße Abwesenheit von Seiendem, sondern anders als das Seiende. Ferner ist das Sein keine Kategorie. Es ist auch nicht die Gesamtheit aller Kategorien, welche ja gerade die Bestimmtheiten des Seienden sind und darum mit ihm identisch sind. Sondern das Sein als Unterschied zu allem Seienden ist anders als jede Kategorie und anders als die Totalität aller Kategorien.

In dem Maße, in dem das Nicht des Nichtenden in seiner Eigenart zum Vorschein kommt, enthüllt sich das Sein als dieses Andere. Und die Bestimmtheit diesen Anderen ist das Nichten. Dies kommt allerdings in keiner Kategorie vor und unterscheidet sich von jeder Seinskategorie, wie sie in der überlieferten Ontologie ausgearbeitet und von Hegel in der Totalität dialektisch dargestellt worden ist.

Dieses „Nichten“ drückt eine gewisse Aktivität des Seins aus, durch welche allererst das Seiende seiend ist. Denn das nichtende Nichts ist die Wesensweise des Seins, dessen also, was Seiendes zu einem solchen bestimmt. Dieses „Nichten“ kann dann nur bestimmt werden als das vom Seienden ablassende Raumgeben für es, als das zurückweichende Raumgeben für etwas, nämlich für das in die Offenbarkeit ankommende Seiende, als das raumgebende Zurückgehen für ein Anderes, nämlich für das, was nicht Sein ist und doch ist, nämlich Seiendes - so daß dieses in die Offenbarkeit seiner als eines Seiendes gelangt.

Wir können jetzt sagen: Weil das Sein das nichtende Nichts ist, läßt es das Seiende erst in die Offenbarkeit seiner als eines Seienden hervorgehen. Im Seminar von 1969 ergänzt Heidegger hier: „Man kann es Ursprung nennen, vorausgesetzt, daß aller ontisch-kausale

Beiklang ausgeschlossen ist.“ [31] Das Nichten des Nichts darf ferner niemals als Negation verstanden werden, wenn man es in seiner Sinnbestimmtheit erfassen will. Formelhaft kann dies nun so ausgedrückt werden: Das Sein als das nichtende Nichts läßt das Seiende allererst sein.[32]

An dieser Stelle wird das postmetaphysische Denken in seinem Unterschied zum metaphysischen Denken deutlich: Das Sein läßt das Seiende sein, nämlich ein Seiendes. Seiendes ist dank dem Sein. Dies Sein, das vom Seienden unterschieden ist, ist daher selbst nichts, was ist, also kein Seiendes, also nichtseiend, also ein Nichts. Aus der Perspektive des metaphysischen, also des gesamten überlieferten Denkens gedacht, einschließlich alles wissenschaftlichen Denkens, ist das eine unmögliche Vorstellung. Wie kann denn Seiendes es dem Nichts verdanken, daß es ein Seiendes ist? Muß nicht dasjenige, dem das Seiende sein Sein verdankt, erst recht und allem zuvor selber sein, und zwar in höchster Weise sogar, also als das Seiendste von allem?

In dieser Sicht muß sich der fragliche Sachverhalt darstellen, solange das Sein immer nur als die Bestimmtheit von Seiendem vorgestellt wird, also nur in seiner Bezogenheit auf das Seiende und nicht aus der Differenz gedacht wird. Denn dann muß das Sein allerdings selbst seiend sein, und zwar in höchster Weise des Seiend-Seins, ganz gleich, ob es abgelöst für sich existiert oder ob es als dem Seienden immanent gedacht wird. Dies ändert sich mit einem Schlag, wenn die Differenz als Differenz gedacht wird.

Hier sehen wir auch blitzartig, inwiefern diese metaphysische Denkweise das rechnerische Denken, das heute dominiert, bereits verborgen in sich trägt: Es ist nämlich gemäß seiner Denkweise darauf aus, für das, was ist, den genügenden Grund auszumachen, der das Seiende als Folge des Grundes zu begründen vermag und dessen Ansatz seinerseits durch seine Begründungsleistung gerechtfertigt wird. Es ist bezeichnend, daß die Griechen für ein solches hin- und hergehendes Denken das Wort *logizesthai* hatten, das in ihrer Spra-

[31] ebd., S. 101; GA 15, S. 363.
[32] ebd.

che auch einfach „rechnen“ bedeutet. Die Grundstruktur des alles in funktionale Abhängigkeitsverhältnisse einstellenden, modernen Denkens liegt in der metaphysischen Denkweise beschlossen, dergestalt, daß das heutige, alles verrechnende Denken metaphysisches Denken in seiner Vollendung ist.

Demgegenüber ist das postmetaphysische Denken durch den Verzicht auf alle Rechnerei und Verrechnung gekennzeichnet. Es denkt das Sein als das Andere zu allem Seienden, das Sein als es selbst, das Sein als Sein, also aus der ontologischen Differenz, welche der Dreh- und Angelpunkt des gesamten postmetaphysischen Denkens ist. Dabei enthüllt sich das Sein als das nichtende Nichts. Und wenn wir das Nichts als Qualifikation, als die Bestimmtheit dieses Nichts wahrhaft denken, dann heißt das: Dieses nichtende Nichts enthüllt sich als dasjenige, was das Seiende ein Seiendes sein läßt. Es enthüllt sich als der freigebende Raum für den möglichen Aufenthalt von Seiendem.

Da nun Sein seine Sinnbestimmtheit in Anwesenheit hat, können wir für „Seinlassen“ auch „Anwesenlassen“ sagen, nämlich das Anwesende anwesen lassen. Heidegger neigt in der Spätphase seines Denkens in der Tat dazu, statt „Seinlassen“ lieber „Anwesenlassen“ zu sagen, weil uns das der Sinnbestimmtheit von Sein - Sein als Anwesenheit - näherbringt. Anwesenlassen, nämlich das Anwesende: Der Blick liegt hier primär auf dem Seienden als dem Anwesenden, auf dessen Ankunft in die Anwesenheit. Dieses Verhältnis hat die Metaphysik in den Blick genommen. Sie hat es so ausgelegt, daß das Sein, dasjenige, was Anwesendes anwesen läßt, als Grund gesetzt wird, durch den das Seiende seiend ist. Da wir hier nicht in die Bahnen der Metaphysik zurückzukehren beabsichtigen, lassen wir das Verhältnis von Sein und Seiendem zunächst einmal im Unbestimmten.

In dem Ausdruck „Anwesenlassen“ liegt der Akzent also zunächst auf dem „Anwesen“ : *Anwesen*lassen, nämlich das Anwesende. Der maßgebliche Hinblick geht auf das Anwesende, nämlich dessen Ankunft und Angekommensein in die Anwesenheit, auf das dem Anwesenden als einem solchen Eigene. Das ist die metaphysische Sicht auf das Sein. Nun können wir aber den Akzent auch auf das „Lassen“ legen: Anwesen*lassen*. Dann wandelt sich die Blickrichtung des Denkens. Dann wird das „Lassen“ von Anwesenheit des Anwesenden selbst und als solches zum Thema des Denkens.

Was besagt in diesem Umkreis dann dieses „Lassen“? Ein Gebendes, das gibt, indem es zugleich als Gebendes zugunsten der Gabe an sich hält und sich entzieht. So verhält es sich ja bei allem Geben einer Gabe: Der Gebende tritt hinter die Gabe zurück, indem er die Gabe aushändigt und dann zurücktritt.[33] Würde er nicht zurücktreten hinter die Gabe, so würde er die Gabe überhaupt nicht aushändigen, er würde sie dem Empfänger der Gabe gar nicht übergeben, so daß diese Gabe nun die seine wird. Er würde sie festhalten - ein seltsames Geben. Hier geht es nun um das Geben, welches das Sein selbst ist. Was hier gegeben wird, ist nicht etwas anderes als das Sein, sondern dieses selbst. Es gibt sich, aber so, daß es zugleich zugunsten der Gabe, nämlich zugunsten des dem Seienden ausgehändigten Sein, zurücktritt, so daß nun dieses Sein auch das eigene des Seienden wird. Damit besteht das Seiende für sich als ein Selbständiges. Dieses Sichentziehen des Seins zugunsten der Gabe, dieses Nichten, entzieht dem Seienden nichts, sondern, im Gegenteil, gewährt und überläßt ihm sein Sein als das ihm Eigene, so daß jedes Seiende sein Sein als sein Eigenes hat. Hier wird noch deutlicher: Das Nichtende im Sein ist von jeder Art von Negation befreit. In dieser Weise gehört das Nichten zum Sein selbst, insofern das Sein sich dem Seienden nur gewähren kann als das ihm Eigene, indem es sich zugleich entzieht, also das Seiende freigibt auf sich selbst. Dieser Entzugscharakter, der das eigentliche Gewähren ausmacht, ist das Nichtende des Nichts.

Ist nun dieser Gedanke des nichtenden Nichts - man kann auch, recht verstanden, sagen, des „produktiven Nichts“ - etwas Nihilistisches, wie man Heidegger vorgehalten hat?

Dieses nichtende Nichts als Wesensweise des Seins ist nicht einmal das Gegenteil des Nihilismus, wie es Nietzsche in seinem Gedanken der unbedingten Selbstbejahung des Lebens als Überwindung des Nihilismus gedacht hat. Die unbedingte Selbstbejahung des

---

[33] ebd., S. 102; GA 15, S. 364.

Lebens ist das Gegenteil des Nihilismus und gehört darum dem Nihilismus zu, wie jedes Gegenteil seinem gegenteiligen Anderen zugehört.

Die von Nietzsche entdeckte Heraufkunft des Nihilismus in der modernen Welt, d.h. die Heraufkunft einer allgemeinen Sinn- und Ziellosigkeit des Daseins, ist durch das unaufhörliche Sich-Überbieten der wissenschaftlich-technischen Erfolge verdeckt. Diese Entdeckung Nietzsches ist ein wesentlicher Anstoß, das Nichts zu bedenken: Denn können wir eigentlich das Nichts und seinen Andrang zulassen, wenn doch das, was überhaupt nicht ist, uns gar nicht angehen und bedrängen kann? Der Nihilismus wird zu einem wichtigen Anstoß, das Nichts in das Denken einzubeziehen. Dazu reicht kein metaphysischer Begriff und auch kein theologischer Begriff vom Nichtsein aus. Insofern die Theologen überhaupt Begriffe haben, haben sie sie alle der überlieferten Metaphysik entnommen.

Also auch um das Wesen des modernen Nihilismus zu begreifen, bedarf es eines Denkens, das die metaphysische Denkweise verläßt. Am Ende ist sogar der moderne Nihilismus selbst das Endstadium der Metaphysik, ohne daß diese das begreifen kann. Woran liegt das? Die Metaphysik hat niemals das Sein als Sein, als den Unterschied zum Seienden, gedacht und deshalb nicht das Nichtende im Sein, das Wesen des Nichts. Wie vermöchte die Metaphysik da das Wesen des Nihilismus selbst zu denken, das aus ihm andrängende und den Menschen umdrängende Nichts der Sinnlosigkeit? Die Metaphysik ist wesenhaft unvermögend, den Nihilismus in seinem Wesen zu denken, denn sie läßt das Nichts als Nichts gemäß ihrer Denkweise überhaupt nicht zu, da sie nur das Nichtsein im Sinne der Negation und der Privation kennt.

Genau genommen hat der Ausdruck „Sein = Anwesenlassen“ also drei Bedeutungen:[34] Die erste Bedeutung zeigt primär auf das, was ist, auf das Seiende: Seinlassen des Seienden, Anwesenlassen des Anwesenden. Dieser Bedeutung setzt sich die zweite entgegen,

---

[34] ebd., S. 103; GA 15, S. 365. Vgl das "Protokoll zu einem Seminar über den Vortrag Zeit und Sein", in: Martin Heidegger, Zur Sache des Denkens, Tübingen 1976, S. 40.

bei welcher das Denken weniger auf das Seiende als vielmehr auf dessen Sein, also weniger auf das Anwesende als auf dessen Anwesenheit gerichtet ist. Hier handelt es sich um die Sicht der Metaphysik: Anwesendes in seiner Anwesenheit, Seiendes in seinem Sein. Auf dem Grunde dieser zweiten metaphysischen Bedeutung gibt es noch eine dritte, bei welcher der Akzent entschieden auf dem „Lassen" selbst liegt, welches Anwesen, also Sein läßt. Gemäß dieser dritten Bedeutung sind wir vor das Sein selbst als Sein gestellt und nicht mehr nur vor eine seiner metaphysischen Manifestationen bei Aristoteles, Plato, Thomas von Aquin, Kant oder Hegel. Dieses Lassen wäre dann ein Gewähren, in welchem das Sein sich als die Anwesenheit des Anwesenden, indem es mit sich selbst zugleich zurückhält, sich zugleich entzieht zugunsten dessen, was es gewährt.

Aus diesen Überlegungen ergibt sich aber eine wichtige Frage: Kann in dieser dritten Bedeutung, Sein als Anwesenlassen, der Name „Sein" überhaupt noch statthaben? Gewiß nicht, wenn Sein lediglich als Anwesenheit des Anwesenden verstanden wird, denn dann ist Sein gerade das, was dem Anwesenden als sein Eigenes gewährt ist, so daß es als ein Für-sich-Anwesendes steht. Wir stehen hier vor einer sprachlichen Entscheidung:

Entweder nehmen wir das Wort „Sein" in einem zweifachen Sinn: einem metaphysischen und einem postmetaphysischen. Dann besagt „Sein" zum einen Anwesenheit des Anwesenden. Zum anderen besagt „Sein" dann, sich dem Anwesenden als dessen Anwesenheit gewähren, dergestalt, daß das Gebende sich zugleich zurückzieht und so das Anwesende allererst zu ihm selbst entläßt, es als ein selbständig Seiendes freigibt.

Oder wir belassen den Ausdruck „Sein" ausschließlich seiner metaphysischen Bedeutung. Dann bedeutet „Sein" lediglich: Anwesenheit des Anwesenden.

Heidegger selbst neigt in der Spätphase des Denkens mehr der zweiten Möglichkeit zu. Er neigt dazu, das Grundwort „Sein" nur noch in metaphysischer Bedeutung zu nehmen, also als Anwesenheit des Anwesenden. Sein also ist die Gabe, die dem Anwesenden gewährt wird, so daß es ein Anwesendes ist, die Gabe, die dann auf ein Es bezogen wird, das gibt, nämlich dem Anwesenden Anwesenheit gibt. Dabei darf aber das Es, das da gibt, nicht etwa als ein seiender Geber verstanden werden, wodurch wir ja im letzten Augenblick in ontische Verhältnisse, in Verhältnisse von Seiendem zu Seiendem, abgleiten würden. Heidegger nennt dieses Es später, den Ausdruck „Sein" vermeidend, das „Ereignis".

Natürlich ist diese Kennzeichnung ihrerseits unvermeidlich großen Mißverständnissen ausgesetzt, dann nämlich vor allem, wenn man unter dem „Ereignis" ein besonders qualifiziertes Geschehnis versteht, eine Begebenheit im emphatischen Sinne. Wie zum Beispiel in der Aussage: „Die Zusammenkunft der Regierungschefs der EG-Länder war ein europäisches Ereignis." Es ist zwar nichts dabei herausgekommen, aber es war ein Ereignis. Oder: „Die Bestrafung des 1. FC Kaiserslautern durch den Abzug zweier Punkte und eine Geldbuße ist ein geschichtsträchtiges Ereignis im Sport." Damit hat „Ereignis" im philosophischen Sinne nichts zu tun. „Ereignis" bedeutet nicht ein emphatisches Geschehen, es kann überhaupt nicht unter den Begriff „Geschehnis" subsumiert werden. Selbstverständlich bleibt eine solche Bedeutung des Wortes „Ereignis" im Recht. Nur im Zusammenhang mit der Frage nach dem Sinn von Sein erhält das Wort eine eigene Bedeutung.

Heidegger hört aus dem Wort „Ereignis" einmal seine ethymologische Bedeutung heraus: „Das Wort Ereignis ist der gewachsenen Sprache entnommen. Er-eignen heißt ursprünglich: er-äugen, d.h. er-blicken, im Blicken zu sich rufen, an-eignen."[35] Ereignen bedeutet also bei Heidegger sichtbar machen, lichten, eröffnen. Was sich da lichtet, ist das Sein. Sodann, ethymologisch nicht mehr ableitbar, aber im Sachzusammenhang mit Lichtung des Seins: das Eigene, sofern nämlich die Lichtung des Seins ein jegliches Seiendes in sein Eigenes gelangen läßt als dieses und jenes Seiendes und als das es nun anwesend ist.

„Ereignis" bedeutet also im Zusammenhang mit der Frage nach dem Sinn von Sein: die ein jegliches Anwesendes auf sich selbst hin

---

[35] Martin Heidegger, Der Satz der Identität, in: Identität und Differenz, Pfullingen 1957, S. 24f.

freigebene Lichtung des Seins. Das nennt Heidegger Ereignis. Wichtig ist dabei zu sehen, daß die metaphysischen Seinsbegriffe und die verschiedenen metaphysischen Auslegungen des Seins nicht ausreichen, das Ereignis zu denken. Auch im Rückgang auf die griechische Seinsinterpretation ist das Ereignis nicht zu denken, denn mit der metaphysischen Seinsbestimmung ist die ontologische Differenz bereits aus dem Denkbereich verschwunden. Sie bleibt aber der unumgehbare Ausgang für das Erblicken des Ereignisses: Sein im Unterschied zu Seiendem. Das Ereignis ist also nichts Griechisches.

Die größte Schwierigkeit, es zu denken, liegt aber in der Sprache, die durch und durch metaphysisch geprägt ist, dergestalt, daß wir das Ereignis sogleich als ein Geschehnis nehmen, das irgendwo und irgendwann passiert ist.

Das Mißverständnis dessen, was Ereignis meint, wird total, wenn man mittels der Bestimmungen der Wesensweise des Seins, die der Metaphysik entnommen sind, dies Ereignis in eine Reihe mit der metaphysischen Auslegung des Seins einrückt, indem man sagt: So wie Plato das Sein als Idee, Aristoteles es als *energeia*, Hegel als den im Gegenstand sich wissenden Geist bestimmt, so bestimmt Heidegger das Sein als Ereignis. Hier wird das Ereignis als Prozeß verstanden und das in Entsprechung zu Hegel, Marx und Nietzsche, die diesen Prozeß schon längst gedacht haben, so daß es einer neuen Bestimmung des Prozesses als Ereignis nicht bedarf. Man sieht hier Heideggers Gedanken aus der metaphysischen Grundstellung. Aber das Ereignis ist keine neue Wesensbestimmung des Seins im metaphysischen Sinne. Das Ereignis schickt vielmehr das Sein in eine jeweils geschichtliche Bestimmtheit seiner, denn aus der Art, wie Sein sich lichtet und wie es das menschliche Denken angeht, währt und west Sein jeweils geschichtlich. Die Metaphysik ist der Austrag dieser Schickung, Heidegger sagt: des „Geschicks" des Seins als Anwesenheit. Es ist die Größe der metaphysischen Denker, dies ausgetragen zu haben. Das Ereignis selbst aber ist keine Schickung des Seins, sondern es ereignet Sein. Sein ist das im Ereignis und vom Ereignis Ereignete, nämlich je und je in eine geschichtliche Bestimmtheit Geschickte: als Idee, als *energeia*, usw.

Wenn das Denken das Ereignis nun selber denkt, wie das im postmetaphysischen Denken versucht wird, indem es sich dem Ereignis selbst zuwendet, dann bedeutet das nicht, daß die Geschichte des Seins an ihr Ende gekommen ist, daß also die Seinsmanisfestationen jetzt gestoppt werden. Aber sie erscheinen jetzt als aus dem Ereignis Ereignete. Und das verändert die Situation von Grund auf gegenüber der metaphysischen Sicht. Die Art und Weise, wie das Sein aus dem selbst ungedachten Ereignis sich dem Menschen als das zu Denkende zuschickt, bestimmt jeweils ein metaphysisches Zeitalter.[36] Das heißt: Die letzte Art und Weise, wie sich das Sein aus dem Ungedachten ereignet, dem Menschen als das zu Denkende auferlegt, bestimmt den Weltzustand des 19. und 20. Jahrhunderts, also unser Zeitalter. Davon handelt der nächste Paragraph.

§ 13. Die Seinsweise der technisch-wissenschaftlichen Welt

Die geschichtliche Prägung des Seienden ist in der Neuzeit die Gegenständlichkeit des Seienden als Gegenstand für das vorstellende Subjekt. Das Seiende ist demnach als Gegenstand der sich als Erkenntnis eigens sichernden Erkenntnis seiend. Diese Sicherung vollziehen die modernen Wissenschaften aufgrund ihrer mathematischen Methode. Nun folgt der entscheidende Satz bei Heidegger: „Je weiter sich nun die moderne Technik entfaltet, umso mehr verwandelt sich die Gegenständlichkeit in *Beständlichkeit.*“[37]. Das Wort „Beständlichkeit“ hat einen ontologischen Sinn und meint: Das Seiende ist seiend als das auf Abruf hin jederzeit Bereitstehende, als das sich jederzeit für seinen Einsatz zur Verfügung Haltende. Beständlichkeit als Seinsart des Seienden in der modernen Welt ist zu verstehen im Sinne des französischen „être à disposition“.

Deshalb gibt es heute eigentlich keine Gegenstände im strengen Sinne mehr, denn das Gegenstand-sein besagt, streng gedacht: das Seiende, sofern es einem Subjekt gegenübersteht. Das Subjekt faßt

---

[36] Seminar in Le Thor 1969, S. 105; GA 15, S. 367.
[37] ebd.

das Seiende, dieses Gegenüberstehende in den Blick, und zwar in Hinsicht darauf, was und wie und wodurch es ist. Diese Gegenstände der Erkenntnis aber wandeln sich jetzt in Bestände, die für den verbrauchenden Gebrauch jederzeit bereitstehen. Daher der Ausdruck „Beständlichkeit".

Heidegger drückt dies vereinfacht auch so aus:[38] Es gibt eigentlich keine Substanzen mehr, sondern es gibt nur noch Subsistenzen, im Sinne von aufgespeicherten, verfügbaren, jederzeit einsetzbaren Reserven. Daher kommt der ökonomische Charakter aller Politik, die darauf aus ist, Räume für eine künftige wirtschaftliche Ausbeutung sicherzustellen, wozu dann wiederum die Entwicklungshilfe erforderlich ist. Das Seiende in seiner Totalität ist in den Horizont des verbrauchenden Gebrauchs gestellt. Und das ergibt allererst das Problem der Energieversorgung, die notwendig ist, um die technische Apparatur im Gang zu halten.

Der Wald z.B. hört auf, Gegenstand zu sein, was er für die Wissenschaft des 18. und auch noch des 19. Jahrhunderts gewesen ist, sondern er wird einzig und allein im Horizont seiner Verwendbarkeit für die holzverarbeitende Industrie gesehen. Das ist jetzt der Wald und sonst nichts. Verwendbarkeit ist dasjenige, woraufhin er von vornherein gestellt ist. Ebenso werden die Flüsse und Ströme daraufhin gestellt, Energielieferanten für das Antreiben von Turbinen zu sein. Auch die Natur als Landschaft ist schon längst bestellt. Sie ist nämlich das jederzeit bestellbare Objekt für Reisegesellschaften, für den Tourismus. Der Eros, die Sehnsucht nach dem Schönen, dessen Anwesenheit selbst und allein dem Streben die Erfüllung gewährt, ist als romantische Schwärmerei zum alten Eisen geworfen. Stattdessen huldigt man der puren animalischen Idylle und liegt zugleich vor der brutalen Wirklichkeit im Staub, wenn es darauf ankommt. Daß man sich dabei auch noch von den dröhnenden oder auch leise rieselnden Transistoren das Gehör verderben läßt, das Klangbewußtsein zerstören läßt, das ja jedem Menschen mitgegeben ist, das beweist die ganze geistige Niveaulosigkeit dieser angeblichen Natürlichkeit des Menschen. Nichts erscheint mehr in seiner

---

[38] ebd., S. 106; GA 15, S. 368.

eigenen Gestalt. Es gibt nur noch Bestände, Fonds, Reserven, jederzeit abrufbare, einsatzbereite Wirkbestände, die eben darauf unaufhörlich vorweg gespeichert werden müssen. Die Freizeit schließlich besteht in nichts anderem als in einer Aufspeicherung von Arbeitsenergie.

Heidegger faßt zusammen: „Die ontologische Bestimmung des Bestands (des Seienden als Materialvorrat) ist nicht die Beständigkeit (die beständige Dauer), sondern die Bestellbarkeit, die beständige Möglichkeit, aufgeboten und bestellt zu werden, das heißt das dauernde zur-Verfügung-stehen.“ [39] In dieser Bestellbarkeit stehend ist das Seiende überall in die Disposition gesetzt. Es ist seinem Wesen nach disponibel für die Verwendung im gebrauchenden Verbrauch, der die fortgesetzte vorgehende Speicherung vorausläuft. Dieses Sein alles Seienden mittels eines globalen Kalküls, das ist die letzte metaphysische Schickung des Seins aus dem ungedachten Ereignis, welche der Mensch heute auszutragen hat. Eines der wesentlichen Momente des Seienden ist daher heute die Tatsache, daß jedes Seiende wesenhaft ersetzbar ist. Das ist uns aus der industriellen Produktion empirisch wohlbekannt: Die Produktion ist bestimmt und geregelt durch den Verbrauch, sie ist beherrscht durch die Ersetzbarkeit. Hier gibt es nicht mehr das Einmalige des Unersetzlichen.

Darum gibt es auch keine echte Freude und keine echte Trauer mehr, die sich immer nur auf etwas Einmaliges beziehen kann. Sein ist Ersetzbarsein. Und der Gedanke der Ausbesserung der Dinge ist ja geradezu schon ein antiökonomischer Gedanke. Ein jedes Seiendes ist als ein zu Verbrauchendes verstanden, das deshalb von sich her nach seinem Ersatz, seiner Ersetzung, verlangt. Da zeigt sich das Verschwinden des Geschichtlichen, das von Generation zu Generation überliefert wird. Das zeigt sich bis in die Mode hinein. die Kleidung wechselt ja nicht deshalb, weil sie abgetragen ist, sondern weil sie den Charakter des Immer-Neuen im permanenten Wechsel hat.[40]

---

[39] ebd.
[40] ebd. S.107; GA 15, S. 369.

Heidegger fragt in diesem Zusammenhang nach der Bedeutung der Studentenrevolte von 1968: „Kamen die Schlagworte vom Mai 1968 gegen die Konsum-Gesellschaft so weit, im Verbrauch das *derzeitige* Antlitz des Seins zu erkennen?“ [41] Diese Frage ist immer noch unbeantwortet, ob der Aufruhr der jungen Generation, der etwas Großes an sich hatte, bis zu der Erkenntnis gelangt ist, in dem Verbrauch des Seienden die Wirklichkeit des Seins der gegenwärtigen Welt zu erkennen. Aber allein die moderne Technik, in welcher die ganze moderne Wissenschaft selber steht, macht die Produktion von auszubeutenden Lagern aller Art erst möglich. Darum ist die Technik nicht nur die Basis des modernen Daseins, sondern sie bildet auch seinen Horizont. Sie bestimmt, wie das Seiende seiend ist, die Art seines Seins. Die Natur als Natur entzieht sich immer mehr, denn auch als bestellbares Schauobjekt von Reisegesellschaften oder gar als animalische Idylle ist die Natur nicht Natur.

Aber es genügt nicht, lediglich die Art zu bestimmen, dergemäß das Seiende gegenwärtig seiend ist. „Zur Frage steht, *daß der neuzeitliche Mensch sich künftig in einem grundlegend neuen Verhältnis zum Sein befindet*, - UND DASS ER NICHTS DAVON WEISS.“ [42] Erst diese Sicht auf den Menschen vermag einen Durchblick durch das Zeitalter zu geben in Hinsicht auf das, was es ist. Aber es gehört seltsamerweise zu diesem Verhältnis, in welchem der Mensch sich zum Sein befindet, daß er davon nichts weiß und davon auch nichts wissen will - trotz aller wissenschaftlichen Analysen und Diagnosen. Der Mensch nämlich, der sein Wesen immer aus dem Verhältnis zum Sein empfängt, wodurch dann die Art bestimmt ist, wie er existiert, ist genötigt, heute der Ausbeutung und dem Verbrauch, in welchem das Seiende seiend ist, zu entsprechen. Dieser Bezug zur Ausbeutung und zum Verbrauch bindet den Menschen an das Sein in dieser Beziehung. Die Produktion des Seienden im Modus der Ausbeutung besorgt die Technik, in welche die Wissenschaften eingegangen sind. Also hat der Mensch die Technik

---

[41] ebd.
[42] ebd.

überhaupt nicht als ein Mittel in der Hand, sondern er geht ihr zur Hand, wie Heidegger sagt.

Was aber ist dann, wenn es so steht? Was ist dann im bestimmten Sinne von Sein? Wie verhält es sich dann, wenn es so steht, mit dem Sein? Es herrscht dann die vollständige Seinsvergessenheit. Um dieses Wort „Seinsvergessenheit“ ist bekanntlich viel Unfug getrieben worden im Gefolge der heute herrschenden Oberflächlichkeit im Denken.

§ 14. Die Seinsvergessenheit

Wir fragen daher: Was besagt eigentlich diese Seinsvergessenheit? Welcher Sachverhalt ist da zur Sprache gebracht? Gewöhnlich spricht man von „Vergessen“ in dem Sinne, wie man sagt: „Ich habe meinen Regenschirm vergessen“ oder: „Ich habe meinen Hausschlüssel vergessen“. In diesem Sinne ist das Sein natürlich nicht vergessen. Das Sein ist kein Gegenstand, den die metaphysischen Philosophen irgendwo haben stehen lassen. Man muß vielmehr aus „Vergessen“ und „Vergessenheit“ das griechische Wort für „Vergessen“ in seiner Bedeutung heraushören. Dieses Wort lautet *epilanthanestai* und bedeutet: sich etwas Offenkundiges, eine Erkenntnis, etwas Bekanntes, ins Verborgene entgehen lassen, dergestalt, daß dieses Entgehen ins Verborgene dabei selbst verborgen bleibt. Vergessen ist niemals nur ein Vergessen von etwas, sondern immer auch ein Verborgenbleiben des Vergessens selbst. Das Vergessen selbst bleibt dem verborgen, der vergißt. Wer vergißt, der weiß nicht, daß er vergißt, denn wenn er es weiß, vergißt er auch schon nicht.

Nun ist die Vergessenheit, von der hier die Rede ist, nicht ein subjektives Verhalten, kein bloßes Nichtbehalten von etwas, sondern diese Vergessenheit gehört dem Sein selbst zu als dessen Verborgenheit. So sagt zum Beispiel Heraklit: *he physis kryptesthai philei*. Die übliche Übersetzung dieses bekannten Satzes lautet: „Die Natur liebt es, sich zu verbergen.“ Diese Übersetzung ist zwar dem Wortlaut nach richtig, gleichwohl aber unzureichend, denn sie führt zu der Vorstellung, als sei die Natur ein Seiendes, das so eine gewisse Neigung habe, sich zu verbergen, sich zu verstecken. So lautet denn auch tatsächlich eine Übersetzung: „Die Natur liebt es, sich zu verstecken." Die Natur treibt ein hübsches, anmutiges Spiel mit dem Menschen, so eine Art Versteckspiel. Aber *physis* ist bekanntlich der Name der vorplatonischen Denker, die die „Vorsokratiker" genannt werden, für das Sein des Seienden und bedeutet: Aufgang ins Erscheinen. Der Satz will also sagen: Das Aufgehen ins Erscheinen ist in dem, was es ist, also in seinem Wesen, einem Sichverbergen zugetan. Das macht bei Heraklit erst das volle Wesen der Natur, der *physis* aus.

Wohin zeigt dann das Grundwort des vorsokratischen Denkens, *physis*, wenn diese so verstanden wird? Es zeigt in den Bereich der *aletheia*, und zwar zeigt es gerade auf den Bezug der Unverborgenheit zur Verborgenheit, aus welcher alles aufgehende Erscheinen seinen Ausgang nimmt und in welcher die Möglichkeiten allen aufgehenden Erscheinens anfänglich verwahrt sind. Diese Verbergung ist die Verbergung für das aufgehende Erscheinen. Wenn wir Vergessenheit mit Verbergen und Verborgenheit zusammenbringen, wie das griechische Wort *epilanthanesthai* es verlangt, so entnehmen wir diesem Gedanken Heraklits: Diese Vergessenheit gehört dem Sein selbst zu, sie ist selbst eine Dimension des Seins und nicht nur unser subjektives Verhalten zum Sein.

Nun herrscht allerdings in aller Metaphysik in gewisser Weise eine Vergessenheit des Seins, denn in der Metaphysik gelangt das Sein in seinem eigenen Wesen, sein Nichtungscharakter, überhaupt nicht in das Offene der Denk- und Sagbarkeit. Aber solange die Metaphysik das Seiende im Sein als seinem Grund gründete, war die Selbstvergessenheit niemals vollständig, denn das Sein wurde als der bestimmende Grund des Seienden gedacht. Erst die metaphysikgeschichtlich letzte Schickung des Seins ist eines mit der totalen Vergessenheit, denn nun ist das Seiende nicht mehr seiend als das im Sein zu Gründende und Gegründete, sondern es ist da als zur Ausbeutung für den Gebrauch Bereitgestelltes. Die Bereitstellung alles Seienden in den bestellbaren Bestand besorgt die Technik, in welche die Wissenschaften eingegangen sind. Sie produziert also den permanenten Schwund des Seienden in die Absenz des Verbrauchs. Sie ist mit einem Wort Nietzsches aus den *Dionysos-Dithyramben* „der kauende Tod“ [43], die Produktion des Seienden als des unaufhörlich zu Verzehrenden. Von diesem Verzehr werden alle geistigen Traditionsbestände ebenfalls angegriffen, so daß heute der gesamte Traditionsbereich von Grund auf zerstört wird. Reststücke sollen dann noch einen letzten geistigen Halt geben: Stücke aus der Philosophie Platos oder des Aristoteles oder aus der des Thomas von Aquin oder Kants - ein hoffnungsloses Unterfangen.

Dann erhebt sich allerdings noch einmal die Frage: Was ist dann überhaupt noch die Aufgabe der Philosophie? Ist es dann nicht mit ihr endgültig zu Ende? Sollte man statt der Philosophie dann nicht lieber Politologie, Soziologie, Psychologie, Logistik, Wissenschaftstheorie betreiben, in welche die Metaphysik sich ja auflöst? Oder wäre das vielleicht ein voreiliger Schluß?

Können wir denn das alles sehen, was wir da sehen, wenn wir die Seinsfrage nicht schon gestellt hätten? Würden wir überhaupt innerhalb der Seinsvergessenheit diese selbst denken können, wenn wir ganz und gar in die Seinsvergessenheit aufgegangen und untergegangen wären? Dann könnten wir ja nicht einmal sie selbst denken. Könnten wir sie denken, wenn sie nicht als Seinsvergessenheit sich uns in irgendeiner Weise schon gezeigt hätte? Und ferner: Ist der Mensch als Mensch in seinem Wesen durch den Bezug zum Sein bestimmt, dann kann er, solange er als Mensch existiert, diesem Bezug nicht entrinnen, und waltet auch in der Vergessenheit des Seins noch ein Bezug zum Sein, wie vergessen auch immer.

Hier öffnet der Durchblick durch den Gang des postmetaphysischen Denkens einen äußersten Ausblick: Ist die Seinsvergessenheit, wenn sie erfahren und bedacht wird, überhaupt noch Vergessenheit? Enthüllt sich diese Vergessenheit, selbst bedacht, nicht als eine dem Sein eigene Dimension der Verborgenheit, auf welche der Satz des Heraklit einen Wink gibt, dem freilich das metaphysische Denken nicht weiter folgen konnte, weil dieses das Sichverbergen, wenn überhaupt, als bloße Privation interpretieren mußte. Das postmeta-

---

[43] Friedrich Nietzsche, Werke, Bd. II, München 1966, S. 1247.

physische Denken kann dieses Sichverbergen als einen dem Sein eigenen Entzugscharakter - Sichgewähren im Sichentziehen - verstehen. Wäre dann allein das Bedenken der Seinsvergessenheit nicht schon der Anfang einer Eröffnung des Seins?

Man wird das zugeben müssen, aber sofort fragen: Was aber hat dieser Gedanke eigentlich mit dem Menschen zu tun, um den es doch in erster Linie geht? Die Antwort lautet: Dies alles hat mit dem Menschen zu tun, denn das Sein, um im Offenen seiner selbst zu wesen, braucht das Wesen des Menschen, welches ja das Da, die Offenheit des Offenen, selber ist, wie das Heidegger seit *Sein und Zeit* erkannt hat. Mit diesem Gedanken unterscheidet sich das postmetaphysische Denken vielleicht am entschiedensten vom Denken der Metaphysik, insbesondere von Hegel und dem spekulativen Idealismus, in welchem die Metaphysik ihre geschichtliche Vollendung erreicht.

Wenn das Sein das Wesen des Menschen braucht, um selbst als Sein anzuwesen, sofern der Mensch das Offene übernimmt und so ist, dann muß man eine Endlichkeit des Seins selbst annehmen. Diese Endlichkeit ist kein Gegenbegriff zur Unendlichkeit mehr, sie kann nicht privativ aus dem Begriff der Unendlichkeit bestimmt werden, sondern sie betrifft die jeweilige Wesensweise des Seins selbst, das je Eigene des Seins in den verschiedenen geschichtlichen Epochen seiner Manifestation.

Der Gedanke der Endlichkeit ist ein Grundgedanke Heideggers, den er seit der Konzeption von *Sein und Zeit* gefaßt hatte und den er immer festgehalten und durchgehalten hat, zuerst existenzialontologisch als Endlichkeit der Zeitlichkeit des Daseins und dann in der Blickwendung der „Kehre“ in Hinsicht auf das Sein überhaupt. Daß das Sein nicht wie das Absolute Hegels für sich ist, das ist die schärfste Antithese zur Hegelschen Philosophie, die sich überhaupt denken läßt. Zwar gehört auch nach Hegel der Mensch zum Absoluten, und zwar deshalb, weil er das Wesen des Selbstbewußtseins ist und weil das Absolute ohne das Selbstbewußtsein in sich verschlossen bleiben würde. Es würde kein gegenständliches Dasein gewinnen, würde sich nicht offenbaren, denn das Selbstbewußtsein ist die Bedingung der Möglichkeit gegenständlichen Daseins, ja es ist das gegenständliche Dasein selbst, wie Kant das in der transzendentalen Deduktion gezeigt hat. Nach Hegel verendlicht sich das Unendliche, um über diese Verendlichung zum Selbstbewußtsein seiner selbst zu kommen, sich selbst gegenständlich zu werden. „Endlichkeit" bedeutet nach Hegel: Unterschiedenheit, Bestimmtheit. Die Endlichkeit ist nach Hegel ein Moment des Unendlichen selbst. Gemäß dem Denken Heideggers dagegen west das Sein als Sein überhaupt nicht ohne seinen Bezug zum Dasein. Daher ist es wesenhaft endlich. Schärfer formuliert kann man sagen: Bei Hegel wird die Endlichkeit zu einem ins Unendliche aufgehobenen Moment des Unendlichen. Bei Heidegger ist das Sein in und aus dem Bezug zum Dasein, welches Dasein selber zur Wesensweise des Seins gehört. Also ist das Sein wesenhaft endlich. Kein Gedanke ist weiter entfernt von Hegel und von aller Metaphysik als dieser Gedanke Heideggers.

Das Wesen dieser Endlichkeit des Seins wird noch weiter zu bedenken sein, wenn es uns gelungen ist, in der Zeit als dem Horizont des Seins Fuß zu fassen. Dazu sind wir immer noch unterwegs. Vor allem aber darf diese wesenhafte Endlichkeit des Seins als Sein nicht mit den Umkehrungen der Metaphysik bei Marx und Nietzsche verwechselt werden, denn bei ihnen wird jedesmal das Unendliche, nämlich das Übersinnliche, als Moment ins Endliche eingebaut. Bei Marx in der Weise, daß der Mensch ein selbstbewußtes Naturwesen ist, bei Nietzsche wird das Übersinnliche in das Leben qua Werden als Bestandsicherung des Lebens eingebaut. Es bleibt hier bei einer Umdrehung der Metaphysik, wobei das Grundgefüge wie bei jeder Umdrehung erhalten bleibt. Nietzsche spricht denn auch folgerichtig von einer Umwertung, dergemäß das sich Wandelnde als das gesetzt wird, was eigentlich ist, und das bleibende nur als bloßes unselbständiges Moment in das sich Wandelnde eingebaut wird als dessen Bestandsicherung.

Wir nennen diese Umdrehung der Metaphysik, die Marx und Nietzsche je auf eine eigene, ursprüngliche, originale Weise vollzogen haben, die „Reszendenz" im Gegensatz zur Transzendenz, also im Gegensatz zum Überstieg des Denkens vom Sinnlichen zum Übersinnlichen, um im Übersinnlichen den Grund des Seins alles

Seienden zu finden.[44] Nun ist zu sagen: Weder die transzendente noch die reszendente Metaphysik vermag das Sein als Sein zu denken.

Wenn wir nun auf den Gang des postmetaphysischen Denkens im ganzen zurückblicken, den wir bislang durchmessen haben, und wenn wir uns dann fragen, welche Fragen des Denkens dabei zur Sprache gekommen sind, dann müssen wir zugeben, daß eine Grundfrage ausgespart blieb, diejenige nämlich, welche das postmetaphysische Denken in Bewegung setzt: die Frage nach der Herkunft der zeitlichen Sinnbestimmtheit des Seins qua Anwesenheit.

Sein und Zeit gelangt bis zur Zeitlichkeit als Seinssinn des Daseins, also eines bestimmten Seienden, nämlich des Seienden, das wir sind. Von dort gibt es keinen unmittelbaren Weg zu der Zeit, welche den Horizont des Seinsverständnisses überhaupt und nicht nur des Seins des Daseins bildet. Das nötigt das Denken zu einer Blickwendung von der Offenheit des Daseins für die Eröffnung des Seins zur Eröffnung des Seins selbst - die sogenannte „Kehre“. Diese Blickwendung ermöglicht es dem Denken, dem Sein als Sein entgegenzudenken. Dabei nimmt das der Eröffnung von Sein überhaupt zugewendete Denken den Ausgang von der ontologischen Differenz. Dem der ontologischen Differenz nachgehenden Denken enthüllt sich das Sein zunächst als das nichtende Nichts, dieses wiederum als das im Sichgewähren Sichentziehende und so das Seiendes in sein Eigenes lichtend Freigebende, das Ereignis. Sein als Anwesenheit ereignet aus dem Ereignis.

Hier blieben nun eine Reihe von Fragen offen und unbehandelt:

Inwiefern ereignet sich eigentlich Sein als Anwesenheit? Das ist bislang nicht gezeigt worden. Aber soviel ist evident: Sein als Anwesenheit ist nur dann möglich, wenn Sein sich aus der Zeit lichtet. Also muß im Ereignis ein Wesen von Zeit walten.

---

[44] Anm. d. Hg.: vgl. Karl-Heinz Volkmann-Schluck, Die metaphysische Rescendenz im Denken Nietzsches, in: Nietzsche kontrovers, Bd. 1, hg. von R. Berlinger u. W. Schrader, Würzburg 1981, S. 77ff.

Im Lichtungsbereich des Seins spielen Gewähren und Entzug ineinander. Läßt sich dieses Ineinanderspielen aus der Zeit verstehen, aus welcher Sein sich lichtet?

Von welcher Wesensart ist eigentlich das Offene des Seins selbst als solches? Wenn Sein in ihm in einer zeitlichen Bestimmtheit erscheint - als Anwesenheit, als Gegenwart -, dann muß das Offene vom Wesenscharakter der Zeit selbst sein. Auch das muß allerdings noch gezeigt werden.

Das Sein des Offenen, also das Sein des Da, ist das Da-sein. Dessen Seinssinn liegt in der Zeitlichkeit. Es erhebt sich die Frage: Wie stehen die Zeitlichkeit des Daseins und die Zeit als Bereich der Offenbarkeit von Sein-überhaupt zueinander? Wie ist das Verhältnis von Sein und Dasein im Blick auf die Zeit als Horizont des Seins zu bestimmen?

Diese Fragen bilden einen einheitlichen Fragezusammenhang. Wir erörtern sie im dritten Teil unserer Darlegung unter dem Titel „Zeit und Sein“. Die Umstellung der Termini gegenüber *Sein und Zeit* mag anzeigen, daß jetzt die Zeit als der Bereich der Offenbarkeit von Sein vor den fragenden Blick des Denkens zu stehen kommt.

Heidegger hat diese Umstellung in seiner Schrift *Zur Sache des Denkens*, und zwar in der ersten Abhandlung dieser Schrift mit dem Titel *Zeit und Sein*, selbst vorgenommen. Die folgende Darlegung legt daher diese Abhandlung zugrunde.

DRITTER TEIL
ZEIT UND SEIN

§ 15. Exposition des Themas

In *Sein und Zeit* hat Heidegger die Frage nach dem Sinn von Sein zum ersten Mal thematisch gestellt. Wir blicken deshalb zunächst noch einmal auf diese Abhandlung in einem Gesamtüberblick zurück. Im § 8 von *Sein und Zeit* legt Heidegger die folgende Gliederung vor:

„*Erster Teil*: Die Interpretation des Daseins auf die Zeitlichkeit und die Explikation der Zeit als des transzendentalen Horizontes der Frage nach dem Sein.

Zweiter Teil: Grundzüge einer phänomenologischen Destruktion der Geschichte der Ontologie am Leitfaden der Problematik der Temporalität.

Der erste Teil zerfällt in *drei Abschnitte*:

1. Die vorbereitende Fundamentalanalyse des Daseins.
2. Dasein und Zeitlichkeit.
3. Zeit und Sein.“ [1]

Man pflegt meistens zu sagen, Heidegger habe den zweiten Teil von *Sein und Zeit* nicht veröffentlicht. Das ist richtig. Aber man übersieht dabei, daß auch der dritte Abschnitt des ersten Teils mit dem Titel „Zeit und Sein“ ausgeblieben ist, denn er hätte die Explikation der Zeit als Horizont der Frage nach dem Sein-überhaupt gebracht. Aber dieser dritte Abschnitt des ersten Teils ist ebensowenig erschienen wie der zweite Hauptteil, in welchem die Destruktion vorgelegt werden sollte. Am Schluß des veröffentlichten

---

[1] SuZ § 8, S. 39; GA 2, S. 53.

Teils von *Sein und Zeit* wird fragend auf den dritten Abschnitt des ersten Teils hinübergewiesen. Es heißt dort: „Offenbart sich die Zeit selbst als Horizont des Seins?“ [2]

Diese als Horizont des Seins erfragte Zeit selbst ist in dem veröffentlichten Abschnitt von *Sein und Zeit* nicht in die Sicht gelangt und nicht behandelt worden. Was behandelt worden ist, ist nur die Zeit als die Zeitlichkeit des Daseins. Wie die Behandlung der im Schlußsatz von *Sein und Zeit* gestellten Frage gedacht war, bekundet der Satz: „Wie ist erschließendes Verstehen von Sein daseinsmäßig überhaupt möglich? Kann die Frage ihre Antwort im Rückgang auf die ursprüngliche Seinsverfassung des Sein-verstehenden Daseins gewinnen? Die existenzial-ontologische Verfassung der Daseinsganzheit gründet in der Zeitlichkeit. Demnach muß eine ursprüngliche Zeitigungsweise der ekstatischen Zeitlichkeit selbst den ekstatischen Entwurf von Sein überhaupt ermöglichen.“ [3]

Die „ekstatische Zeitlichkeit“ hält, wie oben gezeigt wurde, Zukünftig-sein, Gewesen-sein und Gegenwärtig-sein des Daseins auseinander und so offen, daß der Mensch als der zukünftig gewesene Gegenwärtige im Offenen seines Selbst steht und so allererst das Seiende sein kann, das er ist: faktische Existenz. Und ein ursprünglicher Zeitigungsmodus dieser Zeitlichkeit ermöglicht nach der Ankündigung von *Sein und Zeit* den verstehenden Entwurf von Sein überhaupt.

Der Vortrag *Zeit und Sein* aus der Spätzeit Heideggers - erstmals 1962 an der Universität Freiburg gehalten[4] - scheint also äußerlich, seinem Titel nach, den unveröffentlichten dritten Abschnitt des ersten Teils von *Sein und Zeit* nachzuholen. Aber so verhält es sich eben nicht, denn inzwischen hat sich in Heideggers Denken eine Wendung abgespielt, die von der Sache her geboten war, eben die viel beredete „Kehre“.

Man hat voreilig und unbedacht von einem Standpunktwechsel Heideggers in seinen späteren Arbeiten gesprochen, als ob Heideg-

---

[2] ebd., § 83, S. 437; GA 2, S. 577.
[3] ebd.
[4] in: Martin Heidegger, Zur Sache des Denkens, Tübingen ^{2}1976, S. 91 f.

ger in *Sein und Zeit* jemals einen Standpunkt bezogen hätte, von dem aus er dann die Welt, die Dinge und die Menschen betrachtet, als ob *Sein und Zeit* jemals etwas anderes gewesen wäre als ein Weg des dem Sinn von Sein nachfragenden Denkens, als ob es überhaupt in der Philosophie Standpunkte gäbe, die gegeneinander ausgespielt und miteinander verrechnet und vielleicht miteinander zu einem Ausgleich gebracht werden könnten, als ob Philosophie jemals etwas anderes gewesen wäre, wenn sie überhaupt existiert und nicht von ihrem eigenen Wesen abgefallen ist, als ein Austrag der Seinsfrage, sei sie metaphysisch, sei sie postmetaphysisch.

Auf diesem Weg, den Heidegger gegangen ist, erweist sich dann eine Wendung als notwendig. Aber - das ist das Entscheidende - diese Notwendigkeit der Wendung zeigt sich erst auf dem Weg selbst und nicht vorher. Der Weg gehört daher wesentlich zur Wendung. Mit aller hier gebotenen Vorsicht kann man sagen: Nur von dem in *Sein und Zeit* begangenen Weg wird die Wendung in ihrer Notwendigkeit einsichtig. Aber auch umgekehrt: Dieser Weg ist seinerseits nur möglich, weil er zur Wendung selbst bereits gehört. Diese Verhältnisse bleiben jedoch im Beginn des Weges noch verhüllt, so daß der Anschein entstehen muß, als führe der mit der Analytik des Daseins begonnene Weg geradlinig zur Antwort auf die Frage nach dem Sinn von Sein.

Machen wir uns noch einmal klar, worin die Wendung besteht. An ihr ist alles gelegen: Die in *Sein und Zeit* auf den Weg gebrachte Seinsfrage ist von Anfang an nicht die des metaphysischen Denkens gewesen, welche ja lautet: Was ist das Seiende als das Seiende? Sondern sie fragt von vornherein nach dem Sein als Sein, nach dem Sein, d.h. nach jenem, das zuvor schon offenbar sein muß, damit wir uns zu einem jeglichen verhalten können als etwas, das gewesen ist, gegenwärtig ist, im Kommen ist.

Sein und Zeit nimmt die Seinsfrage in Angriff unter dem Titel „Sinn von Sein“. „Sinn“ bedeutet: das im erschließenden Verstehen von Sein Je-schon-Offenbare, Schon-Gelichtete, also dasjenige, wovonher überhaupt und auf das hin überhaupt Seinsmöglichkeiten im Verstehen erschließbar sind. „Sinn“ bedeutet: das Gelichtete des Entwurfsbereichs, den der Mensch dann, indem er das Sein entwirft, entfaltet. Entworfen ist also niemals der Sinn selbst, sondern dieser bildet gerade den gelichteten Bereich, den der Mensch, sofern er ist, durch sein Sein-verstehendes Entwerfen übernimmt. Der Sinn, das Gelichtete, der offene Bereich, ermöglicht erst den Sein-verstehenden Entwurf und sein Entworfenes.

Freilich ist dieser Wortgebrauch von Sinn schweren Mißverständnissen ausgesetzt. Wird nämlich die Bedeutung von Sinn mit der von Ziel und Zweck gleichgesetzt, dann ist der Sinn selbst das im Verstehen Verstandene, während er doch gerade die Verständlichkeit, die Möglichkeit, zu verstehen, ausmacht.

Wenn z.B. Nietzsche in seiner Bestimmung des europäischen Nihilismus als der „radkikalen Ablehnung von Wert, Sinn, Wünschbarkeit“ [5] von „Sinn“ und „Sinnlosigkeit“ spricht, dann setzt er Sinn mit Zweck und Ziel gleich. Dieser Sprachgebrauch hat natürlich seine eigene Berechtigung.

Aber nennen wir das, was Heidegger Sinn nennt, Zweck und Ziel und verstehen wir außerdem auch noch *Sein und Zeit* als eine existenziale Anthropologie, dann erscheint Heideggers postmetaphysische Frage in *Sein und Zeit* nach dem „Sinn von Sein“ als das Bestreben, dem Sein im Leben einen Sinn zu geben. Aber alle Sinngebung und Sinnvorgaben - wenn beispielsweise ein Politiker behauptet, seine Partei habe die Aufgabe, Sinnvorgaben zu machen - erwachsen aus dem Umkreis einer nihilistisch gewordenen Metaphysik. Sie sind schwache, sich selbst nichtkennende Ableger der Philosophie Nietzsches und weiter nichts. Alle Sinngebungen verbleiben im Bereich der Setzungskraft der nihilistisch vorgestellten Subjektivität, und zwar auch dann, wenn das „Wir“ der Gesellschaft die Rolle des maßgeblichen Subjekts übernimmt, wie bei Karl Marx. Auch das ist nihilistisch.

Sinn meint bei Heidegger den sich lichtenden Bereich, den der Mensch als seinen Aufenthaltsort, als seine Stätte, inmitten des Sei-

---

5 Friedrich Nietzsche: Der Wille zur Macht. Versuch einer Umwertung aller Werte. Ausgewählt und geordnet von Peter Gast unter Mitwirkung von Elisabeth Förster-Nietzsche, Stuttgart 1964, S. 7.

enden übernimmt, indem er das ihm eigene Seinsverständnis in das Ganze der Dinge hinein entfaltet. So existiert der Mensch.

Um dieses Mißverständnis zu vermeiden, hat Heidegger die Formulierung „Sinn von Sein" durch die andere „Wahrheit des Seins" abgelöst, wobei „Wahrheit" freilich griechisch wiederum als *aletheia*, als Unverborgenheit zu verstehen ist. Es geht also um die dem Sein als Sein eigene Offenbarkeit, in deren Umkreis ein jegliches Seiendes erst in seinem Eigenen, also als dieses oder jenes Seiende, erscheinen und anwesend sein kann. Dieses Offene des Seins wird von *Sein und Zeit* her auch das „Da" genannt, welches seinerseits ist, indem der Mensch es übernimmt und vollzieht. Das Offene des Da, so wie es in *Sein und Zeit* gedacht ist, ist aber kein Fenster, durch welches der Mensch als Weltbeschauer in die Welt hineinblickt. Sondern das Stehen im Offenen des Da ist in sich selbst ein Angegangen-sein von dem im Offenen begegnenden Seienden. Das Sein im Offenen, also das Dasein des Menschen, ist immer so oder so gestimmt. Der Mensch ist in das Offene des Da hineinversetzt. Darin besteht die menschliche Geburt, um dies Offene auszustehen bis zum Äußersten: zum Tode, welcher keine Vernichtung ist, sondern die unmittelbar zur Offenheit selbst gehörige Verschlossenheit des Sich-Verschließenden. Zur Lichtung des Seins gehört die sich verschließende Verschlossenheit, gehört Verbergung und deshalb zum Dasein der Tod. Die Frage ist nun: Wie geschieht denn diese Lichtung von Sein, welche ein Sich-verbergen einschließt?

Die Antwort sei hier gleich vorweggenommen: Sie geschieht als Zeit. Freilich als die Zeit eines Zeitwesens, das von anderer Art ist als der metaphysische Begriff von der Zeit, wie ihn Aristoteles in der *Physik* zum ersten Mal erarbeitet und entfaltet hat. Die These lautet also: Lichtung, Offenbarkeit von Sein, also Sein als Sein gibt es nur, sofern es Zeit gibt. Diese These bedarf jedoch noch einer weiteren, ergänzenden Bestimmung: Lichtung von Sein aus der anfänglichen Verborgenheit, Lichtung des Seins als Zeit, gibt es nur, sofern es ein entsprechendes Denken gibt, also Seiendes, das denkt - den Menschen. Das nachzuweisen, ist die Aufgabe des Folgenden.

Ein solcher Nachweis wird aber nur möglich durch eine Blickwendung des Denkens, durch die sogenannte „Kehre“ [6]. Und diese besteht darin: Das Denken faßt von vornherein Fuß in der Offenbarkeit des Seins selbst und hält sich nicht mehr, wie in *Sein und Zeit*, in den Grenzen der Offenständigkeit des Daseins für die Offenheit des Seins. Mit anderen Worten: Die Offenheit des Seins wird nicht mehr vom entwerfenden Verstehen des Daseins aus gedacht, sondern umgekehrt: das verstehende Entwerfen von Sein, das dem Menschen eigen ist, also dies ekstatische Innestehen in der Lichtung des Seins, wird von der Lichtung her gedacht, nämlich als das, was von der Lichtung in den Gebrauch genommen wird, um als Lichtung selbst sein zu können.

In dieser „Kehre“ wendet sich also das Denken noch entschiedener der Frage nach dem Sein als Sein, der Frage nach dem Sinn von Sein zu, als das innerhalb der existenzialen Analytik des Daseins möglich war, die ja immer beschränkt blieb auf den Seinssinn eines bestimmten Seienden, nämlich den des Menschen.

Der erste Schritt auf dem Weg, den wir jetzt mit Heidegger zu gehen versuchen, ist eine erste Bestimmung des Sinns von Sein, desjenigen also, als was Sein, wie immer es in der Metaphysik ausgelegt werden mag, von vornherein schon in der Metaphysik und für metaphysische Auslegung verstanden ist: Offenheit.

Diese Methode der ersten Freilegung des Sinns von Sein ist die Destruktion, also der Abbau der übereinander gelagerten geschichtlichen Auslegungen des Seins durch die Metaphysik, wie sie sich von Platon bis Nietzsche entfaltet haben.

Diese Aufgabe war dem zweiten Teil von *Sein und Zeit* zugesprochen, der wie der dritte Abschnitt des ersten Teils ebenfalls nicht erschienen ist. Daß auch dieser zweite Teil von *Sein und Zeit* ausgeblieben ist, hat einen erkennbaren Grund: Einmal sollte bereits im dritten Abschnitt des ersten Teils eine eigene ekstatische Zeitigungsweise der Zeitlichkeit des Daseins die Zeit als Horizont des Seins enthüllen. Andererseits sollte erst in dem zweiten Teil mit der Methode der Destruktion der Sinn von Sein freigelegt werden. Wir

---

[6] M. Heidegger: Die Technik und die Kehre. Pfullingen 1962.

sehen: Beides fügt sich nicht zusammen. Und es ist nicht von ungefähr, daß diese Teile von *Sein und Zeit* ausgeblieben sind. Die Destruktion muß vielmehr der Enthüllung der Zeit als Horizont des Seins vorausgehen. Erst müssen wir einmal den Sinn von Sein konstatieren, um dann den Bereich freizulegen, aus dem Sein diese seine Sinnbestimmtheit gewinnt.

Genau diesen Weg ist Heidegger in seinen späteren Arbeiten gegangen, ohne freilich die Destruktion in einem geschlossenen Werk vorgelegt zu haben. Er hat sie vorgeführt in einzelnen Abhandlungen, in Interpretationen der verschiedenen Stadien der Metaphysik auf die in ihr jeweils beschlossene zeitliche Sinnbestimmtheit des Seins. Dazu hier nur zwei kurze Hinweise:

Geht man auf das griechische Seinsverständnis zurück, dann zeigt sich allerdings ganz eindeutig: Sein besagt Anwesenheit. Das wird durch Platos Denkens vielleicht am meisten evident. Denn nur weil und insofern „Sein" Anwesenheit bedeutet, ist die Idee, die durch keinerlei Abwesenheit affiziert ist, dasjenige Seiende, welches das Sein in höchster Weise repräsentiert.

Aber genau das bekundet auf eine eigene Weise auch der geschichtliche Endstand der Metaphysik in der Philosophie Nietzsches. In dieser spricht die Metaphysik ihre äußerste und letzte Möglichkeit aus, nämlich in Umkehr aller bis dahin maßgeblichen Rangverhältnisse: das Sein aus dem Bleiben in das Werden zu versetzen, also eine totale Revolution des Denkens zu vollziehen. Demnach macht jetzt das Werden das Sein des Seienden aus, und das Seiende ist seiend als Werdendes. Je werdender, um so seiender, je bleibender, um so weniger seiend - also eine vollständige Umkehr der bisherigen Rangverhältnisse. Nun geschieht das Seltsame: Nietzsche bestimmt dieses Werden, welches jetzt das Sein des Seienden ausmacht, als ewige Wiederkehr des Gleichen. Diese Bestimmung des Werdens wird erst in ihrer Notwendigkeit einsichtig im Lichte der Bestimmtheit des Seins als Anwesenheit, an welche Nietzsches Denken unbedingt gebunden bleibt, und zwar so sehr, daß er sie nicht einmal erörtert. Sein ist Werden. Nun aber ist das Werdende auch immer ein Vergehendes, oder besser gesagt: Das Werden selbst ist auch immer ein Vergehen des Gewordenen zugunsten eines Werdenden. Soll das Werden das Sein selbst ausmachen, dann kann es durch keinerlei Art von Nichtanwesenheit bestimmt sein. Das ist nur dann der Fall, wenn das Vergehende nicht in die Vergangenheit, also ins Nichtsein vergeht, denn dann würde das Werden durch Nichtanwesenheit affiziert sein, sondern wenn es in die Zukunft vergeht, aus ihr zurückkehrt, und zwar immer wieder, also ewig, und zwar als das Gleiche, also ohne irgendeine Alteration.

Gerade auch die endgeschichtliche Position der Metaphysik bekundet fraglos: Sein besagt Anwesenheit. Anwesenheit aber ist durch Gegenwart bestimmt, also durch ein zeitliches Moment. Deshalb ist die Frage nach dem Verhältnis von Zeit und Sein notwendig. Damit aber nun die Frage konkret in Angriff genommen werden kann, muß Klarheit darüber herrschen, von welcher Zeit denn hier überhaupt die Rede ist, die hier Sein bestimmt. Da zeigt sich nun sogleich, daß der von der Metaphysik erarbeitete Begriff von der Zeit keine Möglichkeit kennt, die Zeit zu denken, welche im Sein als Anwesenheit spricht. Denn im Umkreis der Metaphysik steht die Zeit unter der Frage: Was ist die Zeit, insofern sie ist? Dieser Frage ist aber bereits eine zeitliche Vorbestimmung unterstellt: Sein selbst als solches als bestimmt durch Anwesenheit, durch Gegenwart. Die gesamte Metaphysik hält sich in einem Zeitverständnis, welches das Wesen der Zeit in Hinsicht auf Sein qua Anwesenheit bestimmt, ohne die Bestimmtheit des Seienden durch die Zeit in Frage zu stellen. Zeit: ein Seiendes, dessen Sein in der Anwesenheit besteht. Deshalb gilt es, eben ein nichtmetaphysisches Wesen der Zeit zu denken.

Das ist nur möglich durch eine Analyse der Zeitlichkeit des Daseins, welche darum der zweite unumgängliche Schritt auf dem Wege des postmetaphysischen Denkens ist. Der wesentliche Charakter der Zeitlichkeit liegt in der Ekstase, d.h. in dem Auseinander von Zukunft, Gewesenheit und Gegenwart und dem Innestehen in diesem Auseinander, das allererst Zukünftigkeit, Gewesenheit und Gegenwart als solche öffnet.

Der dritte Schritt ist die „Kehre“ . Sie besagt: Die Zeitlichkeit des Daseins beruht und gründet ihrerseits in der Offenbarkeit von Sein. Die Offenbarkeit von Sein verdankt sich nicht einem Zeitigungsmodus der Zeitlichkeit des Daseins, wie der Sachverhalt nach *Sein und Zeit* noch gedacht war, sondern die Zeitlichkeit des Daseins entspringt aus der Lichtung des Seins, so jedoch, daß das Dasein zufolge seines ekstatischen Offenstehens für die Lichtung diese eben als den eigenen Aufenthaltsbereich übernimmt. Erst die Kehre gibt die Möglichkeit, die nichtmetaphysische Zeit nicht immer nur als Zeitlichkeit des Sein-verstehenden Daseins, sondern als den Lichtungsbereich von Sein-überhaupt zu sehen.

Ein Dreifaches muß also geschehen, damit das Sein auf nichtmetaphysische Weise, nämlich durch die Zeit, als Horizont umgrenzt und bestimmt werden kann:

1. Die Destruktion, welche den anfänglichen Sinn von Sein freilegt und ihn konstatiert.
2. Die Analytik des Daseins, die ein nichtmetaphysisches Zeitwesen überhaupt zum ersten Mal freilegt.
3. Die Kehre, durch welche sich zeigt, daß die Zeitlichkeit des Daseins in der Zeit als dem Lichtungsbereich von Sein-überhaupt beruht.

Sind diese Schritte vollzogen, dann kann sichtbar gemacht werden: Die Art, wie es Sein gibt, bestimmt sich aus der Zeit. Das heißt: Sein ist als Sein in seinem Wesen durch Zeit bestimmt.

Heidegger fragt zu Beginn seines Vortrags *Zeit und Sein*: „Was gibt den Anlaß, Zeit und Sein zusammen zu nennen? Sein besagt seit der Frühe des abendländisch-europäischen Denkens bis heute dasselbe wie Anwesen.“ [7] Heidegger gebraucht häufig den Ausdruck „Anwesen“ statt Anwesenheit. Dieser Ausdruck kommt dem Sinn von Sein in einer bestimmten Hinsicht näher als der Ausdruck Anwesenheit. Anwesenheit ist die Grundbestimmtheit dessen, was jeweils anwesend ist, so wie Schönheit die Bestimmtheit von solchem ist, was jeweils schön ist. In „An-wesen“ hört Heidegger aber vor allem das Verbale heraus, also das Angehende, angehend nämlich den Menschen als das dem Sein geöffnete Wesen. Das verbal gehörte „wesen“ besagt: weilen, währen. So existiert der Mensch als der überall und bei allem in mannigfachen verborgenen und offenkundi-

---

[7] Martin Heidegger, Zeit und Sein, a.a.O., S. 2.

gen Weisen vom Sein Angegangene, d.h. er existiert als der Denkende und Sprechende. Im Sein qua Anwesen ist also der Mensch immer schon mit im Spiel.

In dem Wort Anwesenheit spricht der Bezug zum Menschen nicht mit. Im metaphysischen Denken wird Sein freilich primär als Anwesenheit gedacht, weil die Frage nach dem Sein als Sein, zu welchem ja der Bezug zum Menschen als dem offenständigen Wesen gehört, ausbleibt. Sein wird hier vielmehr vom Seienden her als dessen bestimmende Bestimmtheit, nämlich als Grund des Seienden, vorgestellt und deshalb auch als ein ausgezeichnetes Seiendes gedacht.

In „Anwesenheit" aber und „Anwesen" spricht Gegenwart, die nach unserer geläufigen Vorstellung zusammen mit Zukunft und Vergangenheit die Zeit bildet. Sein ist also bestimmt durch Zeit. Die Frage lautet dann: In welcher Weise bestimmt denn Zeit das Sein?

Beim Durchdenken dieser Frage zeigt sich: Die herkömmlichen Bestimmungen von „Sein" und „Zeit" reichen nicht hin, um das hier zur Frage stehende erfragte Bestimmungsverhältnis zu erörtern. Im Gegenteil. Die herkömmlichen Bestimmungen verwickeln das Denken in ein unentwirrbares Geflecht von Beziehungen, nämlich so: Seiendes kommt zu seiner Zeit ins Sein. Es währt eine Zeit und verschwindet, vergeht zu einer bestimmten Zeit. Solches Seiende ist in der Zeit.

Nun aber sehen wir auf das Sein: Ist das Sein auch etwas in der Zeit? Wenn ja, dann müßte es unter dem übrigen In-der-Zeit-Seienden auch anzutreffen sein. Heidegger merkt an: Wir werden diesen Hörsaal gewiß als etwas Seiendes nehmen und anerkennen. „Dieser Hörsaal ist."[8] Es kommt ihm zu, zu sein, eine Zeitlang wenigstens. Aber wo im und am Hörsaal finden wir denn nun dieses ihm zukommende Sein? Wir mögen diesen Hörsaal nach allen nur möglichen Weisen absuchen, durchsuchen, untersuchen nach seinen Eigenschaften, nach seinen Gegenständen, nach seiner Größe, nach dem Material, aus dem er hergestellt ist. Wir treffen immer nur auf Seiendes, aber niemals auf das Sein des Hörsaals, also auf das, was

---

[8] ebd., S. 3.

das Wort „ist“ meint. Aber er ist. Kein Zweifel. Sein kommt ihm zu, eine Zeit lang nämlich, aber wir finden dies im „ist“ gemeinte Sein seinerseits nicht als etwas Seiendes bei ihm vor. Seiendes ist in der Zeit, das Sein ist kein Seiendes, also ist es nicht in der Zeit. Und doch, obwohl es nicht in der Zeit ist, bleibt Sein als Anwesenheit durch Zeit bestimmt.

Es wird hier bereits klar: Verstehen wir unter zeitlicher Bestimmtheit das In-der-Zeit-sein von Seiendem, dann führt überhaupt kein Weg zum Bestimmtsein des Seins durch Zeit, denn das Sein ist kein Seiendes in der Zeit, gleichwohl durch Zeit bestimmt. Das, was in der Weise durch die Zeit bestimmt ist, daß es in der Zeit ist, also entsteht, währt und wieder vergeht, das nennen wir auch das Zeitliche. Und dieses Zeitliche ist das Vergängliche, es ist das, was in der Zeit und mit der Zeit vergeht.

Aber es vergeht nicht nur das In-der-Zeit-Seiende im Verlauf der Zeit, sondern die Zeit selbst vergeht, und zwar unaufhörlich. Die Zeit ist das an ihm selbst unaufhörlich Vergehende. Aber seltsam: Indem die Zeit unaufhörlich vergeht, hört sie doch nicht auf, zu sein, sondern sie bleibt. Zeit, unaufhörlich vergehend, ist etwas bleibend Anwesendes. Also ist die Zeit ihrerseits durch Sein qua Anwesenheit bestimmt. Wenn aber die Zeit durch Sein qua Anwesenheit bestimmt ist, wie soll dann, umgekehrt, das Sein durch die Zeit bestimmt sein? Und ferner: Ist die Zeit durch Sein bestimmt, dann ist sie etwas Seiendes. Ist sie aber etwas Seiendes, dann ist sie seinerseits etwas Zeitliches, also etwas in der Zeit Anwesendes. Aber wie kann denn die Zeit selbst etwas sein, das in der Zeit ist?

Zusammengefaßt kann dies folgendermaßen formuliert werden: Sein ist durch Zeit bestimmt, aber gleichwohl kein Seiendes, das in der Zeit ist. Zeit ist das im unaufhörlichen Vergehen bleibend Anwesende. Also ist Zeit durch Sein bestimmt. Aber gleichwohl ist die Zeit nicht etwas Zeitliches wie das in der Zeit Seiende. Heidegger formuliert dies so: „Sein und Zeit bestimmen sich wechselweise, jedoch so, daß jenes - das Sein - weder als Zeitliches, noch dieses -

die Zeit - als Seiendes angesprochen werden können. Dies alles bedenkend, treiben wir in widersprechenden Aussagen umher.“ [9]

Ehemals galt ein solches widersprüchliches Hin und Her als Zeichen dafür, daß das Denken leitende, ungeprüfte Vorgriffe ins Spiel bringt, welche das zur Frage stehende Phänomen verstellen. Daraus erwuchs dann die Aufgabe, allererst einen sachangemessenen Zugang zu den Phänomenen zu gewinnen. Heute bildet sich in einer solchen Lage als Aushilfsmittel sogleich die sogenannte Dialektik an. Man sagt etwa, indem man Hegels Dialektik mißbraucht und Hegels Philosophie zugleich des Mystizismus beschuldigt: „Widersprüchliche Aussagen gehen ineinander über, gehören also in eine beide umgreifende höhere Einheit zusammen.“ Dabei tut man so, als seien die dialektischen Sätze der Hegelschen Philosophie lediglich einander widersprechende Aussagen über die Dinge. Aber Hegels Sätze sind von ganz anderer Art, als die Aussagen über Dinge sind. Hegels Sätze sind die zu Sätzen ausgeformten Selbstsetzungen des absoluten Geistes, der durch die Entgegensetzungen seiner zu sich selbst die Erkenntnis dessen sich erringt, was er in seinem Wesen ist.

In unserem Fall wäre dieser Ausweg, nämlich eine bloße Dialektik von Aussagen, ein Abweg, denn wir sehen dann lediglich auf die Widersprüchlichkeit der Aussagen, für die wir eine übergreifende Form der Einheit suchen. Wir lassen uns vor lauter Dialektik dann auf die zur Frage stehende Sache nicht ein und schon gar nicht auf das Verhältnis der beiden Sachen. Vor allem wird die Frage nicht gestellt, ob denn das Verhältnis von Zeit und Sein überhaupt eine Beziehung sei, die durch eine synthetische Einheit von Gegensätzen herzustellen ist. Wir lassen uns nicht auf die Frage ein, ob das Verhältnis von Sein und Zeit nicht von ganz anderer Art sein könnte.

In dieser Lage gilt es zuerst, sich auf die Sache von ihr selbst her einzulassen, das Denken also möglichst unbestimmt zu lassen, damit es allein von der zu denkenden Sache selbst seine Bestimmtheit erhält. Die Sache - das ist hier das Sein, aber auch die Zeit, wenn anders doch im Sein als Anwesenheit Zeit spricht. Nach der vollbrach-

[9] ebd.

ten Destruktion ist die Zeit Sache des Denkens, und zwar nicht wie ehemals in der Metaphysik eine Sache unter anderen. Das Verhältnis beider Sachen, nämlich Sein und Zeit, ist der Sachverhalt des postmetaphysischen Denkens, dasjenige also, was die Sachen Sein und Zeit zueinander hält und dies Zueinander der beiden Sachen trägt. Kurz gefaßt lautet der Sachverhalt so: Sein ist kein Seiendes, also nichts Zeitliches, aber doch durch Zeit bestimmt. Und das Verhältnis beider ist die Sache des postmetaphysischen Denkens, dasjenige, was das Denken maßgeblich in den Anspruch nimmt, dasjenige, was für das Denken heute und in Zukunft das Unumgängliche ist, wenn wir überhaupt noch bereit sind, zu denken. Und das steht bei uns.

Alles das, von dem wir sagen: „Es ist“, nennen wir ein Seiendes. Deshalb können wir im Blick auf die Sache des Denkens nicht sagen: „Sein ist“ und „Zeit ist“, denn dann stellen wir ja beide als etwas Seiendes vor. Gleichwohl sind Sein und Zeit deshalb, weil sie nicht Seiendes sind, nicht schlechthin nichts. Damit uns Sein und Zeit nicht unter der Hand zu etwas Seiendem werden, sagen wir statt „Sein ist“ und „Zeit ist“: „Es gibt Sein“, „Es gibt Zeit“. Das ist zunächst eine bloße Veränderung des Sprachgebrauchs. Aber solche sprachlichen Ausdrücke zeigen auf Sachverhalte. Und diese Sachverhalte müssen denkend erfahren werden. Heidegger gibt in dem Aufsatz *Zeit und Sein* daher einen kurzen Überblick über den Weg, den die Erörterung im ganzen geht.[10]

Es gilt zuerst, das zu klären, was in diesem „Es gibt Zeit“, „Es gibt Sein“ gegeben ist. Es gilt also, das Eigene des Seins seinerseits und dann das Eigene der Zeit zu erblicken. Dabei zeigt sich, daß und inwiefern Sein und Zeit nicht seiend sind im Sinne von Seiendem, aber daß und wie es Sein und Zeit gibt. So wird ersichtlich, wie das Geben von Sein und Zeit zu bestimmen und wie das Verhältnis beider zu denken ist, das Verhältnis, aus welchem sich allererst Sein und Zeit ergeben. Das Verhältnis ist die entscheidende Bestimmung. Damit ist der Weg der Erörterung, die Methode, im ganzen vorgezeichnet.

---

[10] ebd., S. 5.

Sein wurde in der überlieferten Philosophie erfahren als das, „dadurch ein jegliches Seiendes als ein solches gezeichnet ist“[11], sagt Heidegger. Dieser Ausdruck „gezeichnet“ deutet auf Maß und Gestalt, in dem stehend und in der stehend ein jegliches das Seiende ist, das es ist. In der Tat ist, nach Platon und Aristoteles etwa, ein jegliches seiend, sofern es in das Sich-zeigen dessen eingetreten ist, was es ist, also in den Anblick, in die umgrenzte Gestalt des Wasseins, in das, wie die Griechen sagen, *eidos* oder die *idea* oder die *morphe*, Gestalt. „Sein“ besagt also Anwesen, denn das *eidos* läßt ein jegliches als dieses oder jenes anwesend sein. So bedeutet „Sein“ im Hinblick auf das Seiende: Anwesenlassen von Anwesendem.

Wir wissen bereits, daß in der Metaphysik dieses „Anwesenlassen“ als Grund gedacht worden ist, also schließlich und endlich selbst als ein ausgezeichnetes Anwesendes. Diese metaphysische Auslegung des „Anwesenlassens von Anwesendem“ lassen wir hier auf sich beruhen. Das heißt, daß wir dieses als Anwesenlassen gedachte Sein neutral lassen gegenüber allen metaphysischen Auslegungen. „Sein“ besagt also jetzt: Anwesenlassen von Anwesendem. Dieses gilt es nun in seinem Eigenen zu bedenken. Indem wir dies versuchen, zeigt sich, daß das Anwesenlassen nach zwei Richtungen bedacht werden kann[12]:

Es kann erstens bedeuten: Anwesen lassen, nämlich das Anwesende. Dann bedeutet es: Anwesendes ins Offene, ins Erscheinen seiner als dieses oder jenes gelangen lassen, so daß es als dieses oder jenes unter anderem Anwesenden mit anwesend ist. Das ist die griechische Erfahrung des Seins, des Anwesenlassens. Das *eidos* ist es, daß ein jegliches als dieses oder jenes ins Sich-zeigen, also in eine eigene Anwesenheit, freiläßt.

---

[11] ebd.

[12] ebd. Vgl. dazu auch das Protokoll zu einem Seminar über den Vortrag Zeit und Sein, a.a.O., S. 40.

Sein, jetzt gedacht als Anwesenlassen, kann aber auch zweitens bedeuten: Anwesen-lassen. Dann ist es das Anwesen selbst, das vom Lassen betroffen ist, und dann haben wir eine ganz andere Perspektive. Dann besagt „Anwesenlassen" soviel wie: den offenen Angang für ein offenständiges Wesen selbst als solchen allererst zulassen, so daß es ihn gibt.

Anwesenlassen, dergestalt, daß jetzt das Anwesen von dem Lassen betroffen ist, heißt: das Anwesen selbst ins Offene bringen, so daß es überhaupt offene Bezüge gibt. Anwesenlassen heißt dann: Entbergen von Anwesen. In diesem Entbergen von Anwesen waltet ein Geben, weil dieses Entbergen so etwas wie Anwesen im offenen Angang, offene Bezüge allererst gibt. Denken wir also Sein als Anwesenlassen in seinem Eigenen, dann zeigt sich darin ein Entbergen und in diesem ein Geben, ein Zulassen von Anwesen. Anwesenlassen besagt so etwas wie: Anwesen, offene Bezüge allererst zulassen. Anwesenlassen heißt: entbergende Freigabe von Sein ins Offene.

Damit ist nun ein entscheidender Schritt geschehen. Sein als Sein, Sein in seinem eigenen Wesen denken, heißt: zugleich vom Sein ablassen, sofern es aus dem Seienden her und für dieses als dessen Grund ergründet wird. Sein in seinem Eigenen denken heißt: Sein als Grund fahren lassen zugunsten eines im Entbergen waltenden Gebens von Anwesen. Sein ist jetzt nicht als Grund für das Seiende zu denken, sondern es ist statt dessen zu denken: das im Entbergen waltende Geben von Anwesen, so daß Sein die Gabe dieses Gebens ist. Sein gehört in das Entbergen und bleibt als dessen Gabe ins Entbergen einbehalten.

Dabei ist zu beachten: „Entbergen" bedeutet jetzt nicht nur Ankommen-lassen des Anwesenden ins Unverborgene seines Scheinens - wie im griechischen Denken -, sondern zuvor: Zulassen, Geben von Anwesen, den offenen Angang selbst als solchen allererst ermöglichen, in welchem dann Anwesendes als Anwesendes erscheint.

Hier zeigt sich, daß das postmetaphysische Denken, indem es die Metaphysik verläßt in die Zukunft hinein, zugleich hinter das griechische Denken den „Schritt zurück" vollzieht. Der Schritt nach vorn und der Schritt zurück sind ein und derselbe.

Wollen wir das „Es gibt Sein" im Sinne der Entbergung von Anwesen sachgerecht denken, dann müssen wir vor allem die Vorstellung vom „Sein" als des allgemeinsten Begriffs von uns abtun, welche Vorstellung uns immer schon beherrscht. Sie besagt, daß es zufolge seines höchsten Allgemeinheitscharakters nichts weiter zu denken, weil nichts weiter zu bestimmen gibt. Diese Vorstellung von „Sein" ist es auch, mit der die *Logik* Hegels beginnt, denn alle Kategorien, die Hegel in der *Logik* entwickelt, sind dialektische Explikate dieses Seinsbegriffs, und das bis zur absoluten Idee der Totalität aller Seinsbestimmungen. Hegels spekulative Logik - von Heidegger das „gewaltigste Denken der neueren Zeit" genannt[13] - blockiert zugleich, unangesehen seiner Größe, den Blick des Denkens in das Wesen des Seins.

An dieser Stelle muß man nun fragen: „Woher nehmen wir aber das Recht zur Kennzeichnung des Seins als Anwesen?" Und Heideggers Antwort lautet: „Diese Frage kommt zu spät. Denn diese Prägung des Seins hat sich längst ohne unser Zutun oder gar Verdienst entschieden."[14] Ohne menschliches Zutun ist das Sein, seit es sich in die Denk- und Sagbarkeit begab, in das Anwesen gebunden. Das zeigt die Philosophie Platons am deutlichsten.

Es gilt aber auch für das die moderne Technik und Industrie leitende Denken, dem zwar das Seiende nicht mehr das Phänomen ist - das in das Unverborgene seines Scheinens Aufgehende und darin Weilende wie im griechischen Anfang - wohl aber der gespeicherte, jederzeit zur Verfügung stehende, bestellbare, auf Abruf bereitstehende Bestand, der gleichförmig und überall den Menschen in der modernen Welt anblickt, ohne daß dieser moderne Mensch ein Wissen von der Herkunft einer solchen Seinsbestimmung hat.

Sein als Anwesen bekundet sich natürlich in jedem theoretischen Verhalten, aber auch in jedem praktischen Bezug, also in jedem Bezug zum Seienden: sowohl als Vorhandenem als auch zum Seienden als Zuhandenem. Ja noch mehr. Gerade die Abwesenheit eines Seienden kann bedrängenster Andrang, bedrängender als die Anwesen-

---

[13] ebd., S. 6.
[14] ebd.

heit von etwas sein. Sogar die Abwesenheit von etwas kann durch ein „ins Unheimliche gesteigertes Anwesen“ bestimmt sein.[15] So sehr herrscht im Sein das Anwesen, daß sogar die Abwesenheit noch darin besteht.

Wenn wir schließlich einmal auf die sich geschichtlich wandelnden Auslegungen des Seins von Platon bis Nietzsche achten, dann zeigt sich, daß die geschichtliche Wandlung eine Fülle von Weisen des Anwesens entfaltet hat, so sehr, daß die Geschichte der Metaphysik sich wie eine Geschichte des Seins qua Anwesen auszunehmen scheint. Aber wir wissen, daß es sich so nicht verhält. Das Sein hat keine Geschichte, denn das Sein ist nicht ein Seiendes, das eine Geschichte hat, so wie eine Stadt allerdings eine Geschichte haben kann. Die geschichtliche Entfaltung des Seins qua Anwesenheit in der Metaphysik besteht einzig und allein darin, wie es Sein jeweils gibt, also wie Sein sich jeweils entbirgt und so den Menschen in Anspruch nimmt. Anders im Griechentum, anders im Mittelalter, anders in der Neuzeit und nochmal anders in der modernen Welt: Sein als Beständlichkeit der technisch-bestellbaren Bestände.

Im Beginn der Entbergung von Sein, d.h. im Beginn der Philosophie, wurde das Sein zwar gedacht und von da ab immer wieder gedacht, aber es wurde nicht das „Es gibt“ gedacht. Es wurde nicht die Entbergung als Entbergung, in der und aus der es allein Sein gibt, gedacht. Gedacht und ausgelegt wurde immer nur das Entborgene, was sich dann in der Technik vollendet, aus welcher jeder Anklang von einer Entbergung geschwunden ist. Parmenides, der zum ersten Mal das Sein als die Sache des Denkens bei seinem Namen nennt, sagt den folgenden Satz: „Not tut, zu sagen und zu denken, daß das Sein ist, denn es verhält sich so, daß es ist. Das Nichts aber ist nicht.“[16]

Es ist nicht unsere Aufgabe, diesen Satz hier ausführlich zu interpretieren. Wir achten nur auf das „Es es verhält sich so, daß Sein ist.“ Dafür können wir auch sagen: „Es gibt Sein“. Und dieses Sein

---

[15] ebd., S. 7.

[16] Diels/Kranz, Die Fragmente der Vorsokratiker. Bd. I, Berlin 1960, S. 232, Fragment 6.

ist zu denken. Das betonte *estin,* das „Es verhält sich so“, das „Es gibt“, wird nicht gedacht. Das Woher und das Wie des Gegebenseins von Sein bleibt zugunsten der Gabe des „Es gibt“ ungedacht. Ungedacht bleibt, daß es Sein nur gibt aus einer Entbergung seiner als Anwesen. Das „Es gibt“, die Entbergung also, entzieht sich zugunsten der Gabe, die es gibt, das Sein, das nun ausschließlich in Hinblick auf das Seiende in einen Begriff von Sein gebracht wird. Denn der Begriff, wesentlich gedacht, ist das Seiende in dem, was es ist, also der Grund des Seienden.

Nur so ist es zu verstehen, daß das in der Metaphysik als Grund des Seienden vorgestellte Sein bei Hegel als der absolute Begriff erscheint. Dieser Vorgang, demgemäß das Sein in den bestimmenden Begriff des Seienden gefaßt wird, beginnt sich bereits bei Plato vorzubereiten, der das Sein als Idee setzt, d.h. als das eine Mannigfaltigkeit von Einzelnen einheitlich bestimmende Wassein. Aber erst in der Neuzeit wird das Sein entschieden im Begriff vorgestellt. So sind nach Kant die Kategorien, die das Sein der Gegenstände ausmachen, die ursprünglichen Begriffe des Verstandes. Weil aber die Begriffe Sache der Vernunft sind, ergibt sich der folgende Strukturzusammenhang: Sein - Grund - Begriff - Vernunft.

Dieser Strukturzusammenhang ist es, der die Systembildungen des Denkens im Deutschen Idealismus trägt. Denn hier gilt es, nicht ein System auszudenken, sondern ein System zu finden, nämlich dasjenige, in welchem und als welches das Seiende seiend ist.

Im Blick auf die Metaphysik können wir bezüglich des Seins jetzt das Folgende festhalten: Es gibt Sein, aber so, daß das Geben des „Es gibt“ mit sich selbst in der Metaphysik zurückhält und allein die Gabe, die es gibt: das Sein, in die Denk- und Sagbarkeit freigibt. Heidegger sagt in seinem Vortrag von 1962: „Ein Geben, das nur seine Gabe gibt, sich selbst jedoch dabei zurückhält und entzieht, ein solches Geben nennen wir das Schicken.“ [17] So gedacht, ist dies Sein das „Geschickte“, dergestalt, daß jede seiner Wandlungen, jede geschichtliche Wesensbestimmtheit des Seins - als Idee, als *ener-*

---

[17] Zeit und Sein, a.a.O., S. 8.

geia, als *actualitas*, als Wirklichkeit, als Geist, als Leben - eben geschickt ist.

Die Geschichte der Metaphysik besteht nicht in der historisch erkundbaren Abfolge von philosophischen Lehren, sondern die Geschichte der Metaphysik bestimmt sich aus diesem Geschickhaften solchen Schickens, nämlich aus der Art und Weise, wie je und je Sein sich entbirgt, also in eine Wesensbestimmtheit geschickt wird. Und das metaphysische Denken, getroffen von einem jeweiligen Geschick des Seins, einer bestimmten Entbergungsweise des Seins, fängt dieses bei sich auf, trägt es aus, indem es das in eine bestimmte Wesensweise geschickte Sein in das Ganze des Seienden durch eine Weltauslegung hinein entfaltet.

Da die Metaphysik dadurch bestimmt ist, daß das Sein jeweils in eine Wesensbestimmtheit seiner geschickt wird, aber so, daß dieses Schicken selber, also das Entbergen, mit seiner Bekundung an sich hält und zurückhält, kann Heidegger von „Epochen des Seinsgeschickes“ [18] sprechen und nimmt dabei die griechische Bedeutung von *epoche* in Anspruch. *Epoche* heißt griechisch Ansichhalten, nämlich des Schickens, des Entbergens selbst zugunsten der Vernehmbarkeit des Seins, des Geschickten, des Seins als desjenigen, was Seiendes zu einem solchen bestimmt. Wenn Heidegger von „Epochen des Seinsgeschickes“ spricht, dann müssen wir aus „Epoche“ diese griechische Bedeutung heraushören und nicht einfach meinen, es drehe sich hier um historisch einteilbare Abschnitte.

Die Aufeinanderfolge der einzelnen Epochen der Metaphysik, also der großen Philosophien, ist zwar nicht zufällig, aber auch nicht, wie Hegel das versucht hat, in der Notwendigkeit ihrer Folge zu deduzieren. Es läßt sich aber auf mehrfache Weise eine gewisse Gesetzmäßigkeit dieser verschiedenen Seinsmanifestationen konstatieren:

So wird beispielsweise die Identität von Sein und Seiendem immer beherrschender. Bei Parmenides blieb dieses Verhältnis von Sein und Seiendem ganz unbestimmt. Plato bestimmt das Verhältnis als *metexis*, als Teilhabe des einzelnen an den Ideen, also als partiel-

---

[18] ebd., S. 9.

le Identität von Sein und Seiendem. Aristoteles, in Abwandlung der platonischen Auffassung von der Idee und in Gegenstellung zu dieser Position, setzt die Wesensidentität des Wasseins mit dem jeweilig Seienden, also keine partielle Identität im Sinne der Teilhabe, sondern Wesensidentität des Wasseins, des *eidos*, mit dem jeweiligen Seienden, allerdings bei Aufrechterhaltung des Unterschieds von Wesensprädikaten und akzidentiellen Prädikaten. Leibniz hebt diesen Unterschied von Wesensprädikaten und akzidentiellen Prädikaten auf, insofern nach ihm alle Prädikate im Subjekt enthaltene analytische Prädikate sind, so daß der Unterschied von Wesensprädikaten und akzidentiellen Prädikaten verschwindet. Bei Hegel schließlich werden Sein und Seiendes entdgültig im Begriff des absoluten Wissens identifiziert, so daß die ontologische Differenz verschwindet.

Man kann ferner zeigen, daß, je mehr die *aletheia*, aus welcher die Griechen ja das Seiende als Phänomen erfuhren, zurücktritt, desto mehr das Wissen und das Bewußtsein in die Vorhand gelangt. So wird die griechische *physis*, das von sich her ins Erscheinen Aufgehende, zum Inbegriff der Gegenstände des sich wissenden Bewußtseins, des „Ich-denke", und zwar so, daß die Gegenständlichkeit der Gegenstände sich im Bewußtsein konstituiert.

So läßt sich eine gewisse Gesetzmäßigkeit in der Abfolge der verschiedenen Seinsepochen durchaus feststellen, aber keine Notwendigkeit ihrer Aufeinanderfolge, wie Hegel das in seiner geschichtsphilosophischen oder philosophiegeschichtlichen Konstruktion versucht hatte. Und diese Auslegungen überlagern einander, so daß die anfängliche Schickung von Sein als Anwesenheit mehr und mehr verdeckt wird, völlig fraglos und überhaupt nicht mehr bedacht wird. So verfällt das metaphysische Denken seiner durch es selbst gestifteten Tradition. Deshalb bedarf es - und das sieht man hier aufs neue - der Destruktion, nicht um die Überlieferung zu zerstören, sondern gerade um ihren ursprünglichen Sinn sich anzueignen, nämlich um einen Einblick in das zu gewinnen, was sie wesentlich ist: ein Seinsgeschick. Dieses macht das Geschichtliche der Geschichte der Metaphysik allererst aus.

Aber nun ist die Gefahr groß und nur schwer zu vermeiden, daß diese Geschichte der Metaphysik doch wieder unter den Begriff des Geschehens subsumiert und so als eine Art von Geschehen vorgestellt wird, das in der Zeit verläuft. Wird die Geschichte der Metaphysik in dieser Weise vorgestellt, dann führt kein Weg zu der bereits in *Sein und Zeit* herausgestellten Geschichtlichkeit des Daseins, dem verwandelnden Sich-Überliefern des verborgen Hinterlegten, das es durch den Zukunftsentwurf ins Offene zu bringen gilt. So ist es Gadamer in seiner Hermeneutik ergangen. Gadamer übernimmt aus *Sein und Zeit* den Heideggerschen Begriff des Verstehens. Geschichte aber versteht er als Wirkungsgeschichte, d.h. als ein in der Zeit ablaufendes, besonderes Geschehen, das sich vom Naturgeschehen unterscheidet.

Der einzig mögliche Weg, der sich aber bietet, ohne daß man auf Abwege gerät, ist dieser: Von *Sein und Zeit* her den Gedanken des Seinsgeschicks vorzudenken, und zwar aufgrund des in *Sein und Zeit* freigelegten nicht-metaphysichen Zeitwesens einer ekstatischen, horizontalen Zeitlichkeit und im Durchgang durch die Blickwendung der Kehre. Wenn man diesen Weg versucht, beginnt sich die Zeit als Lichtungsbereich des Seins zu enthüllen, als die Art und Weise, gemäß welcher es Sein je und je gibt. Einen anderen Weg vermag ich nicht zu sehen, um an das Wesen der Metaphysik heranzukommen.

Hier stellen sich methodische Fragen des postmetaphysischen Denkens von enormem Schwierigkeitsgrad. Deshalb müssen wir immer wieder auf sie eingehen. Alle philosophischen Lehren der wenigen großen Philosophen sind keine Lehren über das Sein, sondern es wird in diesen Philosophien in ihrer Abfolge das Sein in seiner epochalen Wandlungsfülle entfaltet, einbehalten in die sich selbst entziehende Schickung. Auch das hier versuchte Denken, welches dem nachdenkt, wie und woher Sein seine Bestimmung als Anwesenheit und Anwesen empfängt, bleibt in die Überlieferung gebunden. Denn nur sofern sich Sein schon ereignet hat, Sein als Sein bereits in die Offenbarkeit getreten ist, und das ist erst seit dem frühen Griechentum der Fall, kann dem nachgedacht werden, wie und woher Sein ins Offene der Sagbarkeit und Denkbarkeit je und je gelangt und in welcher Weise der Mensch als der das Sein Sagende und Denkende und Entfaltende diesem Ereignis zugeeignet ist.

Seine Aufgaben kann auch das gegenwärtige Denken nur aus der recht verstandenen Treue zur Überlieferung gewinnen. Aber es sieht so aus, wenn man sich einmal die philosophischen Veröffentlichungen in Deutschland ansieht, als seien diese Aufgaben nicht einmal bei uns angekommen. Was soll dann aber Heideggerkritik, wenn man die Aufgabe, die Heidegger gestellt hat, nicht einmal bei sich ankommen läßt? Ist dann nicht alle Kritik in Wahrheit Spiegelfechterei?

§ 17. Das Wesen der Zeit

Die Aufgabe des postmetaphysischen Denkens stellt sich jetzt so dar: Es gilt, nicht immer nur das Sein als das je und je sich Ereignende und Ereignete zu denken, sondern das Wie und Woher seiner Bestimmtheit. Sein heißt Anwesen, Anwesenlassen von Anwesendem, Anwesenheit des Anwesenden. Für „Anwesenheit" können wir „Gegenwart" sagen. Sein qua Anwesenheit ist durch Zeit geprägt. Was das ist, daß es Sein qua Anwesenheit überhaupt gibt, könnte also, so lautet jetzt die Vermutung, in dem gefunden werden, was in *Sein und Zeit* als Zeit gesucht wurde und - freilich nur bedingt - in der Zeitlichkeit des Daseins gefunden wurde. „Wir folgen dieser Vermutung", sagt Heidegger, „und denken der Zeit nach." [19]

Aber wie soll das geschehen? In jedem Fall muß man von dem geläufigen Zeitbegriff loskommen. Es muß also versucht werden, im Blick auf das vom Sein Gesagte das Eigene der Zeit zu erfassen. Denn ist Sein durch Zeit bestimmt, dann müßte die Zeit als das Sein Bestimmende im Blick auf das Sein auch erblickbar werden.

„Sein" bedeutet Anwesenheit, so lautet das Ergebnis der Destruktion. Stattdessen können wir auch „Gegenwart" sagen. Statt „in Anwesenheit von" sagen wir auch „in Gegenwart von". Aber

---

[19] Zeit und Sein, a.a.O., S. 10.

sobald wir Gegenwart ohne den Blick auf das Sein qua Anwesenheit fassen, fallen wir sogleich schon in die geläufige Zeitvorstellung zurück. Zugleich mit Gegenwart stellen wir Vergangenheit und Zukunft mit vor, und zwar als das Frühere und Spätere zum Jetzt. Aber die als Jetzt vorgestellte Gegenwart ist etwas ganz anderes als Gegenwart im Sinne von Anwesenheit. Das spricht die Sprache ganz deutlich aus. Wir können zwar sagen: „Die Preisverteilung fand in Gegenwart des Bundespräsidenten statt“, aber wir können nicht sagen: „Sie fand statt im Jetzt des Bundespräsidenten“. Hier aber soll die Zeit gemäß dem Bezug von Sein und Zeit erörtert werden. Also im Blick auf das Sein qua Anwesenheit, welches durch Zeit qua Gegenwart bestimmt ist. So gilt es, nicht die Gegenwart als solche vorzustellen, denn dann wird sie sofort zum Jetzt, sondern die Gegenwart im Blick auf Sein als Anwesenheit vorzustellen.

Aber wir müssen zugeben, daß wir das überhaupt nicht gewohnt sind und daß wir uns deshalb sehr schwer damit tun. Wenn wir nämlich versuchen, die Zeit im Hinblick auf Sein qua Anwesenheit zu denken, dann kommt uns immer schon die Vorstellung von der Zeit dazwischen als Einheit von Gegenwart, Vergangenheit und Zukunft, bestimmt vom Jetzt. Zeit wird von uns im vorhinein als etwas Seiendes genommen und zwar aus dem Horizont von Sein als Anwesenheit. Denn was an der Zeit anwesend und gegenwärtig ist, das ist natürlich das Jetzt. Vergangenheit und Zukunft sind nicht mehr bzw. noch nicht jetzt. Griechisch gesprochen sind Vergangenheit und Zukunft *me onta*, nicht schlechthin Nichtseiendes, nicht *ouk onta* oder *mos onta*, sondern Seiendes, dem etwas fehlt, nämlich die unmittelbare Anwesenheit, die nur dem Jetzt zukommt.

So stellt sich die Zeit als das Nacheinander der Jetztfolge dar, als ein eindimensionales Gebilde oder als der Paramenter, an dem entlang wir die Dauer von Bewegungen und Zuständen messen. Je exakter die Zeitmessung wird, umso weniger besteht noch ein Anlaß, dem Wesen der Zeit selbst nachzudenken. Entsprechend gilt auch: Je wirksamer das Seiende durch Berechnung seiner als Wirkbestand ist, umso weniger Veranlassung besteht, dem Sein nachzudenken. Es zeigt sich, daß das Zeitalter der Technik in der Tat das Zeitalter der Seinsvergessenheit ist.

Wir wollen aber die Zeit in ihrem eigenen Wesen erörtern. Mit dem Beginn der Erörterung - ja bevor wir überhaupt damit begonnen haben - haben wir schon unbemerkt die Zeit als ein Seiendes genommen und sind dadurch schon auf einen Abweg geraten. Aber nehmen wir einmal an, sie sei etwas Seiendes, dann muß sie auch irgendwo sein wie jedes Seiende. Wo also ist sie?

Die nächstliegende Antwort lautet: Die Uhr gibt uns ja die Zeit an. Also muß die Zeit in der Uhr stecken. Aber was gibt uns die Uhr denn eigentlich an? Sie gibt uns das Maß der Dauer von Vorgängen an. Sie gibt uns das Wieviel an, nämlich im Hinblick auf die Zeit: wieviel Zeit wir noch haben, um dies oder das zu tun und zu Ende zu bringen. Aber die Zeit selbst, die finden wir weder auf dem Zifferblatt noch im Uhrwerk. Denn die Zeit ist überall, sie ist in gewisser Weise nirgendwo und doch überall.

Daraus entnehmen wir: Die Zeit ist so wenig wie das Sein etwas, das ist, ein Seiendes. Deshalb ist es auch bezüglich der Zeit angemessener, nicht zu sagen, „Zeit ist“, sondern „Es gibt Zeit“, denn dann halten wir offen, in welcher Weise es sie gibt. Wenn wir dagegen sagen: „Es ist Zeit“, dann haben wir sie als ein Seiendes vorgestellt. Und ist sie ein Seiendes, dann muß sie auch irgendwo sein.

Um nun diese Zeit, die es irgendwie gibt, in ihrem eigenen Wesen zu fassen, ist das Denken vom Blick auf Sein im Sinne von Anwesenheit, Gegenwart geleitet. Dabei ist die Verschiedenheit von Gegenwart qua Anwesenheit und Gegenwart qua Jetzt immer streng im Blick zu behalten. Gegenwart als Anwesenheit läßt sich nicht von der Gegenwart als Jetzt her bestimmen. Eher ist das Umgekehrte möglich, indem man nämlich zeigt, daß die Auslegung der Zeit als Jetzt-Folge bereits eine Präsenz des Seins selbst, also eine zeitliche Bestimmung voraussetzt. Anders gesagt, indem man zeigt, daß der Auslegung der Zeit vom Jetzt her bereits eine zeitliche Bestimmung unterliegt, nämlich Sein als Gegenwart, Sein selbst. Sein selbst ist schon vorweg als Gegenwart bestimmt, und als Folge davon wird das Sein der Zeit dann als Gegenwart im Sinne des Jetzt vorgestellt. Deshalb kann Heidegger Gegenwart als Anwesenheit und alles, was zu solcher Gegenwart als Anwesenheit gehört, die „eigentliche

Zeit" nennen[20] und die Zeit als Jetzt-Folge die „sekundäre Zeit", weil die eine in der anderen begründet ist.

Was besagt nun Gegenwart im Sinne von Anwesenheit? „Wesen" ist bei Heidegger primär verbal verstanden: als Währen, als Weilen.[21] Aber „Währen" und „Weilen" nicht als bloße Dauer des Durchdauerns einer Zeitstrecke von einem Jetzt-Punkt zu einem anderen, sondern „Währen" als „Weilen" im Unterschied von „Weggehen". Anwesen möchte darum als sprachliche Fassung eines Sachverhaltes besagen: weilender, währender, offener Angang, den Menschen angehend. So verstanden, gehört zum Anwesen der Mensch. Und deshalb, so schließen wir, müssen wir schon ein Wissen vom Menschen haben, um aus solchem Wissen dann Sein qua Anwesen zu begreifen. Das Wissen vom Menschen aber verwaltet die Anthropologie, so daß die ganze Erörterung in die Anthropologie zurückzuschwenken scheint.

Aber hier ist eben Vorsicht geboten, wie so oft im philosophischen Denken. Es könnte ja sein, daß das Angegangensein von Anwesenheit den Menschen erst zu dem auszeichnet, was er als Mensch ist, nämlich so: Weil von Anwesenheit angegangen, deshalb ist der Mensch seinerseits so anwesend, also so seiend, daß er sich zum Anwesenden und deshalb auch zum Abwesenden als einem solchen verhält.

Die philosophische Überlieferung in ihrem Beginn hatte das bereits gewußt, denn sie bestimmte den Menschen als *zoon noun echon,* als Wesen, das den *nous* hat, der das Sein des Seienden erblickt, so, daß sich nun der Mensch zu einem jeglichen als einem durch Sein Bestimmten, also als einem Seienden, verhalten kann. Der Mensch steht im bleibenden, offenen Angang von Sein, dergestalt, daß er die Gabe des „Es gibt", das Sein, empfängt und ihm so ein jegliches als das Seiende, das es ist, begegnet. Gäbe es nicht Sein, dann bliebe beim Ausbleiben dieser Gabe Sein verborgen, und dann wäre der Mensch überhaupt nicht Mensch. Der Mensch ist nur

---

20 ebd., S. 12.
21 ebd.

Mensch, sofern er sich in der Reichweite des „Es gibt Sein“ befindet.[22]

Wir können also gar nicht von einem Wissen von dem, was der Mensch ist, ausgehen und von dort aus das Anwesen erklären, sondern das Wesen des Menschen gehört selbst wesenhaft zu der Sache, die hier zur Frage steht: Sein als Anwesenheit. Der Mensch gehört nämlich als der Empfänger der Gabe des „Es gibt Sein“ in das Sein hinein. Diese Gabe, das Sein also, hat ihn immer schon erreicht, es ist ihm immer schon gereicht, so daß der Mensch das Sein denkende Wesen ist. Anwesenheit, in welcher Weise auch immer, geht den Menschen stets und stetig an.

Aber geht ihn nicht ständig auch Abwesenheit an? Gerade auch das Nicht-mehr-Anwesende geht uns an, und dies oft noch mehr und noch bedrängender als das Anwesende. Wie geht uns das Nicht-mehr-Gegenwärtige in seiner Abwesenheit an? In der Weise des uns angehenden Gewesen. Das Gewesen geht auch an, und zwar unmittelbar, auf eine ihm eigene, unableitbare Weise und oft sogar noch bestürzender als das gegenwärtig Anwesende. Wir sagen sogar, daß wir uns in Erinnerungen verlieren können.

Geht uns aber das Gewesen an, dann ist uns auch in dem Gewesen eine Weise von Anwesen, eine Weise von Sein, gereicht. Es gibt also auch ein Anwesen, ein Sein, in der Weise des Gewesen. Dieses uns in der Weise des Gewesenen Angehende und Bestimmende ist nicht gleichzusetzen mit dem bloß Vergangenen. Denn wie könnte uns etwas bestimmend angehen, wenn es ins Nichtige des Vergangenseins vergangen ist?

Es gibt also eine Anwesenheit in der Weise des Gewesen. Deshalb sagt Heidegger: „Im Gewesen wird Anwesen gereicht“.[23] Dieses „reichen“· spricht deutlicher und differenzierter asl das Wort „geben“. Man könnte ja auch sagen: „Auch im Gewesen wird uns Anwesen, wird uns Sein gegeben“. Heidegger sagt aber an dieser Stelle stattt „gegeben“ „gereicht“. Reichen bedeutet immer ein Dreifaches in Einheit:

---

[22] ebd., S. 14.
[23] ebd.

Erstens bedeutet „reichen“ soviel wie darbieten, geben. Zweitens heißt es erreichen, denn das Dargebotene muß ja den Empfänger erreichen, damit er es aufnehmen kann. Und drittens heißt „reichen“ immer: sich durch einen Bereich erstrecken, so wie wir sagen: „Mein Arm reicht so weit“. Zum „Reichen“ gehört ein Bereich als Erstreckungsweite des Reichens. Dieses Dreifache muß in dem Wort „reichen“ gehört werden. Das läßt sich am Gewesenen deutlich zeigen, denn das Gewesene ist das Nicht-mehr-Gegenwärtige. Soll uns dies gleichwohl so angehen wie das Gegenwärtige, dann muß uns sein Anwesen, das Gewesen nämlich, gereicht werden, damit es uns, die gegenwärtig Anwesenden, auch erreicht.

Aber die Abwesenheit geht uns nicht nur in der Weise an, daß uns Nicht-mehr-Gegenwärtiges, Gewesenes, als ein solches erreicht, sondern die Abwesenheit geht uns noch in anderer Weise an, nämlich im Sinne des Auf-uns-Zukommens. Auch im Auf-uns-Zukommen des Noch-nicht-Gegenwärtigen wird uns eine Weise von Anwesen gereicht, denn andernfalls könnten wir von dem Auf-uns-Zukommenden, dem Nicht-Gegenwärtigen, überhaupt nicht angegangen werden. Es wäre uns und wir wären ihm verschlossen. Auch die Abwesenheit von Seiendem als Zukunft ist eine eigene Weise von Anwesen, von offenem Angang.

Was ergibt sich aus dieser Analyse bezüglich der zeitlichen Bestimmtheit von Sein? Wir finden auch in der Abwesenheit, sei es als Gewesen, sei es als Zukunft, eine eigene Art von offenem Angang, von Anwesen, eine eigene Art von Sein. Und dieses Anwesen, als gewesen und zukünftig, deckt sich nicht mit Anwesenheit im Sinne von Gegenwart. Also ist nicht jedes Anwesen, ist nicht jedes Sein schon Gegenwart. Daher dürfen wir Sein nicht mit Gegenwart gleichsetzen. Wohl aber finden wir das uns gereichte Anwesen auch in der Gegenwart, auch in ihr ist uns Anwesen gereicht, so daß uns Gegenwärtiges angeht als ein Anwesendes, als ein Seiendes.

Es ist von großer Wichtigkeit, daß wir an dieser Stelle den Wortsinn der Worte „gewesen“ und „zukünftig“ genau denken und in einer festen Bestimmtheit halten. Das Vergangene ist das aus allem Anwesen Hinweggegangene, das nirgendwo und niemals mehr angeht. Solches gibt es in zahlloser Weise. Dagegen waltet im Gewesen ein Angang, ein An-wesen. Das Gewesene ist das - in welcher Ferne auch immer - Noch-wesende, d.h. das Gegenwart und Zukunft Mitbestimmende. Entsprechend meint das Zukünftige nicht das, was in der ins Endlose fortgehenden Zeit als Jetztfolge noch alles passieren kann, sondern das Auf-uns-Zukommende, welches zur Gegenwart selbst wesentlich gehört, indem es die Gegenwart bestimmend durchragt, ob wir es nun kennen oder nicht.

Auch im Gewesen und im Zukünftigen ist uns also Anwesen gereicht. Gewesenheit, Zukunft und Gegenwart erbringen je eine eigene, genuine, unableitbare Weise von Anwesen, die nicht eine aus der anderen hergeleitet werden können, die aber auch nicht lediglich zusammen vorhanden sind als drei Stücke. Sie spielen auf eine noch näher zu bestimmende Weise ineinander und bilden so doch ein einiges Ganzes. Worin die Einheit und Ganzheit der Zeit besteht, das muß noch bestimmt werden.

Zunächst ist das in Gegenwart, Gewesenheit und Zukunft spielende Reichen von Sein im Sinne von Anwesen genauer zu bestimmen. Welchen Wesens ist dieses Reichen? Ankommen, Ankunft, Zukunft reicht eine eigene Weise von Anwesen. Aber Ankommen als Noch-nicht-Gegenwart erbringt immer zugleich auch schon Nicht-mehr-Gegenwart, Gewesen. Und umgekehrt: Es gibt kein Gewesen isoliert für sich, sondern das Gewesen erbringt zugleich auch immer Zukunft, Ankunft.

Dieser Sachverhalt, daß das eine wechselseitig das andere mit erbringt, ist sogleich zu verstehen, wenn wir an die Analytik der Zeitlichkeit in *Sein und Zeit* zurückdenken und uns erinnern, was uns da vor Augen gestellt worden war: Zukunft, existenzial-ontologisch gedacht als Auf-sich-zukommen-lassen in seinen eigenen Möglichkeiten, ist immer ein Auf-sich-zukommen-lassen auf sich als den, der ich je schon bin, also auf das eigene Gewesen. Und umgekehrt: Ich bin der, der ich je schon bin, sobald ich bin im Auf-mich-zukommen-lassen in meinen eigenen Möglichkeiten. Zukunft und Gewesenheit sind nur in ihrer Einheit das, was sie sind. Aus dieser Einheit von Zukunft und Gewesenheit lassen wir dann das jeweilig gegenwärtige Seiende begegnen im Gegenwärtigen seiner. So war der Sachverhalt in *Sein und Zeit* dargestellt.

Nun aber gilt es, die Zeit aus der Beschränkung auf das je eigene Sein des Daseins zu befreien, gemäß der Blickwendung der „Kehre“, und die Zeit nicht nur als Zeitlichkeit des Daseins, sondern jetzt als den Horizont des Seins überhaupt zu erblicken. „Gewesen“ und „zukünftig“ gilt es nun nicht nur auf das eigene Gewesen- und Zukünftig-sein meiner selbst zu begrenzen, sondern Sein überhaupt in seiner ganzen Erstreckungsweite nach seinen zeitlich bestimmten Modi zu denken. Der Wechselbezug von Gewesen und Zukunft erbringt zugleich Gegenwart, gegenwärtige Anwesenheit, nämlich als Angekommensein in die Anwesenheit. Auch das ergibt sich mühelos aus der Analyse der Zeitlichkeit des Daseins in *Sein und Zeit*, wenn wir die zeitliche Bestimmtheit von Sein überhaupt in den Blick nehmen.

Zukunft und Gewesenheit sind, was und wie sie sind, in diesem Sich-einander-Reichen. So wäre das Reichen von Anwesenheit bestimmt: Es ist in der Weise des Sich-einander-Reichens der drei Zeitmodi, dergestalt, daß die drei eine Einheit bilden und in dieser Einheit der drei der ganze Erstreckungsbereich der jeweiligen Offenbarkeit von Sein beruht.

Allerdings müssen wir zugeben, daß der Einheitscharakter des Reichens noch ungenügend bestimmt ist. Es wurde nämlich gesagt: Zukunft reicht zugleich Gewesen, Gewesen reicht sich zugleich Zukunft zu. Aber es ist sofort ersichtlich, daß dieses „zugleich“ selbst eine Zeitbestimmung ist. „Zugleich sein“ heißt: in demselben Jetzt anwesend sein. Wenn wir also sagen: „Zukunft reicht sich zugleich Gewesen zu, und Gewesen reicht sich zugleich Zukunft zu“, dann verstehen wir die Einheit des Reichens, die Einheit der Zeit, ihrerseits als etwas Zeitliches, also in der Zeit Seiendes. Nun macht aber die Einheit des Reichens gerade die Einheit und Ganzheit der Zeit selbst aus. Die Einheit kann also nicht wiederum etwas Zeitliches sein. Man kann daher nicht sagen: Zukunft, Gewesenheit, Gegenwart kommen nicht getrennt, isoliert für sich vor, sondern sie sind immer zugleich vorhanden. Das ist ein unangemessenes Sprechen, denn dann wird die Zeit in ihrer Ganzheit als etwas vorgestellt, das seinerseits in der Zeit ist, nämlich in demselben Jetzt vorkommt.

Man sieht hier, wie immer die geläufige Zeitvorstellung dazwischen kommt.

Andererseits steht fest, daß das dreifache Reichen eine Einheit bildet. Deshalb entsteht die Frage: Worin besteht die einigende Einheit dieser drei? Worin besteht die Einheit der Zeit? Natürlich dürfen wir für diese Einheit nicht nach einem Grund suchen, der außerhalb der Zeit liegt, also einem außerzeitlich oder überzeitlich seienden Grund. Das ist vollkommen unmöglich, weil sich aus der Zeit ja allererst die Lichtung des Seins ergibt. Wie könnte dann außerhalb der Zeit noch ein Seiendes sein?

Aber wenn wir so nicht denken dürfen, dann ergibt sich die Frage: Wie soll denn die einigende Einheit dieser drei bestimmt werden? Sie kann nur aus dem bestimmt werden, was sie einander reichen. Was ist das? Was reichen denn diese drei einander, indem sie sich einander wechselseitig reichen? Sie reichen nichts anderes als sich selbst. Sie reichen einander das ihnen jeweils eigene Anwesen.

Heidegger erklärt: „Mit diesem lichtet sich das, was wir den Zeit-Raum nennen." [24] Mit diesem Einander-sich-Reichen als ein Reichen von Anwesen, als ein Reichen eines vielfältigen Seins, eröffnet sich erst der ganze Erstreckungsbereich von Sein-überhaupt. Das Wort „Raum" in der Wortbildung „Zeit-Raum" bedeutet hier also den Lichtungsbereich von Sein, nicht aber den Abstand zwischen zwei Jetztpunkten, nicht also so etwas wie den Zeitraum von 50 Jahren, sondern eben den offenen Bereich von Sein, der sich im Einander-sich-Reichen von Ankunft, Gewesenheit und Gegenwart öffnet.

Es ist also nicht so - und dies ist wichtig -, daß dieser Wechselbezug von Zukunft, Gewesenheit und Gegenwart sich in einem schon offenen Bezirk abspielt, sondern das Einander-sich-Reichen öffnet allererst den Bereich. In diesem Sich-einander-Reichen lichtet sich überhaupt so etwas wie Sein als Anwesenheit, so daß es Sein gibt und nun jedes als ein Seiendes erscheint. Dieses Offene räumt überhaupt erst den uns bekannten Raum ein, den Raum, den wir verstehen als das mögliche Wo der Anwesenheit von Seiendem. Deshalb ist, von der uns bekannten Raumvorstellung her gesehen,

---

[24] ebd.

dieses das Sein lichtende Einander-sich-Reichen „vor-räumlich“, wie Heidegger sagt[25], weil es einen sich ausbreitenden Raum als Wo der möglichen Anwesenheit von Seiendem erst ermöglicht. Der gewöhnlich so genannte „Zeitraum“, der gemessene Abstand zwischen zwei Jetzt - 50 Jahre, 10 Jahre -, ist dagegen nur das Resultat einer Zeitmessung, also nur möglich im Hinblick auf die Zeit als Jetzt-Folge, die wir hier zunächst einmal fernhalten müssen.

Sein ist nicht solches, das ist. Sein ist kein Seiendes. Aber es gibt Sein. In welcher Weise gibt es denn Sein? Das war die Frage. Die erste Antwort, die wiederum viel Fragliches in sich enthält, wie sich zeigen wird, lautet jetzt: Sein gibt es, sofern im Sich-einander-Reichen von Ankunft, Gewesen, Gegenwart das Offene sich öffnet. Das Sein gelangt so in die Offenbarkeit seiner selbst aus der Zeit in diesem Sich-einander-Reichen der drei Zeitmodi. Oder: Die Entbergung von Sein geschieht als Zeit. Zeit erbringt Sein. „Erbringen“ heißt: ins Offene gelangen lassen.

Aber seien wir uns darüber im klaren: Die Sätze: „Entbergung und Lichtung von Sein geschieht als Zeit“, „Zeit ist es, die Sein allererst erbringt“, haben nur dann einen ausweisbaren Sinn, wenn mindestens zweierlei festgehalten bleibt: Zunächst hat Sein seine Sinnbestimmtheit in Anwesenheit, Sein ist Anwesen. Die Destruktion muß wirklich von uns vollzogen worden sein, sonst hängen wir im metaphyischen Denken fest. Dann sind diese Sätze über das Sein auch schon notwendigerweise mißverstanden. Ferner haben wir ein nichtmetaphysisches Zeitwesen freigelegt, wie es in *Sein und Zeit* bereits geschehen ist, obzwar hier noch in der Blickbeschränkung auf das Sein des Daseins. Sonst hängen wir nämlich in der Vorstellung der Zeit als Jetzt-Folge fest.

Halten wir dieses beides fest, dann dürfen wir allerdings mit Bestimmtheit sagen: Sein als Anwesenheit lichtet sich aus der Zeit, welche als das Einander-sich-Reichen, das Sich-öffnen des Offenen ist, in welchem Sein zum Vorschein kommt, so, daß im Lichte dieses zum Vorschein gekommenen Seins ein jegliches nun als das Seiende begegnet, das es von sich her ist.

---

[25] ebd., S. 15.

Heidegger beansprucht für dieses lichtende Einander-sich-Reichen das Wort „Dimension“[26]. Darunter ist aber in diesem Denkbereich nicht ein Bezirk möglicher Abmessung gemeint - eine Bedeutung, die das Wort natürlich auch hat und behält. „Dimension“ ist hier vom Reichen her gedacht, denn jedes Reichen, hier das Reichen von Sein, durchmißt einen Bereich, streckt sich durch ihn hindurch. Da aber nun dieses Reichen Sein allererst lichtet, gibt es hier nicht einen schon bestehenden Bereich, den dann das Reichen von Anwesen durchmißt, sondern das Reichen selbst eröffnet allererst den Bereich, den es durchmißt, und zwar dadurch, daß es ihn durchmißt. Das Durchmessen des Bereichs ist überhaupt erst die Eröffnung, die Stiftung des Bereichs. Denn indem das Gewesen sich selbst reicht - das ihm eigene Anwesen - eröffnet sich überhaupt erst so etwas wie Gewesensein als solches. Das Reichen spielt sich also nicht in einer schon vorhandenen Dimension ab, sondern es ist selbst dimensionierend. Wird Dimension so verstanden, dann erweist sich die eigentliche Zeit zufolge des dreifachen Dimensionierens als dreidimensional. Das trifft aber für die Zeit als das Nacheinander der Jetzt-Folge niemals zu. Diese ist ganz eindeutig eindimensional.

Jetzt ist die Frage erneut zu stellen: Worin besteht die Einheit der drei Dimensionen der eigentlichen Zeit, dieser drei ineinanderspielenden Weisen des lichtenden Reichens von je eigenen Anwesen? Worin besteht die Einheit von Anwesen in der Weise des Gewesenseins, des Zukünftigseins, des Gegenwärtigseins, dergestalt, daß diese drei einheitlich den Menschen angehen?

Diese einigende Einheit kann sich nur aus dem bestimmen, was diese Dimensionen selbst sind, aus dem ihnen Eigenen. Das Eigene der eigentlichen Zeit ist dieses, daß sowohl im Ankommen des Noch-nicht-Gegenwärtigen als auch im Gewesensein des Nicht-mehr-Gegenwärtigen, als auch in der Gegenwart immer ein Angang, ein Anwesen waltet. In den drei Dimensionen waltet also einheitlich, wenngleich in dreifacher Weise, Sein. Dieses einheitliche Sein kann nicht einer der drei Dimensionen zugewiesen werden. Worin also

---

[26] ebd.

beruht die Einheit des durch alle Dimensionen sich erstreckenden Anwesens? Allein in dem Zuspiel einer jeden Dimension für jede, allein in diesem Einander-sich-Reichen selbst, denn darin lichtet sich das Sein der Einheit seiner drei Weisen. Dieses Einander-sich-Reichen als solches ist die vierte Dimension, ist der ganze Lichtungsbereich von Sein.

„Die eigentliche Zeit ist vierdimensional“[27], sagt Heidegger deshalb. Diese vierte Dimension - dies Zuspiel des Einander-sich-Reichens der Drei - ist aber der Sache nach die erste Dimension. Denn dieses Zusammenspiel des Reichens ist es, das Ankunft im Gewesen, in Gegenwart, allererst erbringt. Das Zusammenspiel ist also das Erste, das alles bestimmt. Aus ihm lichtet sich allererst Gewesen als Gewesen, Ankunft als Ankunft, Gegenwart als Gegenwart. So hält das Zusammenspiel der Drei sie lichtend auseinander, so daß jedes in seinem Eigenen beruht und hält sie zugleich zusammen zur Einheit und Ganzheit der eigentlichen Zeit. Das Zusammenspiel des Reichens hält die Drei auseinander, indem es sie zugleich in eine Einheit zusammenhält, aber so, daß ein jegliches es selbst bleibt. Es hebt sie nicht ineinander auf, so daß sie zu einer unterschiedslosen Einheit verschmelzen. Das Zusammenspiel hält das Gewesen als ein solches offen.

Wodurch aber hält das Zusammenspiel das Gewesen als ein solches offen, daß so etwas ist wie Gewesen-sein? Die Antwort lautet: Dadurch, daß dem Gewesenen seine Ankunft in die Gegenwart verweigert wird. Niemals kehrt das Gewesene in die Gegenwart zurück. Ihm ist die Ankunft in die Gegenwart verweigert, und zwar endgültig. So währt das Gewesen als Gewesen gerade dadurch, daß ihm seine Ankunft als Gegenwart verweigert wird. Es west als Gewesen und bleibt in seinem Eigenen. Das Zusammenspiel hält auch das Ankommen aus der Zukunft offen, so daß es als Ankommen in seinem Eigenen bleibt, nämlich dadurch, daß ihm im Kommen die Gegenwart nicht verweigert, aber vorenthalten wird.

So spielen die Drei ineinander, indem das Zusammenspiel ein jegliches in seinem Eigenen sein läßt. Die aus der Zeit sich ereignen-

---

[27] ebd., S. 16.

de Lichtung des Seins hat die Wesenscharaktere des Vorenthalts und der Verweigerung. Vorenthalt und Verweigerung gehören selber zum Wesen des Seins. Anders gesagt: Zum Wesen des Seins selbst gehört der Entzug. Vom Entzugscharakter des Seins war bereits anläßlich der Erläuterung des Seins als des nichtenden Nichts die Rede. Jetzt sehen wir: Dieser Entzugscharakter, der dem Sein zugleich eigen ist, erfährt seine Bestimmtheit allererst aus der Zeit, und zwar als Verweigerung und Vorenthalt, welche zur Lichtung von Sein wesenhaft gehören. Davon wird später noch ausführlich die Rede sein.

Zeit ist nicht etwas Seiendes, aber es gibt Zeit. Wie ist dieses Geben zu bestimmen? Es bestimmt sich als das dreifach einige Reichen einer dreifachen Weise von Anwesen, welches zugleich verweigernd und vorenthaltend ist. Das Reichen eröffnet den Lichtungsbereich von Sein, aber so, daß im Gewesen Verweigertes und im Ankommen Noch-Vorenthaltenes verwahrt ist, so daß das Sein selbst durch Zukünftigkeit mitbestimmt ist. Wir können diese Charaktere der Verweigerung und des Vorenthalts von Gegenwart „Entzug", wir können sie aber auch „Verbergung" nennen. Dann dürfen wir sagen: „Es gibt Zeit", d.h. es gibt das lichtend-verbergende Reichen von Sein. Dieses hat der Mensch durch sein Sein auszustehen. Nun ist aber dieses Reichen selbst schon ein Geben, denn es gibt Sein in der dreifachen Weise. Aber dieses Geben von Sein beruht noch in einem anderen Geben, dem Geben, demgemäß es die Zeit gibt. Also: „Es gibt Zeit", d.h., Sein wird aus der Zeit in dreifacher Weise gereicht.

„Es gibt Zeit" - also ein zweifaches Geben, und zwar so, daß das eine im anderen fundiert ist: Das Geben von Sein ist im Geben von Zeit fundiert. Das Geben von Sein beruht in einem anderen Geben, demgemäß es die Zeit gibt. „Es gibt Zeit", das besagt: „Es gibt ein Reichen von Sein", oder: „Es gibt ein Geben von Sein". Hier tritt immer wieder diese Dopplung auf: „Insofern das Reichen selber ein Geben ist", sagt Heidegger, „verbirgt sich in der eigentlichen Zeit das Geben eines Gebens." [28] Und das deutet darauf hin, daß die Zeit selbst die Gabe eines noch ursprünglicheren Gebens ist. Ein Zeichen

---

[28] ebd.

dafür, daß die Erörterung bei weitem noch nicht ans Ziel gelangt ist. Denn nun fragt es sich doch: Wie ist es eigentlich mit diesem ursprünglichen Geben?

Nun ist klar, weshalb wir nicht mehr fragen dürfen, wo die Zeit ist, wo es Zeit gibt, denn der Bereich des dreifachen Reichens von Anwesen ergibt ja überhaupt erst ein mögliches Wo der Anwesenheit von etwas. In der philosophischen Überlieferung ist die Frage immer wieder gestellt worden, wohin denn eigentlich die Zeit gehöre, wo denn der Ort ihres Seins sei. Allerdings war dabei die Zeit immer als Jetztfolge, also als die abzählbaren, artikulierbaren Gegenwärtigkeiten verstanden worden. Diese „gezählte Zeit“ [29], so wurde von Anfang an bei Platon und Aristoteles erklärt, könne nicht sein ohne die zählende Seele, neuzeitlich: ohne das Bewußtsein, ohne den Geist. Zeit - also Gegenwart im Sinne des Jetzt und des Vorher und Nachher als eines solchen - gäbe es nicht ohne den Menschen. So lautet die Auskunft der Überlieferung. Zu fragen bleibt dann, was dieses „nicht ohne“ eigentlich heißt. Heißt es, daß der Mensch der Geber der Zeit ist? Oder heißt es, daß der Mensch der Empfänger der Zeit ist, dergestalt, daß es die Zeit nicht gibt ohne einen Empfänger?

Wenn wir vor diese Alternative gestellt werden, dann werden wir uns wohl dafür entscheiden, daß der Mensch als der Empfänger der Zeit fungiert. Aber mit dieser Antwort ist es auch noch nicht getan, so richtig sie sein mag. Denn wenn es so ist,. daß der Mensch als Empfänger der Zeit zur Zeit gehört, so daß sie ohne diesen Empfänger nicht sein kann, wie empfängt der Mensch dann die Zeit? Heidegger fragt an dieser Stelle: „Ist der Mensch zunächst Mensch, um dann gelegentlich, d.h. zu irgend einer Zeit, die Zeit in Empfang zu nehmen und die Beziehung zu ihr aufzunehmen?“ [30] Für die eigentliche Zeit treffen diese Überlegungen sicherlich nicht zu. Die eigentliche Zeit, das dreifach einige lichtende Reichen von Sein, hat den Menschen schon immer erreicht, und zwar so, daß der Mensch erst dadurch Mensch ist, daß er innesteht in diesem dreifachen Reichen

---

[29] ebd.

[30] ebd., S. 17.

und so das lichtend verbergende Reichen - Verweigerung und Vorenthalt, Gewesen und Zukünftigkeit - aussteht. Denn der Zeit-Raum, dieser Lichtungsbereich von Sein, ist ja selbst kein Seiendes, kein „Ding an sich“, das irgendwo für sich besteht, zu dem der Mensch dann auch noch in einer Beziehung steht. Der Zeit-Raum ist kein Geschehnis, das sich irgendwo abspielt, und zwar so, daß der Mensch dann auch noch darin verwickelt wird. Sondern der Zeit-Raum ist, um seinerseits zu weilen und zu währen, angewiesen auf das Sein eines Seienden, das ihn als seinen Aufenthaltsbereich übernimmt. Der Mensch ist das Seiende, das er ist, als der von der Lichtung des Seins Gebrauchte. Deshalb besteht das Sein des Menschen in der dreifach ek-statischen Zeitlichkeit, als welche er den Lichtungsbereich des dreifachen Reichens als seinen Weltaufenthalt übernimmt. Das Sein des Menschen ist die Weise, gemäß welcher er dem dreifältig lichtenden Reichen von Sein zugeartet ist, so daß er nun ein jegliches als Gewesenes, als Zukünftiges, als Gegenwärtiges vernehmen kann und darunter auch und vor allem sich selbst. So kann er allererst das Seiende sein kann, als welches wir uns selbst erfahren.

Sein gibt es als Geschick des Seins und nur als Geschick des Seins in seiner mannigfachen geschichtlichen Wesensfülle, was die Geschichte des Denkens bekundet. Zeit gibt es in der Weise des lichtenden Reichens in einer dreifältigen Weise von Sein.

Nun muß eine Frage eigens ausgesprochen werden, die schon länger hintangestellt war: Gibt es denn eigentlich ein Geben ohne etwas, das gibt? Gibt es ein Geben an sich, ohne ein Gebendes? Ist nicht in den Wendungen: „Es gibt Sein“, „Es gibt Zeit“, doch ein Gebendes angesprochen, nämlich in dem „Es“? Sind wir nicht berechtigt zu fragen, was das denn sei, das Zeit sowohl als Sein gibt? Und wenn dieses Gebende in dem Es - wenngleich ganz und gar unbestimmt - angesprochen ist, müssen wir dann nicht fragen: Was ist denn das „Es“, das Sein und Zeit gibt? Indem wir so fragen, entsteht sogleich die Gefahr, als stände hinter allem eine im „Es gibt“ in unbestimmtester Weise angesprochene Macht, die alles Geben von Zeit und Sein irgendwie bewerkstelligt.

Unmittelbar vor der entscheidenden Betrachtung geraten wir in die Gefahr mystifizierender Vorstellungen hinein. Andererseits weist zweifellos das „Es“ im „Es gibt“ darauf hin, daß hier etwas noch nicht bedacht worden ist. Nur müssen wir uns davor hüten, das „Es“ für sich als eine ganz und gar unbestimmte Vorstellung zu nehmen, die wir dann mit Phantasievorstellungen auffüllen. Vielmehr sind wir gehalten, uns von dem bereits bestimmt Gedachten aus dem noch Unbestimmten, allererst zu Denkenden zu nähern. Niemals dürfen wir umgekehrt verfahren: Von dem noch Ungedachten, noch Unbestimmten, auf das Bestimmte und Gedachte zuzudenken. Unser Verfahren ist so, wie es immer in der Philosophie zu sein hat: Wir versuchen von dem bereits Erörterten und Gedachten auf dieses vorzublicken, das im „Es gibt“ in irgendeiner Weise schon angesprochen ist, ohne freilich erfaßt zu sein. Es zeigt sich da zunächst das folgende:

Durch das Verfahren der Destruktion ist gezeigt worden, daß Sein in seinem Sinn durch Zeit bestimmt ist. Das läßt vermuten, daß sich in dem lichtenden Reichen der Zeit dieses „Es“ , das gibt, finden ließe, denn aus der Zeit wird uns Sein gereicht in der dreifachen Weise.

Auch im Abwesen bekundet sich eine Weise von Anwesen, denn das Gewesen läßt Nicht-mehr-Gegenwärtiges und das Auf-uns-Zukommen läßt Noch-nicht-Gegenwärtiges selbst als solches offen anwesend sein. Also scheint es das dreifach einige Wesen der Zeit zu sein, welches alles Sein ins Offene gibt. Also scheint es die eigentliche Zeit selbst zu sein, als welche das „Es“ zu bestimmen wäre, wenn wir sagen: „Es gibt Sein“.

Die geschichtlichen Manifestationen des Seins in verschiedenen Epochen seiner Wandlung beruhen im lichtenden Reichen von Zeit. So scheint sich das „Es“ des „Es gibt“ als die Zeit selbst zu bestimmen. In dieser Richtung weitergehend, hat man denn auch gemäß den vergröberten Charakterisierungen, wie sie heute leider üblich sind, Heideggers Denken auf das Verhältnis von Zeit und Sein in die Reihe der sogenannten „Ursprungsphilosophien“ versetzt und behauptet: So wie die Neuplatoniker das Sein aus dem Einen und so wie die christlich-theologische Philosophie das Sein aus Gott entspringen lasse, so sei nach Heidegger die Zeit der Ursprung des Seins. Abgesehen davon, daß mit solchen vage gebrauchten Begriffen wie „Ursprung“ und „entspringen“ gar nichts auszurichten ist im Bereich der Philosophie, ist auch die Vorstellung, die Zeit sei das „Es“, das wir nennen, wenn wir sagen: „Es gibt Sein“, ein bloßer Schein. Denn nicht nur das Sein, sondern auch die Zeit ist solches, daß „es gibt“. Es gibt das dreifältige Einander-sich-Reichen, mit welchem sich der Zeit-Raum lichtet. Es gibt den vierdimensionalen Bereich, in den Sein als Anwesen in seiner ganzen Wesensweite sich lichtet. Auch dieser Zeit-Raum ist eine Gabe des „Es gibt“.

Darauf ist schon aufmerksam gemacht worden: Das Wesen der eigentlichen Zeit ist das lichtende Reichen von Sein. Dieses Reichen ist ein Geben von Sein. Nun gibt es Zeit, d.h. es gibt das lichtende Reichen von Sein, es gibt ein solches Geben. Also liegt in der Zeit das Geben eines Gebens beschlossen, in welchem es Zeit und Sein gibt. Und das anfängliche erste Geben, zufolge dessen es Zeit gibt und infolge der Zeit Sein, dieses dreifache einige Reichen von Sein, dürfte wohl das sein, was im „Es gibt“ unbestimmt angesprochen wird. Aber nun ist die Frage: Wie soll dieses dann bestimmt werden? Wie sollen wir das Geben bestimmen, dessen Gabe die Zeit ist und deren Gabe wiederum das dreifache Anwesen ist? Angesprochen wird es in ganz unbestimmter Weise in dem „Es“. Welcher Weg führt zu diesem anfänglichen Geben? Oder, so fragen wir schließlich ungeduldig: Lassen wir uns hier nicht durch die Sprache behexen und in die Irre führen, wenn wir eigens nach einem „Es“ fragen, das „gibt“?

Wir sagen beispielsweise: „Im Bach gibt's Forellen.“ Meint denn das, außer den Forellen und dem Bach existiere auf geheimnisvolle Weise noch ein „Es“, das das alles gibt? Es meint nicht bloß: „In diesem Bach schwimmen Forellen herum“, sondern es meint etwas anderes. Es ist der Bezug auf den Menschen mitgemeint. Die Aussage „In diesem Bach gibt es Forellen“ zeichnet den Bach als Forellenbach aus, als einen solchen Bach, in dem man Forellen fischen kann. Das ist gemeint und weiter nichts.[31]

Ebenso ist zu fragen: Existiert außer Sein und Zeit, die es gibt, noch eigens ein „Es", das sie gibt? Wird hier nicht ein einfacher Satz mystifiziert? Und wo sind wir nun angekommen? Anfangs wurden die Wendungen „Es gibt Sein" und „Es gibt Zeit" verwendet, um der Gefahr bereits im Sprechen auszuweichen, Sein und Zeit als etwas vorzustellen, das seinerseits ist, sie also als etwas Seiendes zu nehmen, das sie doch nicht sind. Aus Gründen der Vorsicht wurde also gesagt: „Es gibt Sein", „Es gibt Zeit". Jetzt scheinen diese Wendungen uns zum Mystizismus zu verführen, als deuteten sie auf ein rätselhaftes „Es" hin, welches das alles gibt. Man ist daher geneigt zu sagen, hier liegt ein Fall sprachlicher Mystifikation vor.

Ehe wir uns allerdings zu einem solchen Urteil entschließen, halten wir doch noch inne und fragen: Wie steht es denn überhaupt mit solchen Es-Sätzen wie „Es regnet", „Es schneit"? Eine Auskunft darüber erhalten wir von der Grammatik. Nach ihr sind diese Es-Sätze Impersonalia, subjektlose Sätze. In einigen indogermanischen Sprachen fehlt das Äquivalent des Es: So im Griechischen und Lateinischen: Es regnet - *pullit*. Es donnert - *donet*. Fragen wir also die Grammatik: Was meint das „Es"?

Wenn wir dieser Frage nachgehen, so stellt sich heraus, daß das „Es" in seiner Bedeutung nicht festzulegen ist. Die Grammatik gibt daher die Auskunft, es handele sich bei den Es-Sätzen um subjektlose Sätze. Fassen wir nun die grammatische Auslegung der Sprache selbst einmal ins Auge und fügen wir uns ihr nicht so ohne weiteres, als ob diese grammatische Auslegung mit dem Wesen der Sprache eo ipso identisch wäre.

Die Grammatik legt die Sprache aus dem primären Blick auf die Aussage und von dieser her aus. Diese Auslegung der Sprache entstammt der griechischen Ontologie, und das in folgender Weise: Das Worüber der Aussage wird im *onoma* sprachlich gefaßt, lateinisch *nomen*. Dies Worüber der Aussage liegt für die Aussage schon vor,

[31] Vgl. das Protokoll zu einem Seminar über den Vortrag Zeit und Sein, a.a.O., S. 41 f.

ist schon anwesend. Jede Aussage bezieht sich auf ein Schon-Anwesendes, sonst fällt sie ins Leere. Dieses Worüber der Aussage, das schon offenbar sein muß, wird griechisch *hypokeimenon* genannt, ins Lateinische übersetzt mit *subiectum*, das Subjekt der Aussage. Das Was der Aussage, das, was vom *hypokeimenon* ausgesagt wird, das wird sprachlich gefaßt im *rhema*. Die lateinische Übersetzung davon lautet *verbum*. Das im *rhema* Gefaßte, der Inhalt der Aussage, das, was gesagt wird vom vor- und zugrundeliegenden Seienden, das heißt griechisch *kategoroumenon*, das, was bestimmend über das vorliegende Seiende ausgesagt wird. Ins Lateinische wurde dies mit *praedicatum* übersetzt. Und dieses Was der Aussage ist etwas, welches das *hypokeimenon* bestimmt. Also etwa: Die Rosen sind rot. Rot ist eine am *hypokeimenon* auftretende Bestimmtheit. Eine solche an einer Sache auftretende Bestimmtheit, die im Prädikat dann ans Licht gehoben wird, heißt griechisch *symbebekos*. Dieser Auslegung der Sprache liegt die Auslegung des Seins nach Substanz und Akzidenz zugrunde. Schärfer gesagt: Diese grammatische Auslegung der Sprache, die hier nur in ihren Grundelementen vorgeführt wurde, ist eins mit der ontologischen Metaphysik, welche das Sein des Seienden auslegt, ohne nach dem Sinn von Sein zu fragen.

Was besagt nun der Satz „Es gibt Sein" im Umkreis dieser grammatischen Auslegung der Sprache? „Es gibt Sein" - das kann nur heißen: Das Sein ist solches, das ist. Nun lautet aber die These Heideggers: Sein ist nicht, so wenig wie Zeit. Also läßt sich der Sinn der Sätze „Es gibt Sein", „Es gibt Zeit" im Umkreis der Grammatik und Logik - und deshalb auch nicht der Logistik, die ja nur eine mathematisierte Logik ist - überhaupt nicht fassen und explizieren. Das läßt sich jetzt leicht zeigen: Sein als Sein ist nicht. Also ist das „Sein" in dem Satz „Es gibt Sein" völlig bedeutungslos. Es ist weder Name für etwas noch bezieht sich dieser Name auf einen Gegenstand. Das Sein gibt es überhaupt nicht, da es nicht ist.

Wenn nun aber Heidegger sagt: „Es gibt Sein", so wird Sein zu einem sprachlich konstruierten Gedankending, gebildet zum Zwecke nutzloser, philosophischer Spekulationen. Und hinter dieses Gedankenkonstrukt wird auch noch ein geheimnisvolles Etwas geschaltet, welches das Sein gibt. Das ist Mystizismus. Und da es die Klarheit der wissenschaftlichen Rationalität trübt und beeinträchtigt, ist es etwas, das eigentlich auf den Universitäten nicht zugelassen werden sollte.

Aber es zeigt sich in Wahrheit etwas ganz anderes, etwas Einfaches, nämlich die Grenze der logisch-grammatischen Auslegung der Sprache, wie sie aus der griechischen Ontologie entsprungen und wie sie von den griechisch-römischen Grammatikern ausgebildet worden ist. Das ist eine Auslegung und nicht die ewige Wahrheit dessen, was Sprache ist. Danach hat nämlich die Sprache primär die Struktur: Aussage von etwas über etwas, also bestimmende Aussage über ein schon vorliegendes, anwesendes Seiendes. Deshalb befestigt diese Sprachauslegung das Sagen und Denken in dieser Subjekt-Prädikat-Beziehung.

Aber nun handelt es sich ja bei den Sätzen: „Es gibt Sein“, „Es gibt Zeit“ überhaupt nicht um Aussagen über Seiendes. Deshalb steht negativ zumindest bereits fest: Diese Sätze: „Es gibt Sein“, „Es gibt Zeit“ können, wenn sie sinngemäß aufgenommen und verstanden werden, überhaupt nicht an der Aussage als ihrem Maß gemessen werden. Die Sätze: „Es gibt Sein“, „Es gibt Zeit“ sind keine Aussagen. Sie sprechen nicht einem vorliegenden Seienden eine Sachbestimmtheit zu, wie wir es in allen Aussagen tun. Aber das ist nur eine negative Feststellung. Denn nun fragt es sich: Wie sollen wir dieses „Es“ in dem „Es gibt Sein“, „Es gibt Zeit“, sagen und denken?

Wir müssen uns davor hüten, dieses „Es“ für sich zu setzen und für sich vorzustellen, als sei es ein für sich seiendes Etwas. Wir müssen vielmehr das „Es“ aus der Art des Gebens denken, welches zu ihm gehört. Geben einerseits als Geschick des Seins und Geben als das dreifach einige Reichen von Sein. Beide Weisen des Gebens gehören zusammen, sofern das Geschick von Sein im lichtenden Reichen von Sein, in der Zeit, beruht.

Hier zeigt sich ein Weg, über die bloß negative Feststellung hinauszukommen und diesem „Es“ eine positive Bestimmtheit zu geben: Es gibt Zeit, es gibt Sein, es gibt Sein als Anwesen, es gibt Zeit als diesen Lichtungsbereich von Sein. In beiden Weisen des Gebens zeigt sich ein Übereignen, dergestalt, daß in solchem Geben Sein und Zeit je ihrem eigenen Wesen überantwortet werden und darin verweilen: Zeit als Zeit, Sein als Anwesen. Beide werden ihrem Eigenen übereignet. Zeit und Sein gelangen aus der Zusammengehörigkeit beider in ihr Eigenes - Zeit als der offene Bereich, Sein als dreifältiges Anwesen. Was beide, Zeit und Sein, in ihrem Je-Eigenen aus dem Bezug bestimmt, benennt Heidegger mit dem Wort „Ereignis". [32]

§ 18. Das Ereignis

Zu Beginn seines Vortrags *Zeit und Sein* hatte Heidegger „Sein" und „Zeit" *die* „Sachen des Denkens" genannt.[33] Das Ereignis läßt beide in ihr Eigenes gelangen, und zwar aus der Zugehörigkeit beider, dergestalt, daß das Ereignis sie beide in Verbleib hält. So kann nun Heidegger das Ereignis auch den „Sach-Verhalt" nennen[34], den es im postmetaphyischen Denken allem zuvor zu bedenken gilt.

Dann aber ist „die schon längst fällige einfache Frage" am Platze: „Was ist das Ereignis?" [35] Diese Frage verlangt eine Antwort. Und die Antwort muß der Sache entsprechen, auf die sie sich bezieht. Jede Antwort, wenn es eine echte Antwort ist, ist ein Entsprechen. Die Frage „Was ist das Ereignis?" intendiert eine Antwort in der Form der Aussage über das Ereignis: „Das Ereignis ist das und das, ist so und so." Nun beziehen sich Aussagen immer auf vorliegendes Seiendes. Das Ereignis ist aber zweifellos nicht etwas, das ist, also kein Seiendes. Es ist nicht etwas, dem Sein zukommt, da es ja Sein erst ergibt.

Also müssen wir auf die in der Frage intendierte Antwort verzichten. Und so bleibt die erwartete Antwort auf die Frage „Was ist das Ereignis?" aus. Darin bekundet sich anscheinend ein Unvermö-

---

[32] Zeit und Sein, a.a.O., S. 20.
[33] ebd., S. 4.
[34] ebd., S. 20.
[35] ebd.

gen, das Ereignis zu sagen und zu denken. Oder aber müssen wir nicht erst auf die Antwort auf diese Frage verzichten, sondern müssen wir bereits auf die Frage in dieser Gestalt verzichten? Reicht diese Frage an das Ereignis gar nicht heran? Sie fragt: „Was ist das Ereignis?“ Sie fragt nach dem Wassein, dem Wesen im Sinne der überlieferten Metaphysik. Und sie fragt nach der Art, wie das Ereignis ist, sie fragt nach dem Sein des Ereignisses. Aber das Sein gehört ins Ereignis, indem es ja aus ihm erst seine Bestimmung als Sein, als Anwesenheit, empfängt. Wenn wir zu sagen versuchen, was das Ereignis sei, antworten wir also mit dem, was seine Bestimmung erst aus dem Ereignis empfängt: Sein, sich lichtend aus der Zeit. Wir fallen, wenn wir auch nur versuchen, diese Frage zu beantworten, in die metaphysische Denkweise zurück angesichts eines Sachverhaltes, der überhaupt nicht metaphysischen Wesens ist: das Ereignis. Denken aber können wir es gleichwohl. Denken können wir es sehr wohl, nämlich im Durchblick durch die untereinander zusammenhängenden Weisen des Gebens, Schickens, Reichens. Dann müssen wir sagen: „Schicken von Sein beruht im lichtend-verbergenden Reichen des mehrfältigen Anwesens in den offenen Bereich des Zeit-Raumes. Das Reichen aber beruht in eins mit dem Schicken im Ereignen.“ [36]

Wichtig ist dabei, so Heidegger, darauf zu achten, daß wir das, was hier sprachlich in dem Wort „Ereignis“ gefaßt ist, nicht nach der gewöhnlichen Bedeutung des Wortes vorstellen, nämlich als eine Art besonderer, ausgezeichneter Vorkommnis, als eine ausgezeichnete Art von Geschehen. Tun wir das trotz Heideggers Warnung, dann wird in Umkehrung unserer gesamten Erörterungen des Seins das Sein selbst zum höchsten Ereignis, und zwar weil ja kein Seiendes ohne Sein zu sein vermag. Demgegenüber gilt es festzuhalten: Das Sein ist nicht Ereignis, sondern Sein ist aus dem Ereignis als ereignet zu denken. Und das bedeutet etwas ganz anderes als die These, das Sein sei das höchste Ereignis von allem, was es gibt. Man kann zwar sagen: Das postmetaphysische Denken denkt das Sein als Ereignis. Aber dann muß das „als“ anders bestimmt wer-

---

[36] ebd., S. 21.

den, als es im metaphysischen Denken auftritt. Also liegt dabei an dem Verständnis des „als" alles. So verbirgt sich in einem unscheinbaren Wort oft ein ganz wesentlicher Sachverhalt. Denn die Metaphysik denkt das Seiende in Hinsicht auf dessen Sein. Sie denkt das Sein also als das das Seiende Bestimmende. Sie denkt es als Idee, als energeia, als Geist, als Materie, als Leben usw. Im postmetaphysischen Denken wird das Sein als Ereignis gedacht. Wenn das „als" dieselbe Bedeutung behält wie im metaphysischen Denken, erscheint Heideggers Denkweise als ein abgewandelte Auslegung des Seins, wie es die Metaphysik gedacht hat: Statt Sein als Idee jetzt Sein als Ereignis.

In all diesen Fällen: Sein als Idee, Sein als *energeia*, Sein als Geist, Sein als Leben, Sein als Ereignis, bedeutet das „als" das Ereignis als eine Art des Seins, so wie die Idee, wie die *energeia*, der Geist eine Art des Seins ist. So bleibt Sein der das Denken bestimmende erste und letzte Leitbegriff. Nun aber gilt es doch gerade im postmetaphysischen Denken, Sein im Sinne von Anwesen zu denken, das es im Geschick allein gibt, welches seinerseits im lichtenden Reichen der Zeit beruht. Dann muß das „als" so verstanden werden: Das Ereignis ist nicht eine Art von Sein, sondern Sein gehört mit ins Ereignis, nämlich als die durch das Reichen von Zeit gewährte Gabe, deren Empfänger der Mensch als das Sein verstehende Wesen ist. Sein als Ereignis denken, heißt im postmetaphysischen Denken: Sein in das Ereignis zurücknehmen, Sein in das Ereignis aufgehen lassen.

Vom Ereignis wäre also zu sagen: Das Ereignis ereignet Zeit und Sein in ihr Eigenes aus der Zusammengehörigkeit beider und hält beide abermals aus ihrer Zusammengehörigkeit in ihrem je Eigenen verwahrt, so daß Sein und Zeit bleiben und nicht aufleuchten und wieder verschwinden. Ist das nun alles, was sich vom Ereignis sagen läßt? In Wahrheit hat das Ereignis schon mehr von sich zur Sprache gebracht, als wir vielleicht bemerkt haben. Das gehört auch zur Vorläufigkeit des Denkens, daß ihm das Sagen oft voraus ist, so daß es das Sagen einholen muß.

Im Geben als Reichen von Anwesen walten auch „Verweigerung von Gegenwart", nämlich im Gewesensein, und „Vorenthalten von

Gegenwart", nämlich in der Ankünftigkeit. Im Geben als dem dreifach einigen Reichen walten Verweigerung und Vorenthalt, waltet ein zweifacher Entzug. Wenn aber diese Weisen des Gebens von Sein und Zeit im Ereignis beruhen, sagt Heidegger, dann „muß der Entzug zum Eigentümlichen des Ereignisses selbst gehören."[37] Deshalb fassen wir das Ereignis erst dann zureichend in den Blick, wenn wir diesen ihm zugehörigen Entzug erörtern. Das haben wir nicht getan, als wir vom Ereignis lediglich sagten: „Das Ereignis ereignet Sein und Zeit in ihr Eigenes und hält sie darin verwahrt." Wie steht es denn mit dem Ereignis von Sein und Zeit in Hinsicht auf den ihm eigenen Entzug?

Auf einen Entzugscharakter des Seins waren wir bereits bei dem Versuch gestoßen, das Sein als Sein, als es selbst im Unterschied zu allem Seienden, also Sein aus der ontologischen Differenz zu denken. Diesem Denken, das das Sein aus der ontologischen Differenz denkt, enthüllte sich Sein als das Andere zu allem Seienden, darum als ein Nichts. Ein Nichts freilich, das mit keinem der von der Metaphysik ausgebildeten Begriffe des Nichtseins gefaßt werden kann. Aber diesem Nichts eignet eine eigene Qualifikation. Diese wurde als das Nichten bestimmt, so daß diesem Nichts eine gewisse Aktivität zukommt. Daraus folgte dann der Satz: „Im Nichten des Nichts ist das Seiende seiend." Diesen Sachverhalt galt es, recht zu verstehen. Es sei noch einmal daran erinnert: Alles Seiende ist seiend dank dem Sein, denn nur im Sein erscheint Seiendes als ein solches. Der Satz „Im Nichten des Nichts ist das Seiende seiend" besagt dann: Sein gewährt sich dem Seienden, so daß es ist, indem es sich zugleich entzieht. Es gewährt sich als ontologische Differenz zum Seienden, also indem es sich zugleich vom Seienden unterscheidet, sich von ihm zurückzieht. Erst durch dieses Sichzurückziehen im Sichgewähren überläßt das Sein das dem Seienden Gewährte als dessen Eigenes, behält es nicht für sich, so, wie wenn ich jemandem etwas gebe und meine Hand zurückziehe, denn sonst gebe ich es ihm ja gar nicht, sondern halte es selbst fest. Würde das Sein nicht im Gewähren seiner sich zugleich entziehen, dann würde es dem Seienden das

---

[37] ebd., S. 23.

ihm Gewährte nicht als dessen Eigentum zu eigen machen. Das Seiende würde nicht freigelassen zu sich selbst, es wäre nicht ein für sich bestehendes Anwesendes. Das Sichentziehen nimmt also dem Seienden nichts, sondern es gibt ihm gerade die gewährte Anwesenheit als sein Eigenes. Also ist das Nichtende im Wesen des Seins nichts anderes als das Gewähren selbst. Es gehört zum Sein das Nichts. So weit war im zweiten Teil unserer Interpretation der dem Sein eigene Entzugscharakter geklärt worden.

Die jetzt erreichte Klärung des Verhältnisses von Zeit und Sein läßt uns diesen Entzugscharakter deutlicher und bestimmter sehen: Es gibt Sein, d.h. das Sein ist die Gabe eines Gebens, das zugunsten der Gabe mit sich zurückhält. Ein solches Geben, das seine Gabe in der Weise gibt, daß es selbst mit sich zurückhält, nannte Heidegger „Schicken": „Das Schicken im Geschick des Seins wurde gekennzeichnet als ein Geben, wobei das Schickende selbst an sich hält und im Ansichhalten sich der Entbergung entzieht."[38] In der eigentlichen Zeit zeigte sich ein Reichen von Anwesen. Es zeigte sich im Gewesen Verweigerung, im Reichen von Zukunft zugleich Vorenthalt. Verweigern und Vorenthalt bekunden ebenfalls ein Sichentziehen. Nun aber beruht das Schicken von Sein in eine jeweilige Wesensweise seiner im Reichen von Zeit, in welchem Sein sich ja allererst lichtet. Und Sein und Zeit gibt es nur, sofern sie aus ihrer Zusammengehörigkeit ereignet sind, in ihr Eigenes gebracht sind. Sie „sind" als Ereignete im Ereignis. Also ist das Sichentziehen eine Eigentümlichkeit des Ereignisses selbst. Das heißt: Das Ereignis entzieht sich einer „schrankenlosen Entbergung". Es gehört zu ihm ebenso sehr Verbergung. Vom Ereignis her gedacht - und nicht von *Sein und Zeit* her - ist dieses sich verbergende Entziehen ebenfalls nichts Negatives. Im Gegenteil. Zugleich sich verbergend in sich zurückgehend, wahrt das Ereignis die Fülle dessen, was es an Anwesen je und je zu geben und zu vergeben hat. Es wahrt sein Eigentum, das Geben von Anwesen für das Anwesende. Würde das Ereignis, also das Sein und Zeit Ereignende, nicht immer auch sich

[38] ebd.

verbergend in sich zurückgehen, dann würde es sich im Geben von Anwesen ausgeben und wäre nicht mehr ereignend.

Zum Eigentümlichen des Ereignisses gehört aber nicht nur dieser Entzug, sondern gehört auch der Bezug des Menschen zu ihm. Auch dieser Bezug des Ereignisses zum Menschen muß gedacht werden, will Heidegger das Ereignis zureichend bedenken. Das wird durch eine einfache Überlegung deutlich: Sein besagt Anwesen, bleibenden Angang angehend den Menschen, so daß dieser mit Seinsverstehen begabt ist und das Sein in das Ganze des Seienden hinein entfaltet. Aber Sein lichtet sich im dreifachen Reichen der Zeit. Also vermag der Mensch, das Sein nur zu vernehmen im Seinsverständnis, sofern er im Bereich des dreifachen Reichens der Zeit steht. Nur dann ist er der, der er ist: ein seinsverständnisbegabtes Wesen unter allen Wesen, die wir kennen. Dies hat den Menschen immer schon erreicht, dergestalt, daß er in seinem Sein ekstatisch geöffnet ist für das Vernehmen des dreifältigen Anwesens, das die Zeit reicht. Deshalb ist er als Seiendes in seinem Sein notwendigerweise durch Zeitlichkeit bestimmt, wie das in *Sein und Zeit* exponiert wurde.

Der Mensch läßt durch sein Sein den vierdimensionalen Bereich der Zeit, in welchem Sein sich lichtet, währen. Nicht zufolge einer Setzungskraft seiner Subjektivität, sondern als der Empfänger der Gabe des Seins, in welchem Seiendes als ein solches erscheint und anwesend ist. Der Mensch ist in seinem Sein und durch sein Sein so beschaffen, daß er, in der eigentlichen Zeit innestehend, das Sein vernehmen kann. Daraus folgt nun für die Erörterung des Ereignisses: „So geeignet gehört der Mensch in das Ereignis."[39] So bleibt also das Ereignis unzureichend gedacht, wenn wir nicht den Bezug des Ereignisses zum Wesen des Menschen im Wesen des Ereignisses selbst mitdenken. Die in *Sein und Zeit* enthüllte Zeitlichkeit erweist sich aus der „Kehre", also aus der Perspektive von *Zeit und Sein,* gedacht, als das Innestehen im Lichtungsbereich der eigentlichen Zeit, welche ein dreifach einiges Reichen von Sein ist, das der Mensch empfängt, indem er Sein vernimmt und es entfaltet, darin

[39] ebd., S. 24.

das Seiende als ein solches erscheint und als solches selbst anwesend ist. Man kann daher auch sagen: Sofern es Sein und Zeit nur im Ereignis gibt, zur Zeit aber das Innestehen des Menschen in ihr gehört - das ek-statische Innestehen nach den drei Weisen der Zeit -, macht es eine wesentliche Eigentümlichkeit des Ereignisses selber aus, den Menschen in sein Wesen zu bringen, ein Seiendes ins Menschsein gelangen zu lassen. Der Mensch gehört aus dem Ereignis in das Ereignis hinein. Insofern hat der Mensch seinen Weltaufenthalt im Ereignis, als in welches er eingelassen ist. Kein anderes Seiendes ist in das Ereignis eingelassen, soweit wir erfahren. Kein anderes Wesen ist dem Ereignis offen. Weil wir im Ereignis wohnen, können wir das Ereignis auch niemals als einen Gegenstand, über den wir Aussagen machen, vor uns stellen. Wir können das Ereignis nicht ins Gegenüber bringen. Und wir können es auch nicht als das Umfassende vorstellen. Auch dann stellen wir uns noch zu ihm in ein Gegenüber. Mit anderen Worten: Das Ereignis bleibt dem vorstellenden Denken unzugänglich. Gleichwohl ist es die Sache des Denkens und niemals etwas Irrationales.

Wir haben durch das „Es gibt Sein" und durch das „Es gibt Zeit" hindurch, indem wir die Weisen des Gebens betrachteten, auf das „Es" vorgedacht, das Sein und Zeit gibt. Das Es, das Sein und Zeit ereignet, in ihr Eigenes bringt und aus dem Verhältnis beider in ihrem Eigenen bewahrt. Aber an dieser Stelle muß doch der Verdacht ausgesprochen werden, daß wir auf diesem Wege doch zu einem bloßen Gedankengebilde gekommen sind. Dieser Verdacht aber nährt sich aus einem Vorurteil, dem Vorurteil nämlich, daß alles, was nicht in der Weise von Seiendem ist, eine wirklichkeitslose Vorstellung, eine bloße Ideologie sei. Denn Ideologien sind Vorstellungen, die kein Fundament in der Wirklichkeit haben, gleichwohl aber auf das menschliche Bewußtsein wirken, so daß man über die Ideologien das Bewußtsein der Menschen manipulieren kann. Von diesem Vorurteil aber müssen wir ablassen, wenn wir das Ereignis denken wollen. Denn das Ereignis ist weder ein Seiendes, noch gibt es das Ereignis.

Aber was bleibt dann noch übrig, das vom Ereignis zu sagen wäre, wenn man weder sagen kann: „Es ist" und dann fragen: „Was ist es?" noch sagen kann: „Es gibt das Ereignis", so daß man fragen kann: „In welcher Weise gibt es das denn?" Was bleibt uns dann noch übrig, vom Ereignis zu sagen? Indem wir so fragen, bekunden wir abermals, daß wir das Ereignis zu einem Gegenstand der Aussage machen möchten, bezüglich dessen wir dann dies oder jenes bestimmend aussagen könnten. Aber das Ereignis ist nun einmal kein Gegenstand. Es ist auch kein gegenständlich vorgestelltes Geschehnis. Es ist auch kein beschreibbares, deskriptiv zu erfassendes Geschehnis, denn alle Deskription ist ein gegenständliches Vorführen, nur unverbindlicher gegenüber dem begrifflichen Bestimmen eines Gegenstandes. Beschreiben läßt sich das Ereignis auch nicht. Sein und Zeit gibt es, sofern sie, aus dem Ereignis ereignet, in ihr Eigenes gebracht und darin verwahrt bleiben. Insofern kann man sagen: „Das Ereignis ereignet."[40] Ein Einwand ergibt sich hier sofort: „Damit sagen wir vom Selben her auf das Selbe zu das Selbe."[41] So etwas nennt man Tautologie. Wir sagen also im Grunde nichts. Wir sagen dann nichts, wenn man das Gesagte als bloßen Aussagesatz nimmt und ihn logisch verrechnet. Aber der Satz möchte ja gar nicht als Aussagesatz über das Ereignis verstanden werden, sondern als Anhalt für ein Nachdenken genommen werden. Im Hinblick darauf, daß im Ereignis ein Entzug waltet, daß Ereignis also nicht nur ereignet, sondern zugleich enteignet, entzieht. Denn im Reichen von Gewesen und Ankommen sind Verweigerung von Gegenwart und Vorenthalt von Gegenwart im Spiel, also zugleich Enteignis. Durch dieses Enteignen gibt das Ereignis nichts von sich auf, sondern es bewahrt sein Eigentum, nämlich ereignend bleiben zu können. So ist also der Satz: „Das Ereignis ereignet" nicht als Aussagesatz über das Ereignis zu verstehen, der sagt, was das Ereignis sei, sondern als sprachlicher Anhalt für ein Bedenken des Ereignisses.

Was der Satz für ein Denken, das ihn zum Anhalt nimmt, zu bedeuten gibt, das zeigt sich auf eine erste Weise, wenn wir uns an die Fragen erinnern, die sich uns zu Ende des zweiten Teils unserer Interpretationen gestellt hatten:

---

[40] ebd.
[41] ebd.

1. Inwiefern ist Sein als Anwesenheit durch die Zeit bestimmt? Diese Frage ergab sich aus dem Ergebnis des Destruktion.
2. Im Lichtungsbereich von Sein spielen Gewähren und Entzug ineinander. Wie ist das Ineinanderspiel zu bestimmen?
3. Von welcher Wesensart ist die Offenbarkeit von Sein als solche?
4. Das Sein des Daseins liegt in der Zeitlichkeit. Wie steht die Zeitlichkeit des Daseins zur Zeit als dem dreifachen Reichen von Sein?

Die Erörterungen von *Zeit und Sein* geben uns auf diese Fragen nun eine Antwort.

1. Sein besagt Anwesenheit, weil Sein im dreifach lichtenden Reichen der Zeit beruht, aus welchem ein dreifältiges Anwesen sich lichtet als Ankünftigsein, Gegenwärtigsein, Gewesensein.

2. Das Lichten von Sein aus der Zeit ist ein Gewähren. Aber in dem Gewähren waltet ein zweifacher Entzug. Das lichtende Reichen von Ankünftigkeit und Gewesenheit, nämlich als noch nicht und nicht mehr Gegenwärtigsein, ist Vorenthalt und Verweigerung, ist Entzug.

3. Die Offenbarkeit von Sein selbst als solche hat die Wesensart der eigentlichen Zeit, ist der dreifache Lichtungsbereich von Sein selbst: der Zeit-Raum.

4. Der Mensch ist aus seinem Wesen das Da des Offenen, das er zu übernehmen hat, indem er existiert. Ist dieses Da des Offenen aber von der Wesensart der eigentlichen Zeit, dann muß auch das Sein des Seienden, das wir sind, durch Zeitlichkeit bestimmt sein. Dann ist der Mensch aus der dreifachen Entrückung in die drei Zeitdimensionen das Seiende, das er sein kann. Denn nur zufolge diese drei Zeitekstasen vermag der Mensch das Da der Lichtung selbst zu sein.

Aber das Denken des Ereignisses gibt uns noch anderes zu bedenken, etwas, das den Anfang unserer gesamten Erörterungen zurückruft, denn dort machten wir uns klar: Die Griechen, mit denen die Metaphysik beginnt, erfuhren das Seiende als die Phänomene, als das Sich-von-sich-her-Zeigende und in solchem Sichzeigen anwesende Sein. Wir fügten hinzu: Das Seiende ist nur dann als Phänomen möglich, wenn das Sein selbst in seinem Wesen durch Offenbarkeit bestimmt ist, durch das, was die Griechen *aletheia* nannten - zugleich das griechische Wort für Wahrheit. Die *aletheia* ist die Bedingung der Möglichkeit dafür, daß das Seiende seiend ist als Phänomen, daß *ta onta* und *ta phainomena* synonym gebraucht werden können. Nun achteten wir aber zugleich darauf, daß *aletheia* - wörtlich: Unverborgenheit - ein privatives Wort ist, also einen Bezug zur Verborgenheit mitauspricht. Und in der Tat, alles Aufgehen ins Erscheinen geht aus von einer anfänglichen Verborgenheit, welche gleichsam die Quelle für alles aufgehende Erscheinen ist. Das Bild von der Quelle war mit Absicht gewählt worden. Denn die Quelle ist kein verborgener Wasserbehälter, aus welchem dann Wasser abfließt, sondern die Quelle, indem sie entspringen läßt, quillt zugleich in sich selbst zurück. Nur aufgrund dieses Insichzurückquellens kann sie entspringen lassen, sonst würde sie versiegen. Die Verborgenheit in aller Unverborgenheit ist - im Bilde gesprochen - die Quelle alles aufgehenden Erscheinens. So gehört zur Unverborgenheit Verborgenheit, wie zum Entspringenlassen der Quelle das Insichzurückquellen gehört, als Grund der Möglichkeit alles Entspringenlassens.

Aber die Griechen gingen dem Zug der Verbergung im Wesen der *aletheia* nicht nach, weil sie unmittelbar in der *aletheia* wohnten und deshalb ganz und gar von den Phänomenen okkupiert waren. So bleibt der Zug der Verbergung in der *aletheia* von den Griechen und von aller ihnen nachfolgenden Metaphysik natürlich erst recht ungedacht. Denn wenn die Griechen sie selbst hätten denken können, dann hätten sie Verbergung denken müssen. Das aber war ihnen, da sie gleichsam gebannt waren von den Phänomenen, unmöglich.

Jetzt aber, da die Metaphysik in das Ende ihrer Vollendung eingegangen ist, wird es möglich, ja sogar nötig, das Erste, von dem die Metaphysik ihren Ausgang nahm, auf das sie aber selbst nicht zurückdachte, zu denken. Es wird nötig, das Sein in seinem eigenen Wesen aus der Entbergung und diese Entbergung selbst als solche zu denken und d.h. zuallererst Verborgenheit zu denken. So spielen im Entbergen Entborgenheit, Offenbarkeit und Verborgenheit von Sein ineinander. Aufgrund der Erörterungen von *Sein und Zeit* können wir jetzt für „Entbergen“ - Zusammenspiel von Offenbarkeit und Verborgenheit - „Zeit“ setzten, eigentliche Zeit. Denn die Zeit ist ja das dreifach lichtende Reichen von Sein in der Weise des Vorenthaltes und der Verweigerung, also des Entzugs, des Verbergens. Sein gehört in die Lichtung des Sich-verbergens, welches die Zeit ist. Zeit ergibt Sein. Beide aber, Sein und Zeit, beruhen im Ereignis, welches, ereignend, ebenso sehr enteignend ist, indem es dadurch sein Eigentum, also das Ereignen, sich bewahrt. So wird das Älteste das Erste, die *aletheia*, zur Zukunft des Denkens. Und es enthüllt sich das Älteste als das Jüngste.

Wer freilich den Sachverhalt, der hier zur Sprache kommt, nicht selbst aus eigenem Mitdenken denkt, der wird solche Sätze niemals verstehen und wird vielleicht sogar an ihnen Anstoß nehmen. Denn die Möglichkeit, Verständnis zu erzwingen, gibt es nicht, wie das in der Mathematik, wo es sich um zwingende Beweise handelt, jederzeit möglich ist. Zum philosophischen Denken gehört als eine Wesensbedingung das freie, das selbständige Mitdenken.

Es gilt jetzt, an die Gesamtabsicht der Interpretationen zur Philosophie Heideggers zu erinnern. Sie geht dahin, die postmetaphysische Seinsfrage im ganzen in den Blick zu bringen, sie in ihrer Eigenart zu charakterisieren und die Grundschritte ihrer Entfaltung zu vollziehen. Dabei aber gilt es festzuhalten, daß die postmetaphysische Seinsfrage hier und jetzt gestellt ist, in der heutigen Zeit. In einer Zeit also, die durch das Ende der Metaphysik bestimmt ist, durch die Auflösung der bisherigen Philosophie in ihre Ersatzformen: Logik, Soziologie, Psychologie, die in die technisch-szientistische Erziehungswissenschaft verwandelte Pädagogik. Auf das Ganze der modernen Welt gesehen, in der wir zu leben haben und in der wir auch denken, geht man nicht fehl, wenn man im Hinblick auf die technisch-industrielle Vorherrschaft, die bereits den ganzen Erdball einbezieht - den kosmischen Raum miteingerechnet - von einer technisch-wissenschaftlichen Welt spricht. Gemeint ist, daß Technik und Wissenschaften mehr und mehr zu einer Ununterscheidbarkeit miteinander verschmelzen und in dieser Verschmelzung in alle Bereiche des Lebens eindringen.

Wir haben das postmetaphysische Denken nun in seinen Grundzügen entfaltet. Da dieses Denken aber hier und jetzt existiert, erhebt sich die Frage: Wie steht denn das postmetaphysische Denken zur technisch-wissenschaftlichen Welt, in der wir heute und wohl auch in Zukunft zu leben haben? Was bedeutet das postmetaphysische Denken eigentlich in der modernen Welt, in der es doch existiert? Dieser Frage gilt der folgende vierte Teil unserer Erörterungen.

VIERTER TEIL
DIE SEINSFRAGE IM TECHNISCHEN ZEITALTER

§ 19. Heideggers Frage nach der Technik

Dieses Thema erweckt zugleich gewisse Erwartungen. Kann das postmetaphysische Denken vielleicht Anweisungen geben, wie der Mensch in der technisch-wissenschaftlichen Welt zu leben hat? Oder kann es vielleicht sogar die Welt verändern? Bevor entschieden werden kann, ob das postmetaphysische Denken solchen Erwartungen zu entsprechen vermag, müssen wir uns zuvor über diese technisch-wissenschaftliche Welt selbst klar werden. Wir müssen also vor allem wissen, was diese die moderne Welt bestimmende Technik in Einheit mit den Wissenschaften ist. Aber diese Frage impliziert bereits eine These, die allererst bewiesen werden muß. Die These nämlich, daß die Technik eine Sache des philosophischen Denkens sei. Wer sagt denn, daß das überhaupt so ist?

Wann wäre die Technik eine Sache des philosophischen Denkens? Diese Frage zu beantworten, ist nicht schwer. Sie wäre es nur dann, wenn die Herrschaft der Technik im Verein mit den Wissenschaften das Sein dessen betrifft, was gegenwärtig seiend ist. Dann allerdings, wenn es sich so verhielte, aber auch nur dann, ist die Technik eine Sache des philosophischen Denkens. Andernfalls nicht. Aber gemäß einer uns alle beherrschenden Vorstellung von der Technik ist sie keine Sache der Philosophie. Denn nach dieser uns selbstverständlichen Vorstellung von ihr ist die Technik das auf naturwissenschaftlichen Erkenntnissen beruhende Ganze von Einrichtung und Herrichtung, die der Mensch für seine Lebenserhaltung und die Verbesserung seiner Lebensbedingungen verwendet. Der

Unterschied zwischen der modernen Technik und der alten handwerklichen Technik, die die Griechen *techne* nannten und die auf lateinisch *ars* heißt, besteht nach dieser Vorstellung nur darin, daß die moderne Technik naturwissenschaftliche Erkenntnisse verwendet, die selbst Ergebnisse der mathematischen Naturwissenschaften sind. Sie ist nach dieser Auffassung ein neuartiges Instrument im Dienste der Lebenspraxis. Sie ist ein Mittel zur Realisierung von Lebenszwecken. Nun macht aber die Zweck-Mittel-Struktur das Spezifische des menschlichen Wirkens in der Welt aus im Unterschied zu allen anderen Lebewesen, denen die Zweck-Mittel-Struktur als solche verschlossen bleibt. Insofern kann man hier von einer instrumental-anthropologischen Auffassung von der Technik sprechen, die darum auch Gegenstand der anthropologischen Wissenschaften ist, nicht aber der Philosophie.

Freilich gibt man zu, daß es mit diesem neuartigen Instrument, das zustande gebracht und verwendet wird aufgrund der Erkenntnisse der neuzeitlichen, also der mathematischen Naturwissenschaften, eine seltsame Bewandtnis hat. Es gehen von ihm in mehrfacher Weise wachsende Gefahren aus, sagt man. Die technische Entwicklung gefährde die menschliche Lebenswelt mehr und mehr, sagt man. Die technische Apparatur verschlinge mehr Energien, als die Energie-Ressourcen der Erde zur Verfügung stellen können, sagt man. Und schließlich erscheint die paradoxe Gefahr, daß dieses von Menschen erstellte und gebrauchte Instrument im Dienste von Leben und menschlichen Lebenszwecken umgekehrt zum Herrn über den Menschen und seine Zwecke wird, so daß hier eine Verkehrung von Mittel und Zweck eintritt. Deshalb erwächst reaktiv als Antwort auf diese Gefahren die Forderung, die Technik als Mittel wieder in den Griff zu bekommen, sie willentlich zu meistern. Das wäre die Aufgabe. Was aber nun das Verhältnis von Philosophie und Technik anlangt, so gehört die Technik gemäß der instrumental-anthropologischen Auffassung überhaupt nicht in den Bereich der Philosophie.

Dieser Auffassung stellt Heidegger nun einen ganz anderen Gedanken entgegen, der aus der Mitte der postmetaphysischen Seinsfrage selbst erwächst. Der folgenden Darlegung liegen zwei Vorträge Heideggers zugrunde: *Die Frage nach der Technik* und *Die Kehre.*[1] Die Darlegungen dieses vierten Teils möchten zugleich eine Anleitung zum Lesen dieser beiden Vorträge sein. Heidegger erklärt hier: Die instrumenal-anthropologische Auffassung der Technik trifft bezüglich der Technik etwas Richtiges und sogar Wichtiges.[2] Denn die Technik ist zugleich auch immer ein Instrument im Dienst von Lebenszwecken der Menschen. Aber jetzt kommt die Einschränkung: So wie man bezüglich der Menschen durch Forschung, Untersuchungen mancherlei Zutreffendes, Richtiges, sogar Wichtiges feststellen kann, ohne schon sein Wesen als Mensch zu erfassen, so bleibt - so die These Heideggers - der anthropologisch-instrumentalen Vorstellung der Technik unangesehen dieser Richtigkeit und Wichtigkeit ihrer Feststellungen das Wesen der Technik verschlossen. Denn aus dem Wesen der modernen Technik bestimmt sich im gegenwärtigen Zeitalter die Art und Weise, der gemäß das Seiende seiend ist, also das Sein des Seienden selbst, und deshalb auch das Grundverhalten des Menschen zur Welt und zu sich selbst und zu seinesgleichen. Wenn es sich so verhalten sollte, dann wäre die Technik im gegenwärtigen Zeitalter allerdings die Sache der Philosophie. Daß es sich so verhält, ist im folgenden aufzuweisen.

Den Ausgang für den Versuch, das Wesen der Technik zu bestimmen, um es den anthropologisch-instrumentalen Vorstellungen zu entreißen, bildet die Bestimmung des technischen Verhaltens des Menschen zum Seienden. Es hat den Grundzug des Stellens. Aber es muß die Bedeutung dieses Wortes „Stellen" als Kennzeichnung des technischen Verhaltens des Menschen zum Seienden auch angemessen vollzogen werden. Danach bedeutet „Stellen" hier nicht gegenständliches Vorstellen, welches zwar das Seiende als Gegenstand immer auf das Subjekt zurückbezieht, aber so, daß das Subjekt sich in einem Gegenüber zum Gegenstand hält. „Stellen" ist hier primär im Sinne von „Herausfordern" zu verstehen.[3] Diese

---

[1] beide in: Martin Heidegger, Die Technik und die Kehre, Pfullingen 1962; der Vortrag "Die Kehre" jetzt auch in: GA 79, S. 68ff.

[2] Die Frage nach der Technik, a.a.O., S. 6f.

[3] ebd., S. 14.

Bedeutung kann das deutsche Wort „Stellen“ ja auch haben: „jemanden stellen“, „sich zum Kampfe stellen“, „sich dem Schicksal stellen“.

Das technische Verhalten des Menschen zum Seienden ist ein Herausfordern, dergestalt, daß es die Natur daraufhin stellt, Energie zu liefern, die zum Zwecke ihrer Verteilung zuvor gespeichert wird. Zwar nahmen auch ehemals die Menschen Naturkräfte in ihren Dienst. Etwa die Wind- und Wassermühlen, um ein ganz einfaches Beispiel zu nennen. Aber hier überließen sich die Mühlen den Elementen selber, nicht aber wurde die Natur daraufhin gestellt, Energie zu liefern zum Zwecke ihrer Speicherung und dann der Verteilung. Die Luft wurde z.B. nicht auf die Lieferung von Stickstoff herausgefordert. Ebenso wurde das Erz nicht auf Uran hin gestellt, damit Atomenergie geliefert werden kann.

Das technische Verhalten des Menschen zum Seienden ist hingegen ein ganz neues Verhalten zur Natur: „Das Stellen, das die Naturenergien herausfordert, ist ein Fördern in einem doppelten Sinne.“ [4] Das deutsche Wort „fördern“ enthält diese zweifache Bedeutung in sich und ist darum ein geeignetes Wort zur Verdeutlichung des hier gemeinten Sachverhaltes. Fördern meint zunächst Aufschließen, Erschließen, Freisetzen von verborgenen Naturenergien, Zutage-Fördern. Aber dies Zutage-Geförderte wird nicht um seiner selbst willen zutage gefördert - die Kohlen werden ja nicht gefördert, um auf Halde zu liegen - sondern das Geförderte ist seinerseits von vornherein darauf gestellt, anderes zu fördern, und zwar nach dem Prinzip der „machinalen Ökonomie“ [5], wie Nietzsche dies treffend charakterisiert hat. Dies meint ein zuvor durch Rechenapparate durchgerechnetes Verhältnis von größtmöglichem Nutzen bei geringstem Aufwand.

Die Hauptwesenscharaktere des technischen Verhaltens des Menschen zum Seienden sind die folgenden: Die in der Natur verborgenen Energien werden aufgeschlossen, werden zutage gefördert. Dies zutage Geförderte wird umgeformt und gespeichert, um-

---

4 ebd., S. 15.

5 Friedrich Nietzsche, Werke, Bd. III, a.a.O., S. 630.

verteilt und erneut umgeformt. Die Bahnen dieses Vorgangs - Erschließen, Umformen, Speicherung, Verteilung, erneute Umformung - sind keine Bahnen, welche das Seiende von sich her geht. Es sind dies keine Bahnen der Natur, in welche dann bestimmte vom Menschen hergestellte Dinge sich einfügen wie etwa Wasser- und Windmühlen. Sondern diese Bahnen werden durch die Technik in Einheit mit der Wissenschaft eröffnet, und zwar durch Steuerung dieser Vorgänge. Diese Steuerung muß ihrerseits durch Kontrollen und Selbstkontrollen technisch-rechnerisch gesichert werden. Schließlich tritt noch die Notwendigkeit hinzu, mit der Ausbeutung der Energie-Ressourcen ökonomisch-rechnerisch zu verfahren. Steuerung und Sicherung der Steuerung, das sind bestimmende Hauptzüge dieses herausfordernden Stellens des technischen Verhaltens des Menschen zur Welt.

Aber diese Kennzeichnung des technischen Verhaltens des Menschen zur Welt ist nur die Vorbereitung der eigentlichen philosophischen Frage. Und sie lautet natürlich: In welcher Seinsbestimmtheit erscheint das Seiende gemäß diesem herausfordernden Stellen, von welchem das Seiende betroffen ist? In welcher Weise von Sein ist im modernen Zeitalter der Technik das Seiende seiend? Mit dieser Frage entscheidet sich zugleich die andere Frage, in welcher Art von Sein sich der Mensch als Mensch heute hält. Diese beiden Fragen gehören zusammen. Das Seiende ist bestellt, auf der Stelle, d.h. sogleich und zu jeder Zeit zur Stelle zu sein, d.h. sich auf Abruf bereit zu halten. Das ist ein eigentümliches Stehen, ein eigentümlicher Stand, in dem das Seiende sich aufhält, den Heidegger „Bestand“ nennt.[6]

Mit diesem philosophischen Titel schließt Heidegger zunächst einmal an den gewöhnlichen Sprachgebrauch an. So pflegen wir von „Beständen“ im Sinne von Vorräten zu sprechen, auf die man jederzeit zurückgreifen kann, im Sinne von zur Verfügung stehenden Reserven. Erdölreserven, Getreidereserven, Munitionsreserven, Waffenarsenale - das alles sind Bestände. Bestand als philosophischer Terminus besagt allerdings wesentlich mehr als „Bestand“ im

[6] Die Frage nach der Technik, a.a.O., S. 16.

Sinne von Vorräten, auf die man zurückgreifen kann. Der Ausdruck kennzeichnet die Art, dergemäß das Seiende seiend ist in der technischen Welt, kennzeichnet die Art seines Seins. Das Seiende ist, betroffen vom herausfordernden Stellen, seiend in der Weise des Bereitstehens-für, des Bereitstandes. Es ist primär nicht mehr seiend als Gegenstand des erkennenden Vorstellens, das dem Seienden gegenübersteht wie noch im 18. Jahrhundert und im Beginn des 19. Jahrhunderts.

Wir hatten bereits darauf hingewiesen wie der späte Heidegger in seinem Seminar von 1969 diesen Sachverhalt charakterisiert: „Je weiter sich nun die moderne Technik entfaltet, umso mehr verwandelt sich die Gegenständlichkeit in *Beständlichkeit*".[7] Wir können sagen: Streng genommen gibt es keine Gegenstände mehr, denn das Seiende steht gar nicht mehr in einem Gegenüber zum erkennenden Subjekt, welches den Gegenstand in Betracht nimmt, um ihn in seinem Was und Wie und Wodurch zu bestimmen, sondern die ehemaligen Gegenstände der Erkenntnis gehen mehr und mehr auf in die Bestände, deren Sein im „Bereitstehen-für" besteht.

Heidegger zeigt das an dem einfachen Beispiel eines auf der Startbahn stehenden Flugzeugs.[8] Von welcher Art ist dessen Stehen und Stand, seine Anwesenheit? Ist es ein im Betrachten vorstellbarer Gegenstand? Gewiß, wir können das Flugzeug als einen Gegenstand betrachten, aber dann bleibt uns verschlossen, was es wesentlich ist. Es steht nicht da als möglicher Gegenstand der Betrachtung, sondern es steht da als bereitstehend, um die Möglichkeit des Transports sicherzustellen. Es ist in seinem ganzen Bau, in jedem seiner Bestandteile, in allem, was es ist, bestellt für, nämlich jederzeit einsatzbereit für den Transport. Also ist die Art seines Seins gar nicht die Gegenständlichkeit, sondern die Beständlichkeit. Es ist in der Weise des bestellbaren, jederzeit abrufbaren Bestandes. So ist der Wald primär nicht Gegenstand des betrachtenden Vorstellens, sondern er ist in Wartung und Pflege im vorhinein bestellt als Material für die holzverarbeitende Industrie. Ebenso ist das Kraftwerk nicht

---

[7] Seminar in Le Thor 1969, a.a.O., S. 105.
[8] Die Frage nach der Technik, a.a.O., S. 16.

in den Rhein gebaut, indem es sich ihm überläßt, sondern umgekehrt: der Rhein ist das, was er ist, sofern er Drucklieferant ist, und ist so, umgekehrt, in das Kraftwerk eingebaut. Das Kraftwerk läßt den Rhein erst den sein, der er ist: Drucklieferant, um die Turbinen zu betreiben. Was nun die Natur als Landschaft angeht, so ist auch sie bereits bestellt - als Objekt für Reisegesellschaften, welche ihrerseits schon dazu bestellt sind, den Menschen in seinen arbeitsdienstlichen Urlaubspausen mit entsprechenden Beständen seiner Beschäftigung zu versehen.

Heidegger fragt nun: Wer aber vollzieht dieses herausfordernde Stellen, in welchem sich das Seiende mehr und mehr als bestellbarer Bestand darstellt? Die Antwort auf diese Frage scheint so nahe zu liegen, daß sie als Frage eigentlich überflüssig ist. Denn wer anders als der Mensch vollzieht dieses herausfordernde Stellen. Er besorgt das Zutage-Fördern verborgener Energien, ihre Umformung, Speicherung und Verteilung sowie die Steuerung aller dieser Vorgänge und die Selbstkontrollen dieser Steuerung. Und doch bleibt diese Antwort in einer wesentlichen Hinsicht unzureichend. Gewiß macht sich das nicht alles von selbst, sondern der Mensch ist dabei wesentlich im Spiel. Das Stellen des Seienden in den bestellbaren Bestand geschieht nicht ohne den Menschen, aber auch nicht allein durch ihn. Denn im herausfordernden Stellen stellt sich das Seiende, insofern es seiend ist, als Bestand dar, dergestalt, daß diese Beständlichkeit, das Bereitstehen-für, das Sein des Seienden selbst ausmacht. Was auch immer der Mensch durch äußerste Steigerung von Intelligenz und Wille zu leisten vermag - die Art und Weise, der gemäß das Seiende seiend ist, steht nicht bei seinen Kräften und Vermögen. Wenn das so wäre, dann wäre der Mensch der Herr des Seins. Daß er das ist, das hat allerdings noch niemand behauptet.

Das Wesen des technischen Verhaltens des Menschen, nämlich das herausfordernde Stellen des Seienden in die Beständlichkeit, vermag der Mensch nur, sofern er seinerseits dazu herausgefordert ist, das Seiende als einen berechenbaren, bereitstehenden Bestand zu stellen. Er ist in dieses herausfordernde Stellen versetzt, so daß er sich in ihm schon vorfindet. Sein Wesen selbst steht schon unter dem Anspruch, das Seiende in die Beständlichkeit zu stellen. Er ist in das herausfordernde Stellen des Seienden schon geschickt, dergestalt, daß die Technik sein Geschick ist.

Aufgrund dieser Überlegungen ist es nun möglich, das Wesen der modernen Technik zu fassen und zu Wort zu bringen. Der Name für das Wesen der Technik lautet bei Heidegger „das Ge-stell“.[9] Heidegger gebraucht das Wort „Gestell“ in einer zwar ungewohnten, aber doch sachangemessenen Weise. Negativ gesagt: Gestell bedeutet innerhalb des hier dargelegten Sachzusammenhangs nicht so etwas wie ein Büchergestell oder ein Gerüst. Sondern Gestell bedeutet in diesem Gedankenzusammenhang als Wort für das Wesen der Technik etwas ganz anderes: Die Technik ist kein bloßes Gemächte des Menschen; denn der Mensch verhält sich technisch zur Welt, weil er seinerseits zu einem solchen Verhalten herausgefordert ist, in ein solches Verhalten geschickt ist. Er steht als Mensch in einem Herausgefordertsein zum Stellen des Seienden in die Beständlichkeit. In Entsprechung zu Worten wie: „Gesetz“, „Gebirge“, „Gemüt“, welche alle durch den kollektiven Präfix „Ge-“ eine einigende, versammelnde Einheit anzeigen, nennt Heidegger diesen herausfordernden Anspruch, der alle Wesenskräfte des Menschen auf dieses Stellen des Seienden in die Beständlichkeit hin konzentriert, das „Gestell“. Das Gestell, das Wesen der Technik, ist also selbst nicht etwas Technisches. Es ist also nicht eine bestimmte Apparatur und auch nicht das Ganze alles Technischen, zu dem die Wissenschaftler, die Konstrukteure, die Ingenieure, die Industriearbeiter, die Manager gehören. Dieses Technische ist allein Gegenstand der Technologien und fällt als solches in den Bereich der technischen Arbeit, mit welcher der Mensch dieser Herausforderung des Gestells, die an ihn ergangen ist, entspricht. Daß sich uns die Technik als bloßes Gemächte, als bloße Machenschaften des Menschen darstellt, das rührt daher, daß die uns beherrschende instrumentale Vorstellung der Technik an das Wesen der Technik nicht heranreicht, an den unbedingten Anspruch, unter den sich der Mensch gestellt findet und dem er dadurch entspricht, daß er alles Seiende in die Beständlichkeit bringt. Die Folge davon ist, daß alle Deskriptio-

---

9 ebd., S. 19.

nen, Analysen, Diagnosen und Prognosen am bloß Technischen hängen bleiben und das Wesen der Technik nicht zu erfassen vermögen.

§ 20. Das Gestell

Das Wesen der Technik enthüllt sich als ein Geschick. Nach dem bereits erörterten Wortsinn von „Geschick" meint dieses, daß das Sein in einer bestimmten Wesensweise währt, in die es geschickt ist, und zwar heute in die Beständlichkeit des Seienden als Bestand. Das Seiende stellt sich nun überall als bestellbarer Bestand dar. Dem entspricht der Mensch aufgrund seines Wesensbezugs zum Sein, daß er nun diese Beständlichkeit in das Sein hinein entfaltet, so daß alles Seiende sich als abrufbarer Bestand darstellt. Aus dem so verstandenen Wesen der Technik, das wir freilich erst in einem ersten Umriß erblickt haben, empfängt der Mensch im gegenwärtigen Zeitalter den Bestimmungsgrund seiner Existenz. Erst aus einem geklärten Wesen der Technik läßt sich ein Einblick in die Beziehung gewinnen, in welcher der Mensch zur Technik steht. Deshalb bedarf es eines noch eindringlicheren Bedenkens der Technik, also des Gestells, damit wir sehen, wie sich nun aus dem Wesen der Technik die Beziehung des Menschen zur Technik bestimmt.

Die Beziehung des Menschen zur Technik aber muß auch noch aus folgendem Grund eigens bedacht werden: Zwar ist die Technik kein bloßes Gemächte des Menschen, aber sie ist doch deswegen nicht eine vom Menschen abgelöste, für sich existierende Wesenheit. Vielmehr gilt es einzusehen, daß zum Wesen der Technik die Beziehung des Menschen zur Technik gehört, dergestalt, daß der Mensch in seinem Wesen diese Beziehung selbst ist. Die Beziehung des Menschen zur Technik und deren Wesen freilegen, ist also der Versuch, etwas von dem zu sehen, woher der Mensch heute die Grundbestimmtheit seiner Existenz empfängt.

Versuchen wir nun, die Technik noch deutlicher zu erblicken, dann stellt sich heraus, daß im Wesen der Technik, im Gestell, ein mehrfaches Stellen waltet.

Zunächst können wir sagen: Der Mensch ist gestellt, nämlich dazu herausgefordert, das Seiende in die Beständlichkeit zu bringen durch die technisch-wissenschaftliche Bearbeitung der Welt des Seienden.

Ferner entspricht der Mensch dieser Herausforderung, in der er steht, und entfaltet das Gestell in das Seiende hinein, so daß das Seiende sich mehr und mehr als Bestand darstellt. Aber indem der Mensch durch seine technisch-wissenschaftliche Bearbeitung der Welt das Gestell entfaltet, zieht dieses sich aus dem Bereich der Offenbarkeit zurück und fällt einer Vergessenheit anheim, so daß das Denken des Menschen an dem bloß Technischen - den technischen Apparaturen, Prozessen, Organisationsformen der Arbeit - hängen bleibt und nicht darüber hinaussieht. Das Gestell entfaltet sich durch den herausgeforderten Menschen, der das Seiende in durch Berechnung gesicherte, jederzeit bereitstehende Wirkbestände bringt. Diese Bestände sind es, die allein in den Bereich des Offenkundigen gelangen und diesen Bereich besetzt halten, so daß das Wesen der Technik durch sie verstellt und verdeckt wird. Das Wesen der Technik fällt einer Vergessenheit anheim, und zwar unaufhörlich in eins mit seiner Entfaltung. Dadurch wird das Denken, da es das Wesen der Technik selber nicht denkt, allein zum berechnenden Planen von Wirkbeständen. Ein anderes Denken scheint es überhaupt nicht zu geben. Heidegger drückt diesen Vorgang am Beginn seines Vortrags *Die Kehre* so aus: „Das Wesen des Gestells ist das in sich gesammelte Stellen, das seiner eigenen Wesenswahrheit mit Vergessenheit nachstellt.“ [10] Wesenswahrheit heißt hier Offenbarkeit seines Wesens.

Schließlich wird diese Vergessenheit des Wesens der Technik ihrerseits noch einmal verstellt, so daß sie sich selbst vergißt. Dieser Vorgang ist nicht schwer zu verstehen. Es war ja schon einmal darauf hingewiesen worden, daß das Vergessen immer ein in sich gedoppeltes Phänomen ist. Es vergißt nicht nur irgendetwas, sondern es vergißt sich zugleich selbst. Das Wesen der Technik, das Gestell, wird verstellt durch die Bestände, die den Bereich des Offenkundi-

---

[10] Die Kehre, a.a.O., S. 37; GA 79, S. 68.

gen ausschließlich besetzt halten, so daß der Anschein entsteht, als sei das technisch zu bearbeitende Seiende und der Mensch, der die Welt technisch bearbeitet, das einzige, was ist. Alle modernen Wissenschaften, die sich mit diesen Fragen befassen, nehmen diese Position ein. Das Gestell versinkt so in eine völlige Verborgenheit, aus der es dann seine absolute Herrschaft entfaltet, weil es überhaupt nicht in Frage zu stellen ist.

Um diesen Sachverhalt noch etwas klarer zu sehen, bedenken wir noch Folgendes: Von Anfang her wird das, von dem her das Seiende seine Grundbestimmtheit empfängt, das Sein genannt. Aber das Sein währt jeweils in einer bestimmten geschichtlichen, epochalen Wesensweise seiner selbst, wodurch jeweils ein Zeitalter konstituiert wird: bei Plato als Idee, bei Aristoteles als *energeia*, bei Kant als Gegenständlichkeit der Erfahrungsgegenstände, bei Hegel als absoluter Geist und im Zeitalter der Technik als Gestell. Aber mit diesem als Gestell währenden Sein ist es nun eigentümlich bestellt. Das Gestell verstellt nämlich sein eigenes Wesen durch die Bestände, auf die der Mensch, herausgefordert zu solchem Tun, alles Seiende stellt. Das besagt aber: Die Herrschaft des Gestells verwehrt zugleich dem Sein seine eigene Offenbarkeit, seine eigene Wahrheit als Sein, so daß es nicht als es selbst, als Sein, west und währt. Wenn es aber nicht als es selbst, als Sein, west und währt und gleichwohl doch nicht überhaupt Nichts ist, denn dann wäre ja überhaupt kein Seiendes, dann west es eben als das Gegenteil seines eigenen Wesens: als Nichts. Aber nicht als ein nichtiges Nichts, sondern als ein Nichts, das ein zuhöchst wirksames Etwas ist, das Nichts nämlich, das alles Seiende in seinem Wesen unaufhörlich anzehrt und verzehrt zugunsten der bloßen Funktionstüchtigkeit von Menschen und Dingen.

Wenn aber dem Sein seine eigene Offenbarkeit verwehrt ist, so daß es nicht als es selbst währen kann, dann wird in eins damit auch dem Menschen die Offenbarkeit seines Wesens verwehrt, denn der Mensch empfängt sein Wesen jeweils aus dem offenen Bezug zum Sein. Verschließt sich aber dem Menschen unter der unbedingten Herrschaft des Gestells der Bezug zum Sein, weil diese absolute Herrschaft es dem Sein verwehrt, in der Offenbarkeit seiner selbst zu weilen, dann beginnt sich auch dem Menschen sein Wesen als Mensch zu verschließen. Er wird sich als Mensch immer unkenntlicher. Er wird im Bezug auf sich selbst als Mensch seiner selbst immer unsicherer. Und das trotz der ständig sich vermehrenden Forschungsresultate, welche die anthropologischen Wissenschaften um den Menschen anhäufen. Der Mensch geht dann darin auf, Besteller der Bestände zu sein. Er wird nur noch auf das in ihm hinterlegte Arbeitspotential - Wille plus Intelligenz - hin beansprucht. Als Mensch, in seinem Wesen wird er überhaupt nicht mehr gebraucht, ja wird er nicht einmal mehr zugelassen.

So erklärt sich die starke Unruhe, die den heutigen Menschen befallen hat, in der er sich selber nicht auskennt, weil er gar nicht mehr weiß, was es eigentlich mit ihm auf sich hat. Die Vermutung legt sich nahe, daß der Aufruhr der jungen Generation darin sein verborgenes Motiv hat. Wenn nämlich der Mensch nur noch als Besteller der Bestände fungiert, als ein Glied dieser Industriegesellschaft - möglichst reibungslos versteht sich, dafür sorgt die Soziapsychologie - dann muß man sich doch fragen: Wozu eigentlich dies alles? Auf diese Frage bleibt die technische Welt die Antwort schuldig und muß sie schuldig bleiben. Gleichwohl wird der Mensch ganz und gar in Anspruch genommen von ihr. Daß das ein dunkles Gefühl der Unzufriedenheit, das sich aber selber in seinen Gründen nicht durchschauen kann, aufkommen läßt, das ist begreiflich.

Heidegger erklärt nun, diese Gefahr, die das Sein sowohl wie das Wesen des Menschen angeht, sei von allen Gefahren, die den Menschen heute bedrohen, die gefährlichste.[11] Und zwar deshalb, weil diese vom Gestell ausgehende Gefahr als Gefahr verhüllt bleibt, während die vielen den Menschen sonst bedrohenden Gefahren, die vom Technischen ausgehen, offen zutage liegen, wie die Erschöpfung der Energie-Ressourcen, die Zerstörung einer menschlichen Lebenswelt und die Selbstvernichtungsmöglichkeit der Menschheit durch die modernen Vernichtungswaffen. Eine unsichtbare Gefahr aber ist in der Tat von allen Gefahren die gefährlichste, weil der Mensch ihr nicht begegnen kann.

---

[11] ebd.

Weil nun das Gestell sich selbst verstellt, dergestalt, daß diese Wesensverstellung sich selbst auch noch verborgen bleibt, sieht es so aus, als sei die Technik lediglich ein geschichtlich neuartiges Instrument in der Hand des Menschen, das es noch in den Griff zu bekommen gilt. Aber der Mensch hat nicht die Technik in der Hand wie ein Instrument, sondern er ist dazu herausgefordert, der Technik zur Hand zu gehen, indem er überall das Seiende in den Bestand bringt. Er *ist* als der so Herausgeforderte. Das ist die Grundbestimmung seiner modernen Existenz.

Das könnte nun heißen, der Mensch sei ohnmächtig der Technik auf Gedeih und Verderb ausgeliefert, so daß sie ihn absolut beherrsche. Aber so verhält es sich nicht. Allerdings ist auch die gegenteilige Annahme, wonach es darauf ankomme, daß der Mensch die Technik beherrsche, unzutreffend. Die Alternative, die sich scheinbar so selbstverständlich und natürlich anbietet: Entweder beherrscht der Mensch die Technik oder die Technik beherrscht den Menschen, trifft nicht zu. Diese Alternative verstellt uns die Möglichkeit, in eine freie Beziehung zum Wesen der Technik zu gelangen, woran doch alles gelegen ist für uns Menschen.

Um diese Möglichkeit einer offenen, freien Beziehung zur Technik zu erblicken, sei noch einmal daran erinnert, daß sich aus dem Gestell die Art bestimmt, wie gegenwärtig das Seiende seiend ist, also dessen Sein. Das Sein aber währt jeweils in einer geschichtlichen Wesensweise, in die es geschickt ist. Denn wir haben ja gesehen: Sein gibt es nur als Wesensgeschick, beruhend im dreifach lichtenden Reichen der Zeit. Das Geschichtliche des Seins als Geschick zu denken, fällt uns sehr schwer. Wir neigen doch sehr bald dazu, das Geschick aus dem Geschehen her vorzustellen und dies Geschehen als ein Gewirk von Ursache und Wirkung zu nehmen, d.h. als einen in der Zeit ablaufenden Geschehnisvorgang.

Demgegenüber gilt es, das Geschick als Geschick des Seins zu denken, das jeweils in eine ihm zugewiesene Bestimmtheit geschickt wird, und zwar gemäß der Art und Weise, wie sich Sein aus der Zeit lichtet. Demgemäß wandelt sich das Sein geschick-lich. Weil aber das Gestell ebenfalls ein Wesensgeschick des Seins ist, eignet auch ihm die Möglichkeit eines Wandels. Diese Möglichkeit des Wandels darf aber nicht dahin mißverstanden werden, als werde durch solchen Wandel die Technik beseitigt, niedergeschlagen oder gar zerschlagen, wie Heidegger sagt. „Die Technik, deren Wesen das Sein selbst ist, läßt sich durch den Menschen niemals überwinden.“ [12] Etwas überwinden heißt nämlich immer, es unter sich bringen, und ist eine Sache des Willens. Der Wille aber vermag nichts gegen die Technik, da er ganz und gar an das Technische gebunden bleibt, es sei denn, daß der Wille als Widerwille auftritt, nämlich die Technik zu zerstören trachtet und so eine fundamentale Existenzbedingung der modernen Menschheit beseitigt. Die moderne Technik ist sogar eine der notwendigen Bedingungen, unter welcher alle Menschen frei sein können. Der Wandel besteht nicht in einer Überwindung der Technik, sondern eher noch in einer „Verwindung“ ihrer unbedingten Wesensherrschaft, so wie wir ein uns zugefügtes Unrecht oder den Schmerz über den Verlust eines Menschen langsam und mit der Zeit verwinden, aber niemals überwinden.

Das Verhältnis des Menschen zum Wesen der Technik ist daher zweifach zu bestimmen:

Erstens negativ: Das Wesen der Technik, das Gestell, ist das Sein selbst in seinem gegenwärtigen Geschick, in seiner gegenwärtigen geschichtlichen Wesensweise. Also läßt sich die Technik weder positiv noch negativ durch ein auf sich selbst gestelltes menschliches Wollen und Machen verändern, vor allem nicht überwinden, denn dann wäre der menschliche Wille Herr des Seins, und das Sein ginge darin auf, eine Machenschaft des Menschen zu sein.

Zweitens positiv: Das Sein ist ins Gestell geschickt wie einstmals in die Idee im Beginn der Metaphysik bei Plato.

Zum Wesen des Seins gehört aber der Mensch als das denkende Wesen, denn das Denken vollzieht und entfaltet die ontologische Differenz von Sein und Seiendem, und zwar auch dann, wenn sie als Differenz ungedacht bleibt. Aus der ontologischen Differenz währt das Sein als Sein, als das andere zum Seienden, so daß im Denken Sein und Seiendes auseinandertreten und so nach ihrer eigenen Art allererst offenbar werden. Weil aber zum Wesen des Seins das Den-

---

[12] ebd., S. 38; GA 79, S. 69.

ken, also das Wesen des Menschen gehört, kann das Gestell nicht ohne menschliche Mithilfe in einen Wandel geleitet werden.

Heidegger spricht in seinem Vortrag *Die Kehre* von einem möglichen Wesenswandel des Gestells, der sich aus der Ankunft eines anderen, noch verborgenen Geschicks ereignet. Es heißt dort: „Wenn das Gestell ein Wesensgeschick des Seins selbst ist, dann dürfen wir vermuten, daß sich das Gestell als eine Wesensweise des Seins unter anderen wandelt.“ [13] Eine solche Redeweise wird erst aus den Analysen von *Zeit und Sein* verständlich und sinnvoll, denn dort hatte Heidegger gezeigt, daß das Geschick von Sein im lichtenden Reichen der Zeit beruht. Dieser mögliche Wesenswandel der Technik in die Ankunft eines anderen, noch verborgenen Wesensgeschicks ist aber empirisch-historisch nicht vorauszuberechnen, aber auch nicht metaphysisch als Abfolge eines Geschichtsprozesses begrifflich-spekulativ zu entwerfen.

Der mögliche Wesenswandel der Technik braucht jedoch den Menschen. Das verlangt von seiten des Menschen, daß er sich dem Wesen der Technik öffnet, also nicht länger nur in der sich selbst vergessenden Vergessenheit des Wesens der Technik verharrt und so im Gestell von Beständen kraft seines Arbeitspotentials aufgeht. Wenn aber die Technik selbst eine Wesensweise des Seins ist, dann kann der Mensch sich dem Wesen der Technik nur dann öffnen, wenn er selbst in seinen eigenen Wesensbereich zurückfindet. Das ist der offene Bezug zum Sein als Sein, dessen Lichtung der Mensch aus seinem Wesen ist. Deshalb gilt es, inmitten der technischen Seinsvergessenheit an das Denken des Seins unaufhörlich zu erinnern, wie es das Denken Heideggers auch unentwegt getan hat und immer noch tut.

Deshalb ist es das postmetaphysische Denken, welches den Menschen dem Wesen der Technik zu öffnen vermag. Darum lautet die erste Frage heute nicht: *Was* haben wir zu denken? Sie lautet vielmehr: *Wie* haben wir zu denken? Das Denken vollbringt den Bezug des Seins zum Menschen, in welchem Bezug das Wesen des Menschen liegt. Das Sein denken aber heißt, innerhalb der mehr und

---

[13] ebd., S. 37; GA 79, S. 68.

mehr technifizierten Sprachen auf Möglichkeiten eines Sagens sinnen, in welchen das Sein aus seinem Bezug zum Wesen des Menschen zur Sprache gebracht werden könnte. Das erste also, was von uns zu tun ist, um unser Dasein dem Wesen der Technik zu öffnen, ist die Übernahme und der Vollzug des postmetaphysischen Denkens, welches auf das Sein als Sein denkt. Denn so denkend, gewöhnen wir uns allererst in den Bereich ein, in welchem sich ein geschichtlicher Wesenswandel der Technik ereignen kann. Solange das nicht geschieht, vermag der Mensch sich nicht in das Wesensgeschick der Technik zu finden. Es bleibt am bloß Technischen hängen und findet so nicht in sein eigenes, menschliches Geschick. Er bleibt sich selbst in seinem Geschick verschlossen, trotz aller Erkenntnisse der anthropologischen Wissenschaften.

§ 21. Die Kehre

Als Ausdruck für einen möglichen Wesenswandel der Technik in ein anderes Geschick gebraucht Heidegger in seinem Vortrag aus dem Jahre 1949 das Wort „Kehre“. Nun darf dieses Wort in dem Vortrag, der auch den Titel *Die Kehre* trägt, nicht in der Bedeutung der Blickwendung des postmetaphysischen Denkens von *Sein und Zeit* zu *Zeit und Sein* genommen werden. Kehre ist hier der Name für die Wandlung der Technik. Sie hat also mit den Umkehrungen der Metaphysik nichts zu tun, wie sie sich an deren Ende im Denken von Marx und Nietzsche abspielen.

Marx kehrt den Prozeß des sich selbst erzeugenden absoluten Begriffs - das Wesen des Geistes - um in den historischen Prozeß der sich selbst durch Formation der Natur produzierenden menschlichen Gattung. Nietzsche schließlich vollzieht die Umkehrung der Metaphysik in der Gestalt einer Umwertung aller Werte, dergestalt, daß das Sein im Sinne des Lebens in das Werden verlegt wird und deshalb konsequenterweise das Seiende, je werdender es ist, um so lebendiger, um so wirklicher ist, und umgekehrt, je bleibender es ist, um so unlebendiger, um so unwirklicher, um so unseiender. Das ist der Sinn der Botschaft vom „Tode Gottes" - gemeint ist der metaphysische Gott.

Die Kehre dagegen, von der hier, in Heideggers gleichnamigem Vortrag, die Rede ist, meint etwas völlig anderes: Die Gefahr, welche die unbedingte Herrschaft des Gestells in sich birgt, ist von der Art einer zweifachen Kehre. Indem die Herrschaft des Gestells das Sein zugunsten der technischen Bestände nicht zuläßt, währt das Sein nicht als Sein, sondern es währt als das Gegenteil seiner, als ein Nichts, das aber nicht etwas vollständig Nichtiges sondern ein zuhöchst wirksames Etwas ist. Ein Etwas, das alles Seiende in seinem Wesen zugunsten seiner immer größeren Funktionstüchtigkeit an- und auszehrt. Hier liegt also eine Wesensabkehr des Seins von sich selbst vor. In eins damit kehrt das Sein sich gegen die Wahrheit, nämlich die Offenbarkeit seines Wesens. Es weilt nicht in der Offenbarkeit seiner selbst, sondern kehrt sich einer Vergessenheit zu, die sich selbst vergißt.

In diesem zweifachen Sich-Kehren als Abkehr des Seins von seinem Wesen und Gegenkehr gegen seine eigene Wahrheit liegt nun die Möglichkeit einer diese Verhältnisse umkehrenden Kehre. Auf die Möglichkeit dieses Vorgangs denkt das Wort „Kehre" in Heideggers Vortrag hin. Wenn die so verstandene Kehre sich ereignen würde, dann würde das Sein die unter der unbedingten Herrschaft des Gestells bestehenden Verhältnisse umkehren. Heidegger sagt dazu: „Im Wesen der Gefahr *verbirgt* sich darum die Möglichkeit einer Kehre, in der die Vergessenheit des Wesens des Seins sich so wendet, daß mit *dieser* Kehre die Wahrheit des Wesens des Seins in das Seiende eigens einkehrt."[14] Wenn das Sein in seine Wahrheit und Offenbarkeit einkehrt und wieder als Sein west, dann kehrt eo ipso, zufolge des Bezugs des Seins zum Seienden, diese Wahrheit des Seins in das Ganze der Dinge ein, das nun nicht mehr darin aufgeht, als bloß bestellbarer Bestand zu existieren, sondern in das Offene des je eigenen Wesens zurückkehrt und so frei, ohne jene rechnerischen Zwänge, denen heute alles unterstellt wird, in sich weilen kann.

---

[14] ebd., S. 40; GA 79, S. 71.

Wann und wie diese sogenannte Kehre sich ereignet, ob sie sich überhaupt ereignen wird, das weiß niemand und kann niemand wissen. Ein solches Wissen wäre für den Menschen verderblich, weil er dann wissentlich-willentlich das Ereignis der Kehre herbeizwingen könnte und würde, indem er es als ein Willensverhältnis auffaßt und so verstellt. Das Verhältnis des Denkens zu dem möglichen Ereignis der Kehre kann nur ein Warten sein, und zwar ein Warten in einem zweifachen Sinne:

Zunächst als ein Warten im Unterschied zum Erwarten. Das Erwarten nimmt immer auf dem Boden der Gegenwart etwas Künftiges vorausgreifend in die Vorstellung. Dagegen ist das reine Warten ein sich öffnendes Entgegenweilen, das es ohne Vorausgriff dem Kommenden selbst überläßt, ob, wann und wie es kommt. Im Erwarten rechnen wir darauf, wann das Erwartete eintreten könnte. Im Warten liegt die Geduld des Sichfügens und Ansichhaltens, ein Zurückhalten mit allen Erwartungen - das Moment der Verhaltenheit.

Dieses Warten ist in sich aber noch ein Zweites, nämlich die Bereitschaft, das Kommende, wenn es kommt, bei sich einzulassen und das Sein in seiner Wahrheit zu bewahren. Nur wenn der Mensch aus seinem Wesen dazu bereit ist, das Sein in seiner Wahrheit als Sein zu wahren, kann die Kehre sich ereignen, andernfalls nicht. Aber diese Bereitschaft bringt der Mensch auch nur dann auf, wenn er das wesentliche Denken übernimmt und vollzieht. So gesehen, ist in der Tat das postmetaphysische Denken nichts anderes als ein im Wortsinne vorbereitendes Denken, wie Heidegger sein Denken auch immer wieder in den letzten Jahren seines Lebens gekennzeichnet hat.

Es gilt also, zuerst das Gestell als die Gefahr zu erblicken, die das Sein und den Menschen gleichermaßen angeht. Wenn das geschieht, bleibt die Gefahr nicht länger verborgen. Was ist aber dann, wenn das geschieht? Heidegger nimmt einen Anhalt an einem bekannten Wort Hölderlins aus der Hymne *Patmos:*

„Wo aber Gefahr ist, wächst
Das Rettende auch.“ [15]

Heidegger gibt hier das Wort des Dichters nicht in die Dichtung zurück, wie er es in seinen Hölderlin-Interpretationen tut, sondern hier ist es für ihn ein Anhalt für ein Durchdenken der Wesensgefahr, welche die Herrschaft des Gestells darstellt. Wenn die Gefahr *als* Gefahr sich entbirgt, geht in eins damit das Rettende auf. Das würde heißen: Die Gefahr, wenn sie *als* Gefahr ist, d.h. wenn sie ins Offene gebracht wird, ist selbst schon der Beginn des Rettenden. Eine befremdliche These, die einer ausführlicheren Aufweisung bedarf. Zu diesem Zweck sei zunächst daran erinnert, was das „als“ der Formel bedeutet, in welcher die Denkweise der Metaphysik gefaßt ist: *on he on*, *ens qua ens*, das Seiende als seiend.

Der Vollzug des „als“, der hier bezüglich des Seienden geschieht, läßt das Seiende als ein solches ans Licht gelangen, nämlich in der ihm eigenen Bestimmtheit zu sein, im Unterschied zu dem, dem kein Sein zukommt, dem Nichts. Das überlieferte ontologische Denken vollzieht also bezüglich des Seienden das „als“ und vollbringt so die Offenbarkeit des Seienden, ohne diese Offenbarkeit selbst in ihrem Wesen dabei zu bedenken. Sie ereignet sich in eins damit, daß das Seiende als Seiendes gedacht wird, wird aber selbst nicht gedacht. Das metaphysische Denken, so können wir sagen, vollzieht das „als“, denkt aber nicht das „als“ selbst, nämlich nicht die in ihm sich ereignende Offenbarkeit.

Was aber ist dann, wenn die Gefahr *als* Gefahr ist? Dann kommt die Möglichkeit der Kehre mit zum Vorschein, also das Rettende. So ist in der Tat die Gefahr dann, wenn sie *als* Gefahr ist, aus ihrem eigenen Wesen, sofern die als Gefahr wesende Gefahr das Zum-Vorschein-Kommen der Möglichkeit der Kehre ist, auch schon der Beginn des Rettenden. Dies Rettende kommt nicht von irgendwoher dazu, es ist nicht von einem Gott zu erwarten oder irgendeiner Religion. Nichts von alledem. West die Gefahr als Gefahr, so ist sie

[15] Friedrich Hölderlin, Werke und Briefe, hg. von Fr. Beißner u. J. Schmidt, Bd. 1, Frankfurt am Main 1969, S. 176.

schon der Beginn des Rettenden, weil sich die Möglichkeit der Kehre zeigt.

An dieser Stelle ist es angebracht, über die Bedeutung des Wortes „retten“ nachzudenken. Heidegger selbst weist zunächst auf den Sprachgebrauch Lessings hin. Lessing, so sagt er, gebraucht das Wort „Rettung“ im Sinne von Rechtfertigung.[16] Diese Bedeutung von „retten“ ist zugleich der Sinn des Wortes nach den reformatorischen Rechtfertigungslehren. Diese sind in dieser Hinsicht Lehren von der Rettung des Menschen im Sinne der Rechtfertigung des Menschen vor Gott, die nach protestantischer Auffassung alleine im Vollzug des Glaubens besteht. Die Reformation ist die neuzeitliche Wendung der christlichen Theologie, denn Rettung als Rechtfertigung entspringt dem neuzeitlichen Denken. Danach bedarf nämlich ein jegliches, um zu sein, des sein Dasein rechtfertigenden Grundes. Ist dieser erbracht, dann besteht es zu Recht, ist ins Sein gerettet. Das Seiende steht neuzeitlich unter der Frage der „raison d'être“, unter der Frage nach seiner Legitimation. Alle modernen Fragen nach dem Sinn des Lebens sind neuzeitliche Fragen der Legitimation. Als ein wesentliches Wort genommen, besagt Rettung neuzeitlich also soviel wie Legitimation.

Im postmetaphysischen Denken dagegen bedeutet das Rettende nicht das Rechtfertigende, Legitimierende, sondern das Befreiende, das Freimachende, das die offene Stätte erbringt, wo ein jegliches als es selbst ohne Zwang währen und sein kann. „Sinn des Seins“ besagt nicht wie „Sinn des Lebens“ : Legitimation, sondern Lichtung des Seins. Dieses aus den Zwängen der Verrechnung und Berechnung Befreiende ist die Kehre als der Beginn des Rettenden.

Wenn aber die Gefahr als Gefahr das Rettende selbst ist, dann stellt sich notwendigerweise die Frage: Wo ist denn die Gefahr? Wo steckt sie denn eigentlich? Welches ist der Ort, an dem wir sie antreffen? Die Gefahr, die absolute Herrschaft des Gestells, ist das Sein selbst, und zwar das Sein in einem bestimmten Modus seiner: in Abkehr von seinem Wesen als Sein und in Gegenkehr gegen seine Offenbarkeit. Also ist die Gefahr auch nicht etwas, das wie ein Sei-

---

[16] Die Kehre, a.a.O., S. 41; GA 79, S. 72.

endes hier oder dort ist, in diesem oder jenem Bereich anzutreffen wäre. Heidegger sagt: „Insofern die Gefahr das Sein selber ist, ist sie nirgendwo und überall. Sie hat keinen Ort als etwas anderes zu ihr selber." [17]

Bei jeglichem Seienden ist der Ort immer etwas anderes als dieses Seiende selbst. Wenn das Seiende den Ort verläßt, so bleibt dennoch der Ort für ein mögliches anderes Seiendes. Nicht aber bei der Gefahr, von der Heidegger hier spricht. Sie ist nichts anderes als ihr Ort, sie ist von ihrem Ort überhaupt nicht verschieden, sie ist vielmehr die Ortschaft von allem, was ist - mit Heideggers Worten: „Sie ist selbst die ortlose Ortschaft alles Anwesens." [18]

Deshalb gibt es auch kein Ausweichen vor ihr etwa in Gebiete hinein, die noch nicht von der Technik erfaßt sind oder vielleicht als Randgebiete, als Reservate verschont bleiben. Man kann schließlich in der modernen Welt sogar noch in den Vereinigten Staaten als Indianer existieren. Vielleicht ist das die Rettung? Oder man kann sich auch vorübergehend in animalisch-idyllische Urlaubsreservate zurückziehen, man kann auch ins Exotische fliehen. Aber das hilft alles nichts. Die Gefahr ist die Ortschaft des Seins von jeglichem, denn sie ist das Sein selbst in einem bestimmten geschichtlichen Modus. Sie ist eine Epoche des Seins selbst, das das Gestell zu seiner eigenen Wesensweise hat.

Daß sich in der Gefahr als Gefahr das Rettende auftut - wächst, wie Hölderlin sagt -, gilt es noch zu zeigen. Wenn die Gefahr als Gefahr ist, enthüllt sich ihr eigenes Wesen. Sie gelangt als die, die sie ist, ins Offene des Denkens und Sagens. So enthüllt sich die Gefahr als jenes Nachstellen, mittels dessen das Sein selbst als das Gestell, seiner eigenen Wahrheit mit Vergessenheit nachstellt. Was ist nun dieses Nachstellen in Hinsicht auf Sein? Sein wird aus seiner Wahrheit ent-setzt, so wie jemand aus seinem Amt „entsetzt" wird, und wird dafür in eine Vergessenheit versetzt. Das heißt: Dem Sein ist sein eigenes Wesen als Sein verweigert, es währt nicht als Sein. Aber es währt, sonst wäre ja überhaupt nichts; und zwar als das

---

[17] ebd.
[18] ebd., S. 41 f.; GA 79, S. 72f.

alles Seiende anzehrende Nichts, dergestalt, daß alles Seiende seiend ist für den Verbrauch und im Verbrauch, also im unaufhörlichen Schwund des Seienden in die Absenz. Diesen produziert die Technik unaufhörlich, weil sie ja nur Gegenstände produziert, die nicht durch den Gebrauch, sondern durch den Verbrauch a priori geregelt sind.

Wenn nun die Gefahr als Gefahr ist, dann ereignet sich auch dieses *„mit-Vergessenheit-Nachstellen"* [19] als ein solches, denn darin besteht ja die Gefahr. Das heißt aber nichts anderes, als daß die Vergessenheit sich selbst nicht länger vergißt, daß sie vielmehr gleichsam zu sich selbst erwacht und deshalb aufhört, Vergessenheit zu sein. Denn eine Vergessenheit, die selbst in die Offenbarkeit eintritt, ist schon nicht mehr Vergessenheit. Die Vergessenheit, die sich selbst als Vergessenheit erscheint, vergißt sich nicht länger, sondern sie bewahrt gerade das Vergessen, so daß dieses seinerseits aus der Vergessenheit heraustritt. Die Vergessenheit, wenn sie sich selber erscheint, kehrt sich um in ein Gewahren des Vergessenen. Das kann man an einem einfachen Beispiel nachvollziehen: Wenn das Vergessen-haben des Hausschlüssels sich selbst erscheint, also offenkundig wird, dann erscheint der Haussschlüssel selbst als das Vergessene: „Ach, ich habe meinen Hausschlüssel vergessen." Auf die Sache gesehen, die hier zur Frage steht, heißt dies: Wenn die Gefahr als Gefahr ist, dann kehrt sich die Seinsvergessenheit um in das Gewahren des Vergessenen, in das Gewahren des Seins, in das Denken des Seins. Das Gewahren des Seins ist ein Denken des Seins. Diese Offenbarkeit des Seins und das Gewahren des Seins faßt Heidegger in dem Ausdruck „Wahrnis des Seins" zusammen. [20]

Es sei dahingestellt, ob dieser Versuch nun sprachlich geglückt ist oder nicht, jedenfalls versucht Heidegger, beide in eins zusammenzufassen, weil es das eine ohne das andere gar nicht gibt. Es gibt ja keine Offenbarkeit von Sein ohne ein Denken des Seins. Also ist die Wahrheit, Offenbarkeit, des Seins auch immer in sich selbst eine Wahrnis des Wesens des Seins von seiten des Menschen, der das Da

---

[19] ebd., S. 42; GA 79, S. 73.
[20] ebd.

des Offenen selber ist, sofern er existiert. Heidegger fügt diesen Überlegungen hinzu: „Das mit Vergessenheit sich nachstellende Sichverweigern der Wahrheit des Seins birgt die noch ungewährte Gunst, daß dieses Sichnachstellen sich kehrt, daß in solcher Kehre die Vergessenheit sich wendet und zur Wahrnis des Wesens des Seins wird, statt dieses Wesen in die Verstellung entfallen zu lassen.“ [21] Hier ist das mögliche Ereignis der Kehre durch ein weiteres bedeutsames Wort gekennzeichnet: Gunst. Was heißt das?

Gunst ist ein philosophisches Wort in Kants *Kritik der Urteilskraft* für die Bestimmung des Verhältnisses des Menschen zum Schönen. Im § 5 der „Analytik des Schönen“ in diesem Werk unterscheidet Kant drei Arten des Wohlgefallens: Neigung, Achtung und Gunst. Die Neigung setzt ein Bedürfnis voraus nach jenem Gegenstand, auf den die Neigung geht. Oder die Neigung bringt ein solches Bedürfnis nach einem solchen Gegenstand selbst hervor. Achtung hat mit Neigung nichts zu tun. Achtung wird uns abgenötigt, denn sie ist die Weise, wie wir uns vom Sittengesetz gefordert wissen. Achtung ist geradezu das sich durch das Sittengesetz bestimmende Wissen. Gunst aber ist ein ganz und gar freies, weder durch ein Bedürfnis noch durch eine sittliche Forderung bestimmtes Wohlverhalten, nämlich zum Schönen. Gunst ist ein Verhalten, bei welchem es keine Forderung gibt, bei dem keine Ansprüche zu verrechnen sind, weder einseitige noch wechselseitige.

Wenn nun Heidegger die Kehre der Vergessenheit in die Wahrnis des Seins eine Gunst nennt, so besagt das: Das Ereignis der Kehre ist nicht etwas, das wir fordern, verlangen oder mit Recht erwarten können, nicht etwas, auf das wir Anspruch erheben können, nicht etwas, auf das wir rechnen können. Es ist etwas, das sich frei gewährt, das sich freilich nur dann frei gewähren kann, wenn dem eine Vorbereitung von seiten des Menschen entspricht. So gehört es ja zur wahren Gunsterweisung, daß man sie keinem Unwürdigen zuteil werden läßt. Dieses Ereignis der Kehre ist also etwas, das sich frei gewährt, wohl aber kann und muß das Ereignis denkend vorbereitet werden. Aber wenn es sich ereignet, dann nicht durch die denkende

---

[21] ebd.

Vorbereitung, als ob sie es erwirkt hätte, aber auch nicht ohne sie. Heidegger sagt: „Wenn in der Gefahr sich die Kehre ereignet, kann dies nur unvermittelt geschehen.“[22] Eine weitere Kennzeichnung des möglichen Ereignisses der Kehre weist ein Denken ab, das überall auf ausgleichende Vermittlungen aus ist und das seine Herkunft aus der Philosophie Hegels hat. Deren Denkweise muß aber immer in den bestimmenden Grenzen seiner Aufgabe gesehen werden. Hegels Aufgabe bestand, wie er selber sagt, in der Vermittlung des Unmittelbaren mit dem Vermittelten. Darum auch in der Vermittlung der Antike, die für ihn eine Philosophie des Unmittelbaren war, mit der neuzeitlichen Philosophie, die für ihn eine Philosophie der Vermittlung war. Das beides sollte seinerseits miteinander vermittelt werden, so daß wir ein vermitteltes Unmittelbares haben. Und die Vermittlung des Unmittelbaren mit dem Vermittelten, um dies hier nur anzudeuten, die Vermittlung der Antike mit der Neuzeit, besteht nach Hegel in der Vermittlung seiner mit sich selbst, durch Verwandlung aller Bezüge zu anderen in Selbstbezüge, durch Selbsterkenntnis im Anderssein. Diese Selbsterkenntnis im Anderssein ist das Element des absoluten Geistes, den zu entfalten dann Hegels Aufgabe ist.

Wenn aber die Kehre sich unvermittelt ereignet, wie Heidegger sagt, dann heißt das: Sie wird durch jeden Versuch verstellt, sie mittels Hegelscher Kategorien zu begreifen. Die Begründung dafür lautet: Das Sein ist das andere zu allem Seienden. Also hat das Sein nicht seinesgleichen, wie jedes Seiende in jedem andern bei allen Unterschieden doch seinesgleichen hat. „Das Sein hat nicht seinesgleichen neben sich.“[23] Es ist das Andere zu allem Seienden. Deshalb ist das Sein auch nicht von anderem bewirkt, denn das ergibt immer nur ein Seiendes. Noch bewirkt es etwas, denn nur Seiendes kann etwas bewirken. Das Sein als Sein ist nicht Grund und Ursache des Seienden und ist auch nicht etwas Begründetes, wie es allerdings gemäß der Metaphysik einen zuhöchst seienden Grund gibt, in welchem das Sein alles übrigen Seienden gegründet ist. Kein bewir-

[22] ebd.
[23] ebd.

kender Grund geht dem Sein voraus, noch bewirkt das Sein irgendetwas, sondern Sein ereignet sich. Es ereignet sich aus einer Verborgenheit jeweils in eine Epoche, in eine Wesensweise seiner selbst, so daß nun Seiendes im Lichte des Seins und so als seiend erscheint.

Das Sich-ereignen ist also eine Entbergung, eine Lichtung des Seins. Weil aber das Sein seinesgleichen nicht hat, weil es weder Ursache von etwas ist noch durch irgendetwas verursacht ist, deshalb kann das Ereignis der Kehre sich nur unvermittelt ereignen. Heidegger wörtlich: „Die Kehre der Gefahr ereignet sich jäh.“ [24] Dieses unmittelbar Jähe schließt aber eine langwährende Vorbereitung so wenig aus, daß sie es sogar gerade verlangt. Nur ist diese Vorbereitung keine Vermittlung im Sinne Hegels, denn es waltet hier keine Notwendigkeit im Übergang vom einen zum andern, sondern es waltet hier nur ein freies Gewähren, eine Gunst.

Dieses jähe, weil unvermittelte Sichlichten des Seins kennzeichnet Heidegger ferner als ein „Blitzen“.[25] Heidegger verwendet das Bild des Blitzes für dieses Ereignis, um zum Ausdruck zu bringen, daß das Sein sich in eine mitgebrachte Helle bringt. Lichtung des Seins wird in diesem Vortrag von 1949 noch mit Helle und Licht zusammengebracht. Erst spät - öffentlich ausgesprochen in dem Vortrag *Das Ende der Philosophie und die Aufgabe des Denkens* von 1964 - hat Heidegger dargelegt, daß Lichtung des Seins zunächst mit Licht und Helle nichts zu tun hat.[26] „Lichtung“ bedeutet vielmehr, auch etymologisch, die offene, freie Stelle, d.h. die Ortschaft, in die hinein dann Licht und Dunkel, also Wahrheit und Irrtum allererst ins Spiel kommen können. Heidegger kam auf lange Zeit beim Durchdenken der Lichtung des Seins von der griechischen Philosophie nicht ganz frei, wie er mir das selber gesagt hat, nämlich von dem Vergleich der Wahrheit des Seins mit dem Licht, mit der Helle. Das ist ein griechischer Gedanke, der aus dem

---

[24] ebd., S. 43; GA 79, S. 73.
[25] ebd.
[26] Martin Heidegger, Das Ende der Philosophie und die Aufgabe des Denkens. in: Zur Sache des Denkens, a.a.O., S. 72.

„Sonnengleichnis“ in Platos *Staat* bekannt ist. Aber es ist nicht von ungefähr, daß sich immer wieder der Vergleich der Lichtung mit Helle und Licht im Sinne der griechischen Metaphysik anbietet, denn auch die Helle gibt in gewisser Weise frei. Sie gibt das Erscheinende in sein Sich-zeigen frei im Unterschied zum Dunkel, das es verschlossen hält. In eins damit läßt die Helle den Blick auf das Sich-zeigende durch. So dachten die Griechen die Lichtung des Seins nicht als Lichtung, sondern als Helle, als Licht. Aber die Lichtung ist die offene Stätte, in die gerade auch das Dunkel hineinspielt. Lichtung kommt natürlich nie für sich vor, sondern sie bleibt immer auf Helle und Dunkel bezogen. Sie ist nicht mit der Helle gleichzusetzen, wie es die griechische Philosophie zufolge ihrer phänomenologischen Seinserfahrung getan hat.

Weshalb aber kann die Metaphysik seit ihrem Beginn diese Lichtung selbst nicht denken, so daß sich Licht und Helle vor die Lichtung schieben? Weil sie selbst Denken des Seienden als eines Seienden ist, und dies bedeutet die Undenkbarkeit des Nichts. Wäre das Nichts zugelassen, dann würde sich das Nichts als die offene Stätte enthüllen, in der es Sein überhaupt erst geben kann. Der Mensch aber als das offenständige Wesen für das Sein, als derjenige, der das Sein im Denken bewahrt, ist zugleich der Platzhalter dieses Nichts. Dieses Nichts geht nun dem durch das metaphysische Vorstellen des Seienden bestimmten Denken zuerst in der Angst auf, weil in ihr alles Seiende entgleitet. Die Angst stellt daher eine notwendige Phase innerhalb des Übergangs vom metaphysischen und wissenschaftlichen Denken, das ein und dasselbe ist, in das andere Denken dar, welches das Sein als Sein denkt.

Im Zeitalter der Herrschaft des Gestells, in dem es nur Bestände zu geben scheint, geht das Offene der Lichtung den Menschen zunächst als das ängstigende Nichts an, dem alles Seiende entgleitet. Und deshalb gilt es, nicht aus Angst vor der Angst zu fliehen, sondern die Angst denkend auszustehen, nicht um eines Pseudorealismus willen, sondern einzig und allein darum, weil die Angst uns zum ersten Mal vor das Offene der Lichtung als solche bringt. Aus diesem Grund hat Heidegger eine phänomenologische Analyse des

Wesens der Angst 1927 in *Sein und Zeit* und zwei Jahre später in seiner Freiburger Antrittsvorlesung[27] vorgetragen.

In seinem Vortrag *Die Kehre* von 1949 bringt Heidegger das Offene der Lichtung und die Helle noch unmittelbar zusammen. Das Verhältnis von Lichtung zur Helle und Dunkel bleibt hier unerörtert. Das Blitzen meint die Entbergung des Seins, seine Einkehr in die Wahrheit seines Wesens, und drückt zugleich das Jähe, das Unvermittelte aus. Darum hat Heidegger dieses Bild vom Blitzen gewählt.

Wohin aber geschieht die Kehre eigentlich, wenn sie sich ereignet? Sie geschieht in das in der Vergessenheit seiner Wahrheit liegende Sein hinein. Dieses aber ist die Wesensherrschaft der Technik, des Gestells. Das Wohinein der Kehre, ihr Wohin, ist also gar nichts anderes als die geschichtliche Epoche des technischen Zeitalters selbst und nicht ein neues, ein anderes Zeitalter jenseits der technischen Welt, worauf alle Utopien zielen. Das Wohin der Kehre ist einzig und allein die gegenwärtige Epoche, in der wir leben. Daraus folgt: Das Ereignis der Kehre betrifft zwar das Ganze der Dinge ebenso wie den Menschen, aber es ergibt keine heile Welt der Zukunft. Das allein schon deshalb nicht, weil das menschliche Dasein wesenhaft durch Schuld, durch Leiden und durch das Ausharren vor dem Tode gekennzeichnet bleibt. Außerdem hat der Mensch ein aufwallendes Herz, das allen Kränkungen ausgesetzt bleibt. Von einer heilen Welt kann also bei Heidegger überhaupt keine Rede sein.

Die Kehre ereignet sich in die Epoche des Seins hinein. In diesem Zusammenhang erklärt Heidegger: „Nur das Sein 'ist', nur im Sein und als Sein ereignet sich, was das 'ist' nennt; das, was ist, ist das Sein aus seinem Wesen.“ [28] Was soll dies bedeuten: Nur das Sein „ist“ ? Das Ist meint in der Geschichte des philosophischen Denkens von vornherein ein Zweifaches, und zwar wesenhafter Zusammengehörigkeit: Seiendes und Sein. Dies hatten bereits Platon und Aristoteles erkannt. Das Seiende wird im *onoma*, im *nomen*, das Sein

[27] Was ist Metaphysik, a.a.O.

[28] Die Kehre, a.a.O., S. 43; GA 79, S. 74.

wird im *rhema*, im *verbum* an- und ausgesprochen. Aus dieser Zweifachheit des Ist entspringen von Anfang an zwei Grundmöglichkeiten der Auslegung des Seins. Denn es fragt sich sofort: Wem gehört das Ist primär zu? Dem im *onoma* oder dem im *rhema* Genannten? Und das wiederum bedeutet die Frage: Was ist das, was eigentlich ist? Was ist das, dem das Sein eigens zugehört?

Platon entscheidet: Das Ist liegt im *rhema*. Also ist das, was im *rhema* angesprochen wird, solches, das, was eigentlich ist, das Wassein als solches, das *eidos*. Das im *onoma* Genannte ist das jeweils Geeinzelte. Das ist zwar nicht schlechthin nicht, aber es ist nicht eigentlich, sondern, sofern es ist, ist es durch Teilhabe an dem gemeinsamen Wassein, welches das eigentliche Sein ist.

Dagegen Aristoteles: Gewiß, sagt er, das Ist liegt zwar beim *rhema* - da hat Platon ganz recht -, aber dieses *rhema* spricht doch gerade das im *onoma* Genannte als das Seiende an, und zwar als das durch das im *rhema* genannte Wassein Bestimmte, als das durch das *eidos* Bestimmte. Deshalb, sagt Aristoteles, ist zwar das *eidos* das, was eigentlich ist, nämlich *ousia*, Sein im betonten Sinne, aber nicht in der Weise des Für-sich-Seins, wie Platon dachte, sondern gerade als Was-Bestimmtheit des Geeinzelten, also das im *eidos* als seiner Was-Bestimmtheit stehende Geeinzelte.

Hier liegt der Grundunterschied der Platonischen und Aristotelischen Philosophie, aus einer ganz bestimmten Interpretation des Ist. Diese Auseinandersetzung ist darum so wichtig, weil sie durch die ganze Geschichte der Metaphysik hindurch auf immer neue Weise ausgetragen wird, bis sie in Hegels Dialektik des Absoluten aufgefangen wird und erlischt.

Heidegger erklärt nun: „Was eigentlich ist, und d.h. eigens im Ist wohnt und west, ist einzig das Sein.“ [29] Das hört sich so an, als nähme Heidegger die Platonische Position ein: Das Sein als das eigentlich Seiende. Aber diese Annahme ist natürlich unmöglich, denn diese These bekundet bereits eine gewisse Seinsvergessenheit, insofern in einem solchen Denken Sein als Sein, nicht gedacht, sondern als Anwesenheit angenommen ist. Heidegger setzt denn auch in dem

---

[29] ebd.

erläuternden Satz, den er hinzufügt, das Ist in Anführungszeichen, um anzudeuten, daß es sich hier um ein uneigentliches Sprechen handelt: „Nur das Sein ‘ist’, nur im Sein und als Sein ereignet sich, was das ‘ist’ nennt.“[30] Die Bedeutung des Ist entspringt aus der Weise, dergemäß Sein je und je in eine bestimmte Wesensweise seiner geschickt wird, entspringt aus der Art und Weise, wie Sein sich lichtet. Aus der Art der Lichtung ereignet sich allererst das Ist, d.h. die Art und Weise, wie das Seiende seiend ist und wie der Mensch sich zum Seienden verhält.

Dahingegen steht jeder von seiten des Menschen bewerkstelligte Versuch einer Weltveränderung schon in einem Wesensgeschick des Seins, welches überhaupt den Gedanken an eine Weltveränderung, die vom Menschen selber herbeigeführt werden soll, möglich macht. Deshalb hätte ein Gespräch mit Marx die Frage zu erörtern, von welcher Wesensart des Seins denn sein Denken beansprucht ist, so daß er die berühmte 11. Feuerbachthese aufstellte? Man wird zugeben, daß diese Frage heute nicht gestellt ist, ja nicht einmal als Frage verstanden wird.

Gemeinhin versteht man die 11. Feuerbachthese so - und wir sehen hier davon ab, ob dies der Marxschen Intention entspricht: Die Philosophen haben sich bisher bloß theoretisch zur Welt verhalten. Philosophie muß aber zur Praxis der Weltveränderung werden. Das bedeutet: Marx hat den in der Hegelschen Philosophie noch verborgen liegenden praktischen Weltentwurf, die Praxis der Arbeit, freigelegt. In diese Richtung weiterdenkend, müssen wir nun sagen, wenn das die angemessene Interpretation der Feuerbachthese wäre: Hegels Philosophie ist Erkenntnis des Absoluten in seiner absoluten Wahrheit. Diese, ins Praktische gewandelt, ergibt dann eine Praxis mit absolutem Wahrheitsanspruch. Das heißt aber: Dann ist jede Art von Denken selbst eine Weise von Praxis. Wer anders denkt als die von der marxistischen Lehre vorgestellte Denkweise, handelt bereits der marxistischen Praxis entgegen. Er ist bereits ihr absoluter Feind, da es ja nur eine einzige wahre Lehre von der Praxis gibt: die marxistische Philosophie. Die Konsequenz dieser Auffassung bekundet

---

[30] ebd.

auch ein Brief Lenins an den Volkskommissar für Justiz Kurski aus dem Jahre 1922. Dort schreibt Lenin an den Genossen Kurski: „Das Gericht soll den Terror nicht beseitigen - das zu versprechen, wäre Selbstbetrug oder Betrug -, sondern ihn prinzipiell, klar, ohne Falsch und ohne Schminke begründen und gesetzlich verankern.“ [31] Diese Sätze sprechen für sich und bedürfen keiner weiteren Erläuterung mehr.

Heidegger hat spätestens seit *Zeit und Sein* die Rede „Das Sein ist“ endgültig aufgegeben auf Grund der Erkenntnis, daß das Sagen des Seins nicht die Form der Aussage über das Sein haben kann. Demgemäß sagt der späte Heidegger dann: Das Sein ist nicht, wohl aber gibt es Sein aus dem dreifach einigen Reichen der Zeit.

Festzuhalten bleibt aber: Das Ereignis der Kehre, der Technik wird von Heidegger als eine Möglichkeit gedacht. Ob es sich ereignet und, wenn ja, wann und wie es sich ereignet, bleibt jeglicher Art von Wissen entzogen. Aber es ist uns die Möglichkeit gegeben, die Ankunft des Ereignisses der Kehre denkend vorzubereiten. Anders hat Heidegger seine Aufgabe in Bezug auf das Wesen der Technik niemals gesehen. Er hat in dem Vortrag *Die Frage nach der Technik* die Aufgabe des Denkens so bestimmt: „Wir fragen nach der Technik und möchten dadurch eine freie Beziehung zu ihr vorbereiten. Frei ist die Beziehung, wenn sie unser Dasein dem Wesen der Technik öffnet.“ [32]

Inzwischen haben wir gesehen, daß dieses Wesen der Technik von Grund auf zweideutig ist: Abkehr des Seins von seinem Wesen und Gegenkehr des Seins gegen seine Wahrheit als Wesensgefahr des Menschen mit der darin beschlossenen Möglichkeit einer diese Verhältnisse umkehrenden Kehre. Sehen wir dieses zweideutige Wesen der Technik, dann und nur dann erblicken wir die Konstellation von Sein, Mensch und Welt im gegenwärtigen Zeitalter. Dann befinden wir uns auch schon diesseits von Optimismus und Pessimismus. Vielleicht ist das Äußerste, das im Hinblick auf das Ereignis der Kehre gesagt werden kann, sofern das Denken seine Grenzen

---

[31] W.I. Lenin. Werke, Berlin 1973, Bd. 33, S. 344.
[32] Die Frage nach der Technik, a.a.O., S. 5.

achtet und sein eigenes Wesen nicht verunstaltet, weil es mehr will, als es kann, dieses: Es könnte sein, daß die mögliche Ankunft des Ereignisses ein Schattenbild vorauswirft, in dem Denken nämlich, das die Gefahr als Gefahr zu erblicken vermag. So hat Heidegger sein Denken zuletzt verstanden, in völliger Konsequenz seines Ansatzes. Als er *Sein und Zeit* konzipierte, war ihm dies natürlich nicht so klar.

Wann aber vermag dieses vorläufige Denken, das Ereignis der Kehre als eine Möglichkeit zu erblicken? Die Antwort lautet: Das vorläufige Denken - so wollen wir jetzt das postmetaphysische Denken charakterisieren - vermag das Seinige nur dann, wenn es sich auf die Vergessenheit, in welcher das Sein heute liegt, selbst einläßt. Wenn das Denken die Vergessenheit nicht länger übergeht, als gäbe es sie überhaupt nicht, wie das der Positivismus und die Wissenschaftstheorie tun. Es bleibt seltsam, daß der Positivismus dieses Positivum, die Seinsvergessenheit, nicht sieht. Das vorläufige Denken vermag also das Seinige nur dann, wenn es der Seinsvergessenheit eigens die Aufmerksamkeit zuwendet, sich auf sie konzentriert. Wenn das geschieht, vergißt die Seinsvergessenheit sich nicht länger, sondern sie erblickt sich selbst und hört auf, Vergessenheit zu sein.

Die Frage ist nun: Wenn diese Seinsvergessenheit wirklich aufhört, Vergessenheit zu sein, verschwindet sie dann vollständig? Oder verwandelt sie sich in etwas anderes, das natürlich nicht mehr Vergessenheit ist, aber doch Verbergung? Heidegger versucht an dieser Stelle, das Jähe, d.h. das Unvermittelte der möglichen Einkehr des Seins in seine Wahrheit, durch eine Gleichsetzung von „blitzen" und „blicken" sprachlich zu fassen, und zwar vermittels einer etymologischen Erinnerung. Das mittelhochdeutsche Wort „Blick" bedeutet: Glanz, Helle der Augen, Strahl der Augen, der Blick, der einen trifft. Im Blick erfahren wir das Geistige des menschlichen Auges. Dabei kennzeichnet Strahl mehr das Aufbrechen, die Helle dagegen das zum Erscheinen befähigende ruhige Leuchten. Im Blick und als Blick tritt das Sein also in das bleibende Leuchten seines Wesens und bleibt darin verwahrt. Blitzen meint dann mehr: das sich-ereignende Lichten in seinem Sich-ereignen, also das Vorgangshafte, und Blick ist das Verweilen, das Bleiben der Lichtung.

Dieser Blick verwahrt zugleich das verborgene Dunkel der Herkunft des Sich-Lichtens, das anfänglich Ungelichtete, also die Verborgenheit in aller Entbergung. Diese Verborgenheit in aller Entbergung wird dann, wenn die Vergessenheit des Seins sich selbst erscheint, als die anfänglich erste Dimension des Seins erfahren, in welcher alles lichtende Entbergen seine Herkunft hat. Dieses Verborgene gelangt als das Erste in das Offene der Lichtung, als das Geheimnis des Seins von allem, was ist, das zu hüten dem Menschen als dem denkenden Wesen aufgetragen ist. So wandelt sich die Vergessenheit des Seins in die dem Sein eigene Verborgenheit, welche die Quelle alles lichtenden Entbergens ist.

§ 22. Einblick in das, was ist

Die beiden unter dem Titel *Die Technik und die Kehre* gesammelt herausgegebenen Vorträge, die wir hier erläutert haben, entstammen einer vier Vorträge umfassenden Vortragsreihe. Die Titel dieser vier Vorträge lauten: *Das Ding, Das Gestell, Die Gefahr, Die Kehre.* Den ersten Vortrag hat Heidegger bereits 1954 veröffentlicht, und zwar in dem Sammelband mit dem Titel *Vorträge und Aufsätze*.[33] Der zweite Vortrag, der in der Vortragsform den Titel *Das Gestell* hatte, ist unter dem veränderten Titel *Die Frage nach der Technik* als erste Abhandlung in *Die Technik und die Kehre* eingegangen. Der vierte Vortrag *Die Kehre* ist ebenfalls dort veröffentlicht. Dagegen blieb der dritte Vortrag *Die Gefahr* bislang unveröffentlicht.[34] Alle vier Vorträge standen unter dem Gesamttitel: „Einblick in das, was ist“[35]. Was dieser Titel meint, kommt erst im vierten Vortrag *Die Kehre* heraus: die Kehre der Verweigerung des Seins, sofern es nicht als Sein währt, in das Sich-ereignen seiner Wahrheit.

---

[33] Martin Heidegger, Vorträge und Aufsätze, Pfullingen 1954.
[34] Anm. des Hg.: jetzt in GA 79, S. 46ff.
[35] Vgl. Heideggers Vorbemerkung zu *Die Technik und die Kehre*, a.a.O., S. 3.

Einblick ist also als „Einblitzen“ verstanden, um diese Sprache Heideggers hier zu verwenden, als Einfahren der Wahrheit in das wahrheitslose Sein. Der Einblick ist selbst das Ereignis, als welches die Wahrheit des Seins in das wahrheitslose Sein hineinfährt. Der Titel *Einblick in das, was ist* nennt also die Konstellation im Wesen des Seins selbst, seine mögliche Wahrheit und Offenbarkeit, im Verhältnis zu seiner Wahrheitslosigkeit, seiner Vergessenheit, im Zeitalter der Technik.

Also müssen wir die beiden Teile des Titels *Einblick in das, was ist* anders nehmen, als wir sie zunächst verstehen. Die Bedeutungsänderung des Titels ihrerseits verweist auf eine Änderung des Denkens, die sich hier abspielt. Denn unter *Einblick in das, was ist* verstehen wir zunächst einen Blick, den wir von uns aus auf das werfen, was ist. Was ist, ist das Sein. Und darunter verstehen wir, wie selbstverständlich, den gegenwärtigen Weltzustand, d.h. die Produktions- und Konsumgesellschaft, geteilt in Nationen, Gruppen, politische Mächte, zugleich zusammengehalten durch das Ineinanderverzahntsein von Technik, Wissenschaft, Wirtschaft und Politik, sodann das Technologische, also die Kraftmaschinentechnik, die Elektronik usw. Jetzt aber hat sich die Bedeutung des Ausdrucks *Einblick in das, was ist* gewandelt. Der Titel meint nicht eine von uns bewerkstelligte Erkenntnis des Seienden, sondern die Konstellation im Wesen des Seins selbst innerhalb der Epoche der Herrschaft des Gestells. Er meint die Art und Weise, wie die Wahrheit des Seins, seine Offenbarkeit, zum wahrheitslosen, unbewahrten Sein steht. Dann bedeutet aber das, was „ist“, auch nicht mehr das Seiende. Dem Seienden wird das Ist zugesprochen, aber im Ist wird auch immer das Sein angesprochen, dasjenige, was im Istsagen dem Seienden zugesprochen wird. Und dieses im Ist immer mit angesprochene Sein erweist sich jetzt als das, was ist. Damit wiederum erweist sich aber zugleich der Ausdruck als nicht mehr angemessen.

Mit der Wandlung des Denkens geht notwendig eine Wandlung der Sprache zusammen. Das Gestell, die absolute Wesensherrschaft der Technik, verstellt die Welt. Welt verstanden als das Gelichtete des Seins, als das Ganze der offenen Bezüge, in welchen ein jegliches Seiendes in seinem Eigenen erscheint und so anwesend ist.

Denn unter der Herrschaft des Gestells erscheint das Ganze der Welt vielmehr als ein durch mathematische Erkenntnismethoden sicherzustellender, von da her berechenbarer, einförmiger Bestand und nicht als das Ganze der offenen Bezüge, in denen der seinverstehende Mensch sich hält, so daß das Gestell auch noch sein eigenes Verstellen der Welt selbst verstellt, so wie die Vergessenheit sich selbst vergißt. Daher fällt das Verstellen der Welt durch das Gestell selbst in die Vergessenheit hinweg.

Wie aber nun, wenn das Gestell in seinem Wesen sich als die Gefahr zu zeigen beginnt, wenn die Gefahr als Gefahr ist, d.h. wenn sie in das Offene des Denkens gelangt? Dann, so erklärt Heidegger, „lichtet sich der Lichtblick von Welt, blitzt Wahrheit des Seins.“[36] Dann kommt nämlich heraus, daß auch im Gestell als einem Wesensgeschick des Seins immer noch ein Licht des Seins, obzwar verstellt, leuchtet, so daß das Gestell also niemals ein blindes Geschick, niemals ein ganz und gar sichtloses Verhängnis ist, mit welchem der Mensch sich fatalistisch abzufinden hätte, so daß er nur noch die technische Weltbestellung betreiben könnte. Ein Zeugnis dafür, daß es sich so nicht verhält, ist unter anderem auch und gerade auch das hier vollzogene Denken selbst, das Denken des Gestells als Gefahr mit der in ihr beschlossenen Möglichkeit einer Kehre. Wäre das Sein völlig verborgen, völlig verhangen, herrschte eine vollständige Sichtlosigkeit und Lichtlosigkeit des Seins, dann gäbe es heute überhaupt kein Denken des Seins mehr, also auch nicht ein Denken des Gestells als einer geschichtlichen Wesensweise des Seins. Dann gäbe es nur das blinde Verhängnis, dem der Mensch ausgeliefert wäre. Nun aber existiert dieses Denken. Also lichtet sich immer noch ein Lichtblick von Welt, und zwar von Welt als dem uns Verweigerten. Ein Denken angesichts der uns unter der Herrschaft des Gestells verweigerten, aber als Möglichkeit in der Kehre der Technik beschlossenen menschlichen Welt.

„Einblick in das, was ist“, hier von Heidegger nur denkend vorbereitet, und dies auch nur in einem Versuch, heißt also: Einkehr,

---

[36] Die Kehre, a.a.O., S. 45; GA 79, S. 75.

„der Blitz der Wahrheit des Seins in das wahrheitslose Sein“.[37] Was aber geschieht nun mit den Menschen, wenn sich ein solcher Einblick wirklich ereignet, den wir hier nur als eine Möglichkeit denkend entwerfen? Dann sind die Menschen die von diesem Einblick Getroffenen. Damit es überhaupt dazu kommen kann, gleichsam als conditio sine qua non, bedarf es eines langen, geduldigen und das Ereignis vorbereitenden Denkens. Inwiefern sind dann die Menschen von diesem Einblick betroffen? Hier brauchen wir uns nur an die überlieferte Wesensbestimmung des Menschen zu erinnern, also daran, was die Metaphysik bereits vom Wesen des Menschen gewußt hat. Danach ist der Mensch ein Seiendes, das in der Weise in das Ganze des Seienden hineingehört, daß er dem Sein alles Seienden geöffnet ist, also in diesem Sinne ein offenständiges Wesen. In der Frage „Was ist das Seiende als Seiendes?“ ist der Mensch bereits in seiner Offenständigkeit zum Sein selbst beansprucht, sonst könnte ihm diese Frage gar nicht zur Möglichkeit oder gar zur Notwendigkeit seines Denkens werden. Deshalb kann ihn der Blitz des Seins treffen, die Einkehr der Wahrheit in das wahrheitslose Sein. Allerdings muß der Mensch dann, so erklärt Heidegger, seinen „Eigensinn“, und das meint seine Subjektivität, aufgeben.

Was soll das heißen? Die Subjektivität erreicht ihre unbedingte Wesensvollendung in einem Willen, der sich selbst als Wille will, der also will, daß alle Wirklichkeit des Wirklichen, nämlich das Wirken des Wirklichen, seinem Befehl unterstellt sei. Zu solcher Macht wird der Wille dadurch ermöglicht, daß ihm die Wirkbedingungen des Wirkens alles Wirklichen zugestellt werden, so daß er über sie verfügt. Das geschieht durch die technisch-szientistische Weltauslegung und durch die Bearbeitung der Welt nach den verschiedenen Weltbezirken, für die die einzelnen Wissenschaften zuständig sind. Aus der Perspektive der Metaphysik gedacht, besteht das Wesen der Technik in der Subjektivität des Willens zum Willen. Dessen Träger ist der Mensch, aber nicht der Mensch als der einzelne, sondern der Mensch als die industrielle Gesellschaft, z.B. in der Form der Arbeiterklasse unter der Führung der Kaderpartei, deren Instruktionen

---

[37] ebd.

unbedingt zu befolgen sind. Hier wird der Befehlscharakter des Willens deutlich, der in den kommunistischen Gesellschaften am deutlichsten herauskommt. Staatsformationen sind eine der Grundgestalten des sich selbst als die Macht wollenden Willens. In diesem Willen zu sich selbst vereinigen sich äußerste Rationalität - durchgängige Erkenntnis der Wirkbedingungen des Wirklichen - und Irrationalität - Willensbefehl, der die hinsichtlich ihrer Wirkbedingungen erkannten und so beherrschten Wirkbestände ins Wirken losläßt, und zwar auf Ziele hin, deren Setzung abermals beim Willen selbst steht. Irrationalität, also Willensbefehl, und Rationalität, also durchgängige Erkenntnis der Wirkbedingungen des Wirkens, verschwinden, beide bis zur Ununterscheidbarkeit in dasselbe: die Willensherrschaft. Dieser Subjektivität muß der Mensch im Ereignis des Einblicks entsagen.

Hier wird zugleich deutlich, inwiefern die Gründung des Menschen in eine anthropologisch reduzierte Subjektivität gemäß Sartre und Merleau-Ponty von Heideggers Dimension ausgeschlossen bleibt. Ihre Nähe zu Heidegger ist ein bloßer verwirrender Schein.

Als der Träger der Willensherrschaft existiert der Mensch *konzentrisch*, alles auf sich als das Zentrum von allem zurückbeziehend, und das so sehr, daß er sich sogar dem puren Objektivismus der Wissenschaften überlassen kann. Denn zufolge des technischen Charakters dieser Wissenschaften ist sich der Mensch als des Zentrums des Ganzen in unbedingter Gewißheit sicher. Aber als der von der Wahrheit des Seins Erblickte existiert er *exzentrisch*, insofern er die Subjektivität verläßt, also ekstatisch. Das Wort Ek-stase ist hier nach dem Sinn von *Sein und Zeit* gedacht: Das *ek* bedeutet das Auseinander der sich öffnenden drei Zeitdimensionen und die *stasis* das Innestehen des Menschen und das Ausstehen dieses Auseinander. Das Sich-entwerfen auf Möglichkeiten ist daher auch von vornherein nicht aus der Subjektivität gedacht, nicht also als Sich-wollen aufgrund einer Vorstellung seiner selbst, sondern als Ent-werfen im Wortsinn. Die Vorsilbe „ent" bedeutet in der Tat gerade: von sich weg auf etwas anderes hin, hier auf die Lichtung des Seins hin, die sich durch das Auseinander der drei Zeitmodi lichtet. Der Mensch existiert nach *Sein und Zeit* exzentrisch, ist also nicht vom sich-selbst-vorstellenden und sich-wollenden Willen her gedacht. Nur wenn der Mensch sich von sich weg dem Einblick zu entwirft, entspricht er dem Anspruch des Einblicks, vermag er das Sein als Sein zur Sprache zu bringen.

Heidegger fügt an dieser Stelle seines Vortrags *Die Kehre* einen Satz über das Göttliche hinzu, das in der Metaphysik immer thematisch gewesen ist. Er sagt: „So entsprechend ist der Mensch geeignet, daß er im gewahrten Element von Welt als der Sterbliche dem Göttlichen entgegenblickt. Anders nicht; denn auch der Gott ist, wenn er ist, ein Seiender, steht als Seiender im Sein und dessen Wesen, das sich aus dem Welten von Welt ereignet.“ [38]

Der Ausdruck „das Element von Welt“ steht für das Gelichtete des Seins. Auch der Gott ist ein, wenngleich unvergleichliches, Seiendes, dessen Wesenweise dadurch bestimmt ist, wie Sein sich jeweils lichtet. Das wird gerade auch im Blick auf die Metaphysik deutlich, die ja eine Metaphysik des seienden Gottes ist - Gott als oberster Grund des Seins im Ganzen -, des toten Gottes im Denken Nietzsches oder des nichtseienden Gottes im Denken von Marx. Nach Marx, der vor allen Dingen den Gott der idealistischen Philosophie im Blick hat, ist dieser Gott, da er ein ungegenständliches Wesen ist, nämlich ein reines Subjekt, ein Unwesen, daher ein bloßes *ens rationis* und, sofern dieses für das erste und letzte und eigentlich Seiende gehalten wird, ein *ens imaginarium*.

Ein Blick auf die Metaphysik in ihrem geschichtlichen Beginn zeigt, daß sich in der Tat das Wesen des metaphysisch gedachten Göttlichen aus einer Lichtung ereignet, in welcher das Seiende als das Seiende, als das zu Denkende sich enthüllt. Sein lichtet sich im Beginn der Metaphysik als Geschiedenheit von Sein und Nichtsein, ohne daß sie etwas von diesem Lichtungsgeschehen weiß. Deshalb erfüllt sich das Wesen des Seins in einem Seienden, das von keinerlei Nicht und Nein angegangen ist, in einem Seienden, in welchem das Sein uneingeschränkt präsent ist. Dieses Seiende, so erklärt Aristoteles in seiner *Metaphysik*, ist die Stätte für die Anwesenheit

---

[38] ebd.

des Gottes.[39] So ist das metaphysisch gedachte Gotteswesen in der Tat aus einem ganz bestimmten Lichtungsgeschehen des Seins bestimmt. Wenn sich aber das Gelichtete des Sein verschließt zugunsten der es verstellenden, in Formeln gesicherten und von daher berechenbaren Bestände, dann kann auch das Göttliche nicht mehr zum Scheinen kommen. Es bleibt aus. In diesem Sinne ist die technisch-wissenschaftliche Welt eine gottlose Welt, was mit moralischen Verdikten überhaupt nichts zu tun hat und auch nichts damit, daß das Dasein Gottes geleugnet wird. Ob aber das Sein und die Welt noch einmal eines Gottes fähig sein werden, das liegt allerdings überhaupt nicht beim Willen des Menschen, sondern das beruht im Ereignis, so wie auch das metaphysische Gotteswesen im Ereignis beruht - in einer ganz bestimmten Lichtungsweise von Sein, zu welcher freilich das Wesen des Menschen gehört.

Das bloße Wollen und das aus ihm entspringende Handeln beharren in der Seinsvergessenheit, ja „in der Verwahrlosung“, wie Heidegger an dieser Stelle hinzufügt.[40] Das Wollen im Sinne des Willens, der sich selber will, ist ja die radikalste Ausformung der Subjektivität, auch dann und gerade dann, wenn sie sich ins Kollektive erweitert. Auch die universalhistorisch erforschte Geschichte, so Wichtiges an Erkenntnissen sie uns vermittelt, verbleibt doch in der Wahrheitslosigkeit des Seins. Ebensowenig aber vermögen Zukunftsvorstellungen oder gar Utopien in dieser Sache irgendetwas auszurichten. Utopien zeichnen sich immer wieder dadurch aus, daß sie nur halbgedachtes Gegenwärtiges in die Zukunft hinein verlängern und das Unangenehme aus dem Gegenwärtigen wegstreichen. All das bleibt in der Haltung des technisch-rechnenden Vorstellens, bei den Utopien lediglich durch Phantastereien überhöht. Alle Versuche, das bestehende Wirkliche morphologisch, psychologisch, soziologisch, historisch auf Verfall und Verlust, auf Verhängnis und Katastrophe zu verrechnen, bleiben im technischen Gebaren. Sie bringen im Grunde nur eine Aufzählung von Symptomen, ins Endlose vermehrbare und variierbare Situationsanalysen. Sie bringen uns

---

[39] Aristoteles, Metaphysik, 6. Buch, 1026a.
[40] Die Kehre, a.a.O., S. 45; GA 79, S. 76.

nicht in einen Bezug zur Technik als einer geschichtlichen Wesensweise des Seins und darum auch des Menschen. Sie bringen uns schon gar nicht zu dem Gedanken einer möglichen Ankunft des Ereignisses der Wahrheit des Seins, an der doch dem Menschen alles gelegen sein muß, da er sein Leben als Mensch aus dem offenen Bezug zum Sein empfängt.

Alles bloß Technische gelangt nicht ins Wesen der Technik, wie wir gesehen haben. Mittels des bloß Technischen vermögen wir nicht einmal zu erkennen, daß die modernen Wissenschaften selbst schon technisch geprägt sind und darum technisch anwendbar sind.

„Einblick in das, was ist" als Titel dieser Überlegungen Heideggers meint also nicht die Beschreibung der gegenwärtigen Situation, die immer nur ein gegenständliches Vorführen ist. Es bringt vielmehr eine Konstellation des Seins selbst zum Ausdruck, nämlich Abkehr von seinem Wesen als Sein, Gegenkehr gegen seine Wahrheit und die darin beschlossene Möglichkeit der Umkehrung dieser Verhältnisse.

Heideggers Vortrag *Die Kehre* schließt mit einer Reihe von Fragen, die der Möglichkeit einer Kehre in der Konstellation des Seins entsprechen. Denn wie kann man einer Möglichkeit anders entgegendenken als durch Fragen, die offenbleiben, gehört doch das Ausbleiben-können zu dieser Möglichkeit, wenn anders sie nicht beim Wollen des Menschen steht?

SCHLUSS
DIE TECHNISCHE WELT UND DAS GESCHICK

Das postmetaphysische Denken Martin Heideggers gehört unbezweifelbar nicht zu den thematisch ergriffenen Aufgaben auf dem Felde der gegenwärtigen Philosophie. Das erscheint auf den ersten Blick seltsam, da dieses Denken doch offensichtlich den Menschen so wesentlich betrifft. Aber es scheint nur so. In seinem 1973 geschriebenen Vorwort zur vierten Auflage seines „Kant-Buches“ schreibt Heidegger: „Die wachsende uneingestandene Angst vor dem Denken läßt den Einblick in die das Weltalter durchherrschende Seinsvergessenheit nicht mehr zu.“[1] Die Seinsvergessenheit ist jedoch das erste, dem sich das Denken zuwenden muß, damit die postmetaphysischen Aufgaben des Denkens überhaupt erblickt werden können. *Sein und Zeit* - fast 50 Jahre vor dem zitierten Satz Heideggers geschrieben - beginnt bereits mit einer Feststellung zur Notwendigkeit der Seinsfrage. Es heißt dort im ersten Satz der Abhandlung: „Die genannte Frage ist heute in Vergessenheit gekommen.“[2] Heideggers in *Sein und Zeit* gestellte Frage ist in der Tat nicht etwas, das dem Ende der 20er Jahre angehört, und zwar so, daß ihre Wirkungen heute noch fortexistieren. Diese Frage ist überhaupt noch nicht bei uns angekommen. Ihre Aneignung und ihr Austrag steht als Aufgabe noch bevor. In der Sprache von *Sein und Zeit* ist die Seinsfrage „die prinzipiellste und konkreteste Frage zugleich“.[3] Daß und inwiefern sie es ist, sei im folgenden in einer die bisherigen Interpretationen zusammenfassenden Betrachtung gezeigt.

---

[1] Martin Heidegger, Kant und das Problem der Metaphysik. Frankfurt a.M., 4., erweiterte Auflage 1973, S. XV; GA 3, S. XV.

[2] SuZ, § 1, S. 2; GA 2, S. 3.

[3] SuZ, § 3, S. 9; GA 2, S. 12.

Daß die Seinsfrage die prinzipiellste ist, leuchtet ein, wenn man überhaupt philosophisch denkt. Denn alles, was in irgendeiner Weise ist, ist doch dank dem Sein. Ja, noch mehr. Die Seinsfrage birgt auch die Frage nach dem Nichts in sich und nach dem Verhältnis von Sein und Nichts. Daß sie aber zugleich, d.h. als die eine und selbe Frage, die konkreteste ist, besagt dem Anspruch nach: Sie geht den Menschen in seinem Eigensten an, und d.h. die Art, der gemäß der Mensch als Mensch ist, und zwar den Menschen hier und heute.

Was bedeutet das? Wenn die Seinsfrage die konkreteste Frage ist, dann muß sie den Menschen in eine Entscheidung stellen in bezug auf sein eigenes Wesen. Die Frage lautet dann so: Ist der Mensch dasjenige Lebewesen, das sich selbst produziert, indem es mittels der technisch-wissenschaftlichen Ratio seine Lebensbedingungen in fortgesetzter Steigerung produziert? Zu dieser Auffassung vom Menschen gehören unter anderem die technisch-szientistische Weltauslegung, die Vorstellung von den Naturelementen als den Rohstoff- und Energielieferanten, die technische Organisation der Arbeit und der Menschenmassen als Arbeitspotential, die bürokratische Menschenverwaltung, die Verflechtung von Politik, Wirtschaft, Technik und Wissenschaft in der Gesamtform der Zivilisation, der Kampf um die Macht zwischen denen, die an der Macht sind, und denen, die an die Macht wollen, das gegenseitige Mißtrauen unter den Machtinhabern.

Oder aber, das ist die Alternative, ist der Mensch ein Wesen, das sich in ein Geschick zu fügen hat, indem er es übernimmt und austrägt? Dieser zweite Gedanke ist freilich heute innerhalb der technisch-wissenschaftlichen Welt zunächst kaum verständlich, während die zuerst skizzierte Auffassung vom Menschen als die selbstverständlichste heute gilt.

Dieser Gedanke ist gleichwohl in einer bestimmten Weise schon vorausgedacht worden, nämlich im geschichtlichen Beginn des philosophischen Denkens, und zwar im frühgriechischen, vormetaphysischen Stadium, etwa bei Heraklit. Die Griechen erfuhren und benannten die Menschen als die Sterblichen. Diese Kennzeichnung des Menschen im frühgriechischen Zeitalter will zweierlei nicht besagen:

Einmal nicht, daß das Leben des Menschen irgendwann endet, denn das teilt der Mensch mit allen anderen Lebewesen. Sodann meint diese Benennung nicht, daß der in seinem Wesen bereits feststehende Mensch außerdem auch noch durch das Prädikat „sterblich" bestimmt ist. Sterblichkeit macht hier vielmehr gerade die Art selbst aus, gemäß welcher der Mensch Mensch ist. Sterblichsein besagt: Der Mensch ist als einziger unter allen Wesen, soweit wir erfahren, dem Tod als Tod geöffnet. Er läßt in seinem Dasein und durch sein Dasein den Tod offen anwesend sein, und das im Gegensatz zu den Göttern, den, wie die Griechen sagen, ewig Lebenden.

Nun denken die frühgriechischen Philosophen gemäß ihrer phänomenologischen Seinserfahrung in den Gegensätzen von Helle und Dunkel. Dunkel verstanden als das, was jedes erscheinende Sichzeigen verweigert, aber deshalb nicht Nichts ist. Als der Sterbliche läßt der Mensch das Dunkel des alles Erscheinen verweigernden Todes ins Offene kommen und darin weilen, und das, solange er lebt. Die Götter, die ewig Lebenden, können ihrerseits erst in diesem Dunkel als die Leuchtenden sein. So bleiben die Götter, um als sie selbst erscheinen zu können, auf die sterblichen Menschen verwiesen. Deshalb ist der Mensch um seiner Sterblichkeit willen ein unentbehrlicher Mitspieler innerhalb des Weltspiels. Er ist das notwendige Gegenbild zum Göttlichen, wie umgekehrt das Göttliche das Gegenbild des Menschen ist. Aus der Sterblichkeit empfängt der Mensch die Bestimmung seiner menschlichen Existenz.

Man kann nun sagen, daß Heideggers Denken auf das Wesen des Menschen in bestimmter Hinsicht eine verwandelnde Aufnahme dieses frühgriechischen Gedankens ist, beginnend mit der existenzial-ontologischen Bestimmung des Seins zum Tode in *Sein und Zeit*. Offenständig zum Tode existiert der Mensch in Abschied von sich selbst als einem Seienden und im Abschied von allem Seienden. So abschiedlich existierend, versinkt er aber gerade nicht in ein nichtiges Nichts, sondern er existiert inmitten alles Seienden. Abschiedlich von allem Seienden existierend, gehört er zugleich einem anderen zu, das niemals und nirgendswo ein Seiendes ist und dennoch kein bloß nichtiges Nichts - dem Sein selbst. Als der Sterbliche also existiert er in der ontologischen Differenz, und zwar so, daß sich im

Dasein des Menschen und durch sein Dasein diese ontologische Differenz allererst auftut. Daher hat der Mensch, abschiedlich existierend, die ontologische Differenz zum Bereich seines Weltaufenthalts. Dadurch ist er von allen anderen Wesen unendlich verschieden, bei aller Verwandtschaft mit den anderen Lebewesen. Der Mensch läßt durch sein abschiedliches Dasein die Differenz als Differenz walten, so daß nun Seiendes in Hinsicht auf Sein allererst erscheinen kann. Wie ist, aus der Differenz gedacht, dann Seiendes seiend? Es ist dank dem Sein, das heißt, das Sein gewährt sich dem Seienden als dessen Eigenes, aber es gewährt sich als Differenz zu ihm.

Es gewährt sich, indem es zugleich, als Differenz different bleibend, mit sich an sich hält, indem es sich zugleich auch entzieht. Zugleich mit sich zurückhaltend, gibt es erst dem Seienden das ihm Gewährte auch zu eigen, gibt es das Seiende auf es selbst hin allererst frei. Der im Gewähren waltende Entzug nimmt dem Seienden nichts, sondern gibt ihm gerade das Gewährte als sein Eigenes, händigt ihm das Gewährte aus, so daß es ein Für-sich-Seiendes ist, als welches wir ja auch das Seiende erfahren. Es übereignet durch den Entzug dem Seienden das Gewährte als dessen Eigenes, einerseits, und bewahrt dem Gewährenden die Fülle dessen, was es je und je an Anwesen zu vergeben hat. Das sterbliche Dasein des Menschen ist das, wie Heidegger sagt, wesende, d.h. immer das offene Verhältnis zum Sein, zu dem lichtend Sich-Verbergenden. Gerade das sterbliche Dasein ist der Ort des Geheimnisses, das alles, was ist, durchzieht.

Aber das vermag der Mensch nur zu erfahren, wenn er in sein sterbliches Wesen eingeht, und d.h., wenn er die ontologische Differenz als seine Wohnstätte übernimmt. Da aber nun die geschichtliche Lage, in der wir uns befinden und aus der wir denken, ihrer Herkunft nach durch die Metaphysik bestimmt ist, welche ihrerseits im Denken des Seins beruht, so muß auch die ontologische Differenz jetzt eigens gedacht und auch denkend übernommen werden. Auf diese Weise kommt dem Denken nun ein eigener Anteil an der Möglichkeit zu, in das Geschick zurückzufinden. Ein Anteil, nicht als ob das Denken alles durch sich selbst vollbringen könnte. Wenn der Mensch sich dergestalt in sein sterbliches Wesen, also in seine abschiedliche Existenz fügt, dann erfährt er das Sein als ein Sich-Gewährendes, sonst nicht. Aber diese Erfahrung, von welcher der Mensch heute nahezu ausgeschlossen zu sein scheint, erweitert und bereichert sich durch sich selbst, wenn sie einmal gemacht wird. Denn ist einmal der gewährende Zug im Sein erfahren, dann kann man weiter fragen: Sind nicht auch die Elemente der Erde, die Luft, die Wolken, der Sonnen- und Sternengang solches, das sich dem Menschen gewährt, so daß er überhaupt erst zufolge eines solchen auf ihn abgestimmten Sich-Gewährens als Mensch zu leben vermag?

Wäre denn die Ausbeutung der Naturelemente, ihre Verknechtung durch das berechnende Vorstellen auch nur möglich, wenn sie sich nicht als Lebenselemente schon zuvor in Abstimmung auf den Menschen dem Menschen gewähren würden? Dann könnten sie in der Tat überhaupt nicht ausgebeutet werden. Dem Gewährten entspricht der Dank; denn Dank ist die einzige Antwort auf das frei Gewährte. Unter allen Wesen ist einzig der Mensch der Dankbarkeit fähig, die Tiere sind dies nicht. Die Tiere sind einer großen Anhänglichkeit fähig, sogar einer Treue, die sehr oft die Treulosigkeit des Menschen beschämt, aber Dankbarkeit vermögen sie nicht.

Alles Währen beruht in einem Gewährt-sein. Aber wir müssen hinzufügen: Was wir hier denken, ist noch nicht die Erfahrung des Währens aus einem vielfältigen Gewährtsein, sondern nur ein Möglichkeitsentwurf. Denn mehr vermag das Denken heute nicht, wenn es seine Grenzen respektiert. Vollziehen wir aber diesen Entwurf bis ins äußerste, dann dürfen wir fragen: Sollte in diesem gewährenden Wesen des Seins nicht das beschlossen liegen, was die Menschen bis dahin das Göttliche genannt haben? In der Tat haben die Menschen, soweit unsere Erfahrung reicht, immer dort und dann vom Göttlichen gesprochen, wo ihnen solches zuteil wurde, was sie aus eigenem Vermögen, durch eigenen Willen nicht zu erlangen vermögen und was doch nicht bloßer Zufall ist, sondern was sie wesentlich betrifft. Nicht das Sein selbst ist das Göttliche - eine Gleichsetzung von Sein und Gott ist unmöglich. Wohl aber der Zug des gewährenden Wesens im Sein, der könnte das in sich beschließen, was die Menschen in vielfältiger Weise als das Göttliche angesprochen und erfahren haben. Jedenfalls wird so verständlich, daß die Menschen einstmals die Erde, den Himmel, die Sonne und das Licht als etwas Göttliches gefeiert haben. Auf jeden Fall aber tut sich damit die Möglichkeit eines anderen Bezugs zu den Naturelementen und zur Natur auf.

Die Sterblichkeit des Menschen ist das Geschick, über das nicht er verfügt, sondern in das er sich zu fügen hat. Er lebt gemäß der Art und Weise, wie er sich in dieses Geschick fügt. Nun ist aber dieses Geschick im wissenschaftlich-technischen Zeitalter nicht das gegenwärtig Anwesende. Es ist vielmehr das dem Menschen heute Verwehrte, Verweigerte, das ihm Vorenthaltene. Aber es ist nicht einfach abwesend, sondern der Mensch ist heute durch das Verweigerte seines Geschicks bestimmt, so wie die fehlende Gesundheit gerade den leiblichen Zustand bestimmt. Aber die Menschen vermögen heute diese Verweigerung nicht einmal zu erfahren, weil sie eben ganz im Technisch-Wissenschaftlichen, in den Organisationsformen der Arbeit und der Menschenmassen, Bürokratie und Verwaltung aufgehen. Diese Verweigerung bekundet sich auch in vielerlei Symptomen, aber diese werden sogleich schon in gesellschaftspolitischen, sozialpsychologischen Schemata untergebracht. Das Geschick, in welches das postmetaphysische Denken Heideggers hinausdenkt, ist nicht das gegenwärtig Anwesende, denn gegenwärtig ist die Welt und das menschliche Dasein in ihr nicht aus dem Geschick gefügt. Sondern der Mensch existiert als das sich selbst produzierende, im Massenhaften auftretende Lebewesen der technisch-wissenschaftlichen Ratio, welche die Welt als ein Ganzes von in Formeln zu sichernden und von daher rechnerisch verfügbaren Beständen vorstellt und so das Geschick selbst verstellt, so daß ihm sein Erscheinen versagt bleibt. Denn nicht nur, daß die wissenschaftlich-technische Zivilisation die ganze Erde überzieht, auch die Erde selbst ist als Planet in den interstellaren kosmischen Raum verrechnet, der seinerseits zum Aktionsraum des Massenwesens Mensch geworden ist. Erde und Himmel des Geschicks sind verschwunden. Wohin? Wer könnte das wissen, da doch alles Wissen heute technischen Gepräges ist? Jedenfalls ist ihnen ihr Erscheinen als Erde und Himmel des Geschicks verwehrt.

Steht es so, dann besteht die Aufgabe des Denkens darin, dem Geschick als einem Verweigerten zu entsprechen. Und das bedeutet, daß sich die Aufgabe des Denkens in eine zweifache Aufgabe gabelt:

Wir müssen uns erstens unablässig auf den gegenwärtigen Weltzustand besinnen. Dieser aber ist seiner Wesensherkunft nach durch und durch metaphysisch bestimmt. Also gilt es, die Metaphysik in ihrer geschichtlichen Entfaltung zu durchdenken, um eine Einsicht in das zu gewinnen, was gegenwärtig ist. Das Sich-einlassen auf die Metaphysik ist so eine unumgängliche Aufgabe des postmetaphysischen Denkens.

Sodann gilt es, dem vorenthaltenen Geschick als Vorenthalt entgegenzudenken und so eine Bereitschaft vorzubereiten für eine mögliche Ankunft des Geschicks. Eine mögliche Ankunft - denn daß sie sich ereignet, dafür gibt es keine Garantie. Es könnte sein, daß das Geschick ausbleibt. Dann würde es - mit Heideggers Worten aus dem Spiegel-Interview von 1976 - eine durch das postmetaphysische Denken vorbereitete Bereitschaft sein „für die Abwesenheit des Gottes im Untergang“.[4]

Der gegenwärtige Weltzustand ist also durch das Ausbleiben des Geschicks bestimmt. Das Geschick geht den Menschen an, sonst wäre er gar kein Mensch, und zwar jetzt als das Ausbleibende. Die nächste Frage lautet daher: Wie geht das Geschick den Menschen als das Ausbleibende an? Auf diese Frage versammeln sich alle unseren bisherigen Erörterungen. Die Antwort lautet: Was sich verweigert, das Geschick, geht den Menschen an in der Weise der unbedingten Herrschaft des Wesens der modernen Technik, das im Gestell besteht. Wenn wir das Geschick kennenlernen wollen, müssen wir also das Wesen der Technik denken.

Die Technik ist eine eigene geschichtliche Wesensweise des Seins innerhalb der Gesamtgeschichte der metaphysischen Seinsmanifestationen. Daraus schlossen wir, daß damit eine Wandlung des Wesens der Technik möglich sei. So erhebt sich die Frage: Woher soll diese Möglichkeit des Wandels dann kommen? Was soll die Technik

---

[4] Der Spiegel, Nr. 23, 1976, S. 209.

zur Wandlung befähigen? Diese Möglichkeit kann nicht aus dem bloßen Nichts kommen, sondern sie müßte irgendwie bereits hinterlegt sein. Nun ist es eine Tatsache, daß die gegenwärtige wissenschaftlich-technische Welt ihre Herkunft aus der Metaphysik hat. Diese wiederum hat zu ihrem Anfang die griechische Philosophie. Sie beruht, wie das gezeigt worden war, in einer phänomenologischen Seinserfahrung. Das Wort „phänomenologisch" wird hier in Abweichung von der Bedeutung genommen, die es bei Husserl hat. Die Phänomene sind im Sinne des griechischen Phänomenbegriffs das Seiende selbst, *ta onta*, aber dieses nicht auf das Bewußtsein zurückbezogen im Sinne einer transzendentalen Konstitutionslehre, sondern aus der *aletheia* her in ihrem Sein gedacht.

Soll sich nun das als Beständlichkeit der Bestände waltende Sein zu wandeln vermögen, dann müßte im griechischen Anfang etwas hinterlegt und aufgespart sein, das in allen metaphysischen Auslegungen des Seienden latent blieb. Gibt es so etwas? Und was wäre das?

Die Antwort liegt nahe. Das im Wesensanfang der Metaphysik Aufgesparte ist die *aletheia* selbst, die Unverborgenheit des Seins mit ihrem Bezug auf eine Verborgenheit, von welcher alle Entbergung ihren Anfang nimmt. Also hat sich der Wesensanfang der Metaphysik in seinen metaphysischen Manifestationen und in der zu Ende gegangenen Metaphysik nicht erschöpft, sondern in aller Metaphysik ist ihre eigener Wesensanfang, nämlich das Lichtungsereignis von Sein als Ereignis ungedacht geblieben. Dieser Anfang selbst ist niemals in das Offene gelangt, dessen Eröffnung er selbst ist.

Dabei geht es nicht um eine Rückkehr zum Anfang, denn das würde ja bedeuten, daß wir selbst wieder griechisch denken. Das ist aber unmöglich, denn die Griechen erfuhren das Seiende als Phänomen aus der in ihrem Wesen ungedachten *aletheia*, dem durch Entbergung bestimmten Sein. Jetzt aber käme der Anfang selbst in den offenen Bereich des Denkens und Sagens. Und das bedeutet eine Verwandlung des Anfangs selbst. Die *aletheia* bestimmt sich jetzt als das lichtende Ereignen von Zeit und Sein, dergestalt, daß zum dreifach einigen Reichen von Sein, also zur Entbergung Verweigerung und Vorenthalt, also Verbergung, wesenhaft gehören. Nun erfahren also die Unverborgenheit und die Verborgenheit in aller Unverborgenheit ihre Bestimmtheit. Das ist eine Wesensverwandlung des Anfangs, gleichsam ein zweiter Anfang.

Worin besteht dann die Wandlungsmöglichkeit der Wesensherrschaft der Technik, des Gestells? Im Kommen des Anfangs selbst, den das metaphysische Denken mit seinem Beginn schon hinter sich gelassen hatte und der dennoch der Grund der Möglichkeit des metaphysischen Denkens blieb, oder anders ausgedrückt, in der Kehre des Gestells in das Ereignis, dessen gegenwärtige Anwesenheit das postmetaphysische Denken nicht ist, das es aber als Möglichkeit entwirft und so erblickt. Dabei gilt es zu sehen, daß das Gestell bereits der Vorschein des Ereignisses ist, die den gegenwärtigen Weltzustand bestimmende Anwesenheit des Vorenthalts des Ereignisses in seinem Vorenthaltensein. Das Gestell ist die hier und jetzt anwesende und bestimmende Verweigerung des Geschicks, welche den gegenwärtigen Weltzustand selbst bestimmt, so daß das Ereignis auf eine gewisse Weise gegenwärtig ist. Daß die Technik ein Vorschein des Ereignisses genannt werden kann, bekundet sich in zweifacher Weise:

Bedenken wir zunächst das Wesen der Technik selbst, dann zeigt sich, daß sie bereits eine bestimmte Weise des Waltens des Geschicks ist, nämlich die den gegenwärtigen Weltzustand bestimmende Verweigerung, die so weit gehen kann, daß wir sie als Verweigerung nicht einmal erfahren. Wird sie erfahren, dann enthüllt sich das Wesen der Technik als ein eigenes spezifisches Walten des Geschicks, so daß man „Technik" und „Walten des Geschicks" nicht nebeneinander setzen kann, sondern das eine ist das andere. Ein bestimmter Modus des Waltens des Geschicks selbst ist die Wesensherrschaft der Technik.

Die Herrschaft des Wesens der Technik beruht schließlich in der Seinsvergessenheit. Sie bildet die Grenze der technisch-wissenschaftlichen Weltauslegung, die dieser selbst unsichtbar bleibt. Wendet nun das Denken dieser Seinsvergessenheit seine Achtsamkeit zu, dann hört diese auf, Vergessenheit zu sein. Sie verschwindet nicht vollständig, sondern sie enthüllt sich dann als eine zum Sein selbst gehörende Dimension der Verborgenheit, als jenes anfänglich Ungelichtete, welches Quelle alles lichtenden Aufgehens ist. Die Erfahrung einer Verborgenheit in aller Unverborgenheit hält das Wesen der Technik als eine Möglichkeit bereit, freilich nur dann, wenn die Technik auch in ihrem Wesen gedacht wird.

So läßt uns eine Wesensbesinnung auf die Technik, welche deren Wesen ins Offene freigibt, erkennen, woher die Möglichkeit stammen könnte, welche die Technik zu einem Wesenswandel befähigt. Diese Möglichkeit kommt aus dem, was im Wesensanfang der Metaphysik selbst aufgespart blieb. Das ist aber das Wesen dieses Anfangs selbst: die *aletheia*, die, selbst bedacht, sich als das Ereignis der Lichtung von Sein enthüllt, und zwar aus dem dreifachen Reichen von Anwesen durch die Zeit. Das Kommen dieses Anfangs in die Gegenwart wäre also der Wesenswandel des gegenwärtigen Weltzustandes in ein anderes Geschick, das alle Menschen und alles Seiende in gleicher Weise betrifft.

Die Technik, das Gestell, wird dann als Vorschein dieser Ankunft erfahrbar, wenn wir sie durch eine Besinnung auf ihr Wesen freigeben, d.h. aber, sie selbst als eine Weise des waltenden Geschicks erfahren, nämlich als dessen den gegenwärtigen Weltzustand bestimmenden Vorenthalt. Es könnte sein - und damit wagen wir eine äußerste Vermutung -, daß dieser Vorenthalt die Art ist, gemäß der das Geschick sein Kommen bereitet, in der Weise nämlich, daß der Mensch es und sich vorbereitet, denn zum Geschick gehört gerade auch das Menschenwesen selbst.

Nachwort des Herausgebers

Mit dieser Edition wird nach „Die Philosophie Nietzsches“ (1991), „Die Philosophie der Vorsokratiker“ (1992) und „Kants transzendentale Metaphysik und die Begründung der Naturwissenschaften“ (1995) der vierte Band einer Edition aus dem Nachlaß des Kölner Philosophen Karl-Heinz Volkmann-Schluck (1914-1981) vorgelegt. Volkmann-Schluck hat im Wintersemester 1976/77 an der Kölner Universität eine Vorlesung unter dem Titel "Die Seinsfrage im postmetaphysischen Denken. Die Philosophie Martin Heideggers" gehalten, deren handschriftlicher Text dieser Edition zugrundeliegt. Er wurde an vielen Stellen ergänzt um frei extemporierte Passagen des Vortrags, wie sie durch einen Tonbandmitschnitt überliefert sind. Wiederholungen, die rein durch die Didaktik bzw. den Sprachduktus des Vortrags bedingt waren, wurden gestrichen und der Text behutsam in die Leseform übertragen.

Sämtliche Zitate wurden überprüft und um die Angaben der Belegstellen aus der Gesamtausgabe Heideggers ergänzt. Diese finden sich nach den Angaben für die Einzelausgaben; hinter der Kürzel "GA" stehen Band und Seitenzahl der Gesamtausgabe.

Dabei unternahm der Herausgeber die Arbeit, die Volkmann-Schluck sich selbst vorgenommen hatte: Er hatte die Veröffentlichung seiner Heidegger-Interpretationen, wie sie nun in diesem Band vorliegen, geplant; ihre Ausführung wurde ihm durch seinen frühen Tod verwehrt.

Volkmann-Schluck hat sich während seiner gesamten Lehr- und Forschungstätigkeit mit der Philosophie Heideggers beschäftigt. Die Auseinandersetzung mit dem postmetaphysischen Denken war ihm Ausgangs- und Angelpunkt seiner eigenen Philosophie. In seiner Vorlesung aus dem Wintersemester 1976/77 unternimmt Volkmann-Schluck den Versuch, die Philosophie Martin Heideggers aus ihrem eigenen Denken heraus in ihrem philosophiegeschichtlichen Ort zu bestimmen. Dabei folgt er dem Gedankengang einer Selbstauslegung Heideggers, die dieser 1969 in seinem letzten "Frankreich-Seminar" im provençalischen Le Thor in gemeinsamer Arbeit mit

Jean Beaufret, François Fédier, François Vezin und anderen vorgelegt hat.

Volkmann-Schlucks Textgrundlage des Heidegger-Seminars war ein von Roger Munier besorgter Privatdruck der Seminarprotokolle mit dem Titel "Séminaire tenu au Thor en septembre 1969 par le Professeur Martin Heidegger". Noch während Volkmann-Schluck die Vorlesung hielt, erschien unter dem Titel "Vier Seminare" eine deutsche Übersetzung von Curt Ochwadt (Frankfurt am Main 1977), die jetzt auch in Bd. 15 der Gesamtausgabe vorliegt (Frankfurt am Main 1986).

Die Seminarprotokolle von 1969 zitiert Volkmann-Schluck wie die Werke Heideggers. Er kann dies tun, da die Protokolle im Anschluß an die Seminarsitzungen von den Teilnehmern in Gegenwart Heideggers gemeinschaftlich redigiert wurden. (Vgl. dazu die Nachworte Curt Ochwadts zu den Seminar-Editionen.)

Heidegger starb am 26. Mai 1976. Volkmann-Schluck widmete deshalb seine im gleichen Jahr vorgetragenen Interpretationen in seiner Vorlesungsankündigung ausdrücklich dem Andenken Martin Heideggers, mit dem Hinweis, daß es "Heidegger gewesen ist, der die postmetaphysische Seinsfrage auf den Weg gebracht hat."

*

Der vorliegende Band wäre nicht ohne zahlreiche Hilfen zustandegekommen. Herr Martin Geszler hat mir seinen Tonbandmitschnitt und eine von Studenten angefertigte Abschrift zur Verfügung gestellt. Frau Dr. Ingeborg Strohmeyer und Herr Siegfried Butzkamm waren bei den redaktionellen Arbeiten und beim Korrekturlesen eine wertvolle Unterstützung. Ihnen allen gilt mein herzlicher Dank. Vor allem aber möchte ich Frau Anneliese Volkmann-Schluck danken für ihre kritische Begleitung dieser Edition, die sie unermüdlich gefördert hat.

Bernd Heimbüchel